Recon[...] e l'histoire du Québe[...] monumentale. Depuis[...] ait osé dresser un par[...] qui constituait alors le Canada et qui est devenu pour l'essentiel le Québec. Son travail nous réconcilie avec notre passé parce qu'il sait nous conduire à la rencontre des acteurs, des plus célèbres aux plus humbles, et nous mettre en présence des événements de la grande et de la petite Histoire. Coauteur du journal *Boréal Express*, de *Canada-Québec : synthèse historique* et de l'*Histoire populaire du Québec* en cinq volumes, Jacques Lacoursière s'est aussi fait connaître par ses nombreuses participations à des émissions radiophoniques et télévisées. Il a reçu plusieurs prix et distinctions, parmi lesquelles l'Ordre national du Québec, l'Ordre du Canada et l'Ordre national du Mérite et l'Ordre de la Pléiade.

HISTOIRE POPULAIRE DE LA NOUVELLE-FRANCE

TOME II

DE 1701 À LA CONQUÊTE

La Grande Paix de 1701 amène en Nouvelle-France un calme bien relatif alors que, dès les premières années du XVIIIe siècle, les affrontements reprennent. La guerre entre la France et l'Angleterre a d'importantes répercussions sur le continent nord-américain. Malgré le traité d'Utrecht (1713) qui l'ampute de larges portions de son territoire, la Nouvelle-France tient tête aux colonies anglaises, bien que la bataille dictée par les métropoles européennes semble jouée d'avance. Pendant les années qui suivent, la colonie française remporte malgré tout quelques victoires importantes jusqu'à la guerre de Sept Ans, qui marque un tournant. Le 10 février 1763, la signature du traité de Paris règle définitivement le sort de la Nouvelle-France : le territoire et ses habitants passent alors aux mains de la Couronne britannique.

HISTOIRE POPULAIRE DE LA NOUVELLE-FRANCE

Tome II

DE 1701 À LA CONQUÊTE

JACQUES LACOURSIÈRE

Histoire populaire de la Nouvelle-France

TOME II

De 1701 à la Conquête

Avant-propos de Denis Vaugeois

BIBLIOTHÈQUE QUÉBÉCOISE

BQ Bibliothèque québécoise est une société d'édition administrée conjointement par les Éditions Hurtubise inc. et Leméac Éditeur. BQ bénéficie du soutien financier du gouvernement du Québec par l'entremise du programme de crédit d'impôt pour l'édition de livres et de la Société de développement des entreprises culturelles (SODEC). BQ reconnaît également l'aide accordée à son programme de publication par le Conseil des arts du Canada.

Financé par le gouvernement du Canada | Canada

Couverture : Détail de *Battle of St. Foy, April 28th 1760.* Gravure attribuée à J. Walker. Fonds Septentrion (2007-12-523), tiré de C. R. Tuttle, *Popular History of the Dominion of Canada*, Montréal, 1877.

Conception graphique : Gianni Caccia
Typographie et montage : Luc Jacques typographe

ISBN 978-2-89406-406-1

Dépôt légal : 3e trimestre 2017
Bibliothèques et Archives nationales du Québec
Bibliothèque et Archives Canada

Distribution/diffusion au Canada :
Distribution HMH

Distribution/diffusion en Europe :
DNM-Distribution du Nouveau Monde

IMPRIMÉ AU CANADA

Sommaire

Avant-propos

JACQUES LACOURSIÈRE A LE SENS DU DÉTAIL, de l'anecdote. Il a l'esprit curieux. Voilà pourquoi il est si intéressant à écouter et à lire. D'abord un littéraire, il est venu à l'histoire par un concours de circonstances. Un emploi d'été l'a amené aux Archives nationales du Canada comme assistant de recherche. Il fit merveille. Intelligent, vif, cultivé, il savait trouver le bon document, le comprendre et le faire parler.

De professeur, il devint archiviste. Il a ainsi appris l'histoire par un contact direct avec les sources primaires. Travailleur acharné, aucune collection ne le rebutait.

Lorsque le journal *Boréal Express* vit le jour, il en devint naturellement le secrétaire. Pour chaque numéro, il préparait un plan, identifiait les sujets et fournissait les références. Lui-même aimait se réserver les faits divers, les petites annonces, le courrier des lecteurs, etc. Pendant cinq ou six ans, un effort soutenu lui permit d'acquérir une extraordinaire connaissance de notre passé.

Dès 1968, il s'associait à une œuvre de synthèse qui devint *Canada-Québec : synthèse historique*. Comme pour le journal *Boréal Express*, le succès fut immédiat. Puis, Jacques Lacoursière se tourna vers la radio et la télévision. Il prépara des textes, accorda des entrevues, fit de l'animation. On lui attribue la première production radiophonique de Radio-Québec, *En montant la rivière*.

En 1972, il prépara *Notre histoire. Québec-Canada*, série de 15 volumes destinés aux magasins à grande surface.

Ses vastes connaissances autant que son étonnante capacité de travail incitèrent des éditeurs français et québécois à développer le projet d'une nouvelle collection d'ouvrages d'histoire destinés au grand public. Diverses étapes ont mené à une collection intitulée *Histoire populaire du Québec* dont est tirée cette *Histoire populaire de la Nouvelle-France* en deux tomes. Le second nous entraîne dans les conflits qui opposent la France et l'Angleterre jusqu'aux capitulations de Québec et de Montréal, qui mènent au traité de Paris de 1763.

Fidèle à son style, l'auteur colle aux faits. Il ne se perd pas en savantes considérations. À chaque page, le lecteur se retrouve devant un flot de renseignements présentés dans un style vivant et clair.

Les spécialistes regretteront un peu l'absence de références précises. D'abord, que chacun se rassure : l'auteur n'avance rien qui ne soit appuyé sur des documents fiables. Également, il fournit généralement assez de précisions pour donner une bonne idée de la source utilisée : journal d'époque, correspondance officielle, rapport d'administrateur, etc. Par ailleurs, la présente édition offre, à la fin du livre, une bibliographie sélective qui permettra aux lecteurs de compléter leur connaissance sur la Nouvelle-France.

L'œuvre de Jacques Lacoursière est monumentale. Depuis François-Xavier Garneau, aucun historien n'avait osé entreprendre une histoire aussi vaste de ce qui était hier le Canada et qui est devenu pour l'essentiel le Québec. Son travail nous réconcilie avec l'histoire parce qu'il sait nous conduire à la rencontre des acteurs, des plus célèbres aux plus humbles, et nous mettre en présence des événements de la grande et de la petite histoire. N'est-ce pas la seule vraie façon de comprendre le présent?

Denis Vaugeois
septembre 2017

Encore la guerre !

En Nouvelle-France, la paix sera de courte durée. Dès le mois de septembre 1700, la France et l'Angleterre sont en état de guerre. Les prétentions de Louis XIV à la succession du trône d'Espagne sont une des sources du conflit. Le 1er novembre, Charles II, roi d'Espagne, meurt sans héritier. Quinze jours plus tard, Louis XIV désigne son petit-fils, le duc Philippe d'Anjou, comme le nouveau roi d'Espagne. L'Autriche croit avoir elle aussi des droits à la succession. C'est donc à nouveau la guerre où l'Angleterre, la Hollande, le Danemark, l'Autriche et les territoires de plusieurs princes allemands font cause commune contre la France.

L'Amérique du Nord ne peut échapper au conflit européen. Les colonies de la Nouvelle-Angleterre sont seize fois plus peuplées que la Nouvelle-France, même si, comme le fait remarquer l'historien Guy Frégault, « la France y a l'espace et l'Angleterre, le nombre ».

La nouvelle de l'état de guerre entre les métropoles ne parvient à Québec qu'au cours de l'été 1702. Louis-Hector de Callière tient alors à s'assurer de la neutralité des Iroquois. Ces derniers déclarent « qu'ils n'accepteront ni le tomahawk anglais ni la hache française ». Le gouverneur de la Nouvelle-France, déjà atteint de crises de goutte, voit sa santé décliner. Il ne peut songer à diriger une attaque contre l'ennemi. Il meurt le 26 mai 1703, ayant eu quelques jours auparavant une hémorragie alors qu'il assistait à la grand-messe à la cathédrale de Québec. Philippe de Rigaud de Vaudreuil lui succède.

Le nouveau gouverneur, désireux de maintenir les Amérindiens soit dans un état de neutralité soit dans une attitude sympathique à la cause française, organise une expédition contre le village de Wells. Un groupe d'Abénaquis et de Français, dirigés par Leneuf de Beaubassin, effectue, au mois d'août 1703, le raid «qui a ravagé plus de quinze lieues de pays et pris ou tué plus de trois cents personnes». Le but visé par le gouverneur était de faire des Abénaquis et des Anglais des «ennemis irréconciliables».

Sous le signe de la vengeance

Les habitants de la Nouvelle-Angleterre ne veulent pas revivre une situation identique à celle de 1689-1691 où de nombreux raids avaient jeté la panique dans la population. Cette fois-ci, les Iroquois semblent vouloir demeurer neutres. Mais les Français peuvent compter sur les Abénaquis. À la suite de l'attaque contre Wells, les Anglais s'en prennent aux Abénaquis qui doivent demander à Vaudreuil un prompt secours.

Les raids répondent aux raids. Au début de l'année 1704, Jean-Baptiste Hertel de Rouville prend la tête de 50 Canadiens et de 200 Abénaquis et Iroquois domiciliés à Caughnawaga. Le but de l'expédition est de se venger de la riposte anglaise. Le sort veut que le petit village de Deerfield, situé non loin de Sprinfield au Massachusetts, soit la cible de l'attaque. Au cours de la nuit du 10 mars, les assaillants, profitant d'une abondante couche de neige, s'introduisent à l'intérieur de la place, poussent le cri de guerre à l'amérindienne et tuent une cinquantaine d'habitants, dont deux des fils du pasteur John Williams, ainsi que la nourrice noire du plus jeune qui n'était âgé que de six semaines. Le pasteur, sa femme et ses autres enfants font partie du convoi de 112 prisonniers que l'on ramène à pied en Nouvelle-France. Au cours du voyage de retour, la femme de Williams et 17 autres prisonniers sont tués. Selon Howard H. Peckham, « Williams, ses filles et ses fils furent séparés, puis gardés dans des familles indiennes et françaises en vue d'être échangés contre rançon ».

Cette fois, la riposte anglaise frappe l'Acadie. Benjamin Church dirige une expédition contre les Mines dont les habitants, après avoir capitulé, voient leur église, leurs maisons et leurs récoltes détruites. Les établissements de Pigiguit, Cobequid et Beaubassin subissent le même sort. Cent cinquante prisonniers prennent le chemin de la Nouvelle-Angleterre.

Terre-Neuve n'échappe pas au conflit. Daniel d'Auger de Subercase, le nouveau gouverneur de Plaisance, demande à Vaudreuil un détachement de troupes composées de Canadiens et d'Amérindiens pour chasser les Anglais de l'île. Quarante Canadiens et autant d'Abénaquis quittent Québec le 2 novembre 1704 et débarquent à Plaisance treize jours plus tard. Leur première tâche consiste à fabriquer des raquettes et des traînes sauvages « pour aller droit à Saint-Jean ». L'expédition, forte de 450 hommes, quitte Plaisance le 8 janvier 1705, en même temps qu'un brigantin ayant à son bord un mortier et 200 bombes pour assister les troupes de terre lors de l'attaque du fort Saint-Jean qui protège plus de 80 maisons.

Le 31 janvier 1705, on arrive à une lieue de Saint-Jean. « Quoiqu'il faisait extrêmement froid, raconte Gédéon de Catalogne, il fut défendu de faire du feu ; chacun chercha gîte sous des sapins où ils sont fort touffus, et on mettait les souliers sauvages sous les reins pour les faire dégeler, pour pouvoir les chausser lorsqu'il serait temps de partir.»

Le 1er février, une heure avant l'aube, Subercase donne ordre d'attaquer les maisons de Saint-Jean. Les Amérindiens, plus habiles que les Canadiens et les Français, arrivent les premiers. Les habitants sont surpris durant leur sommeil. Trois cent dix-sept se retrouvent prisonniers. On expédie au fort une soixantaine de femmes «qui auraient pu causer du désordre». Catalogne propose au major Jacques L'Hermite «d'aller droit au fort, les fossés étant comblés de neige». L'officier répond qu'il n'a pas les ordres pour le faire. «Enfin, écrit Catalogne, un Anglais parut sur le parapet, qui nous admirait courir en raquettes sur la neige et, comme on le coucha en joue, il courut avertir le corps de garde qui, avec des pelles, débarrassèrent les canons et commencèrent à nous canonner et nous contraignirent de nous retirer et nous tuèrent deux hommes.»

Subercase attend l'arrivée du brigantin pour attaquer le fort. Mais de navire, point de voile à l'horizon. De part et d'autre, on multiplie les provocations. Les hommes du gouverneur de Plaisance se sont installés dans les maisons de Saint-Jean que commencent à bombarder les canons du fort. Après trente-trois jours d'attente, Français, Canadiens et Amérindiens lèvent le siège le 5 mars, après avoir brûlé tous les bâtiments. Il faut faire vite, car la saison de pêche à la morue approche et cette manne est plus importante que la guerre. Sur le chemin du retour, plusieurs établissements anglais sont ravagés. L'historien René Beaudry dresse le bilan suivant de cette petite guerre: «Au total, l'expédition prit 1200 prisonniers, qu'on dut relâcher, faute de vivres pour les nourrir; 80 seulement furent amenés à Plaisance. Elle avait encloué ou jeté à la mer 40 canons, brûlé un navire, pris ou détruit 2000 chaloupes et 200 chariots. Le pillage ne rapporta que 2 600 livres en numéraire, mais Subercase estimait à quatre millions les dommages causés à l'ennemi. »

Où se loge la barbarie ?

Les raids sont cruels et les prisonniers nombreux. Français et Anglais payent les Amérindiens pour les scalps d'ennemis qu'ils rapportent. La chasse à l'homme devient rentable et, en conséquence, on s'y adonne avec acharnement.

Le gouverneur de Boston, Joseph Dudley, dans une lettre à Vaudreuil en date du 10 avril 1704 (20 avril, nouveau style), se plaint de la cruauté canadienne :

> Dans cette présente guerre entre ma souveraine Dame et le roi de France, j'attends toute manière d'hostilité de votre nation ; mais j'ai toujours attendu avec justice qu'il ne serait fait aucune brèche aux lois de la religion chrétienne qui a toujours mis à couvert le pauvre paysan, les femmes et enfants, des outrages ou captivité, laquelle je trouve que le peuple et votre gouvernement (qui se sont joints avec les barbares Sauvages) ont poursuivi avec la dernière cruauté. Je vous dirai que, depuis que cette dernière a commencé et que je commande ici pour la reine d'Angleterre, j'ai eu plus de deux cents prisonniers de guerre de votre nation que j'ai nourris mieux (de leur propre aveu) qu'ils ont été nourris en France. Je les ai habillés et les ai renvoyés en Europe par la première commodité et, pendant ce temps-là, vous avez fait gloire de tirer et massacrer mes pauvres femmes et enfants et d'amener le reste dans une misérable captivité, et c'est un commerce entre les Sauvages et les sujets de votre maître dans votre gouvernement. Je vous écris ceci pour vous dire qu'un pareil traitement des chrétiens sera estimé barbare par toute l'Europe, et que j'attends avec justice que vous retirerez tous ces captifs des mains des Sauvages et que vous me les rendrez comme j'ai fait il y a peu de temps de votre peuple au Port-Royal, qui en

> était et le reste renvoyé en Europe d'où ils venaient, et je continuerai de faire ainsi jusques à ce que j'aie votre réponse à celle-ci.

Sur la question des scalps, Vaudreuil répond: «Je ne vous fais point de réponse sur l'argent que vous me marquez avoir été donné aux Sauvages pour payer les chevelures anglaises; parce que si mes prédécesseurs l'ont fait faire, ils n'ont fait que suivre l'exemple des vôtres.» Enfin, au sujet de l'échange des prisonniers, le gouverneur de la Nouvelle-France veut avoir plus de sécurité, car Dudley n'est pas le seul chef de la Nouvelle-Angleterre: «Comme vous avez un conseil où vous n'avez que votre voix et que souvent les sentiments sont partagés, vous ne devez point trouver mauvais que je prenne des assurances pour les prisonniers que vous me renvoyez, d'autant plus que, de mon côté étant seul le maître, je suis toujours en état de tenir la parole que j'aurai donnée.»

À la demande du gouverneur Vaudreuil, Augustin Le Gardeur de Courtemanche se rend à Boston négocier l'échange de prisonniers. Il rencontre le gouverneur Dudley ainsi que tous les prisonniers français. Il revient à Québec, accompagné du fils du gouverneur dont c'est la première sortie, et de Samuel Vetch qui avait déjà fait de la contrebande de fourrures en Nouvelle-France.

Calme relatif en Amérique

Dudley et Vaudreuil échangent des projets de trêve qui suscitent une certaine accalmie. Mais, dès le printemps 1706, les hostilités reprennent. Le 30 avril, le gouverneur et l'intendant de la Nouvelle-France écrivent aux autorités métropolitaines: «Le sieur de Vaudreuil [...] a permis à plusieurs petits partis de Sauvages d'aller en guerre dans le gouvernement de Boston. Nous ne doutons point, monseigneur, que cela ne fasse un bon effet par rapport aux Anglais en pressant de conclure, et encore un meilleur pour nos Sauvages qui étant tout nus, par rapport à la cherté des marchandises et le bas prix du castor, trouvent à s'habiller chez les Anglais sans qu'il leur en coûte rien.»

Au début du mois de juin 1706, 43 prisonniers anglais recouvrent la liberté à la suite de l'envoi de 57 prisonniers français à Port-Royal. Le 14 septembre, le gouverneur Vaudreuil rencontre une délégation d'Abénaquis qui accusent les Français d'ingratitude. «Je sais que vous nous aimez, déclare leur représentant, je vais aussi vous dire franchement ce que j'ai sur le cœur. Il nous semble, mon père, que ce que l'Anglais nous dit est véritable et depuis que la guerre est commencée, bien loin que nous en ayons retiré aucun profit, nos cabanes sont remplies de chevelures anglaises qui flottent au gré du vent, sans qu'il paraisse que vous y preniez seulement garde.»

Dans sa réponse, le gouverneur établit clairement sa politique au sujet du scalp :

> Vous avez raison, mes enfants, quand vous dites que je vous aime, mais vous avez tort quand vous semblez douter de mon amitié. [...] Mais quant à ce que vous dites que cette guerre ne vous est d'aucune utilité et qu'elle ne vous rapporte aucun profit, vous voulez bien que je vous dise à mon tour que je vous ai vus bien souvent avec des hardes et que quand vous avez des prisonniers les Français les achètent bien cher. Il est vrai qu'à l'égard des chevelures, je ne vous les fais point payer ; vous devez aussi vous souvenir que, dès le commencement de cette guerre, je vous ai déclaré que cette manière de payer des chevelures me semblait trop inhumaine ; mais que je vous ferais donner dix écus d'Espagne pour chaque prisonnier. Si vous ne les avez pas donnés à ce prix, c'est une marque que vous n'avez pas été dans la

> nécessité comme vous dites et que la guerre ne vous a pas été contraire, puisque vous en avez encore plusieurs entre les mains.

Alors que la guerre fait toujours rage en Europe occidentale, le calme relatif qui existe en Amérique déplaît au roi de France. Le ministre Pontchartrain écrit à Vaudreuil, le 6 juin 1708 :

> Sa Majesté s'attendait après tout ce qui vous a été écrit de faire harceler les Anglais de Boston, soit par des Français, soit par des partis sauvages, qu'elle apprendrait la nouvelle de quelque entreprise sur eux et elle n'est pas contente de l'inaction dans laquelle vous restez avec autant de forces que vous en avez, d'autant plus que cela facilite aux gens de ce gouvernement les moyens d'entreprendre sur l'Acadie. Elle veut absolument que vous envoyiez souvent des partis de leur côté et même que vous profitiez de la première occasion que vous aurez pour aller vous-même les attaquer dans leurs postes, pourvu que vous soyiez sûr de réussir. Observez seulement que cela se fasse avec le moins de dépense que faire se pourra et rendez-moi compte de ce que vous ferez.

Vaudreuil craint toujours que les Iroquois ne se rangent à nouveau du côté anglais. Dans une lettre à Pontchartrain, datée du 28 juin 1708, il justifie ainsi sa conduite : « Dès 1703, et depuis tous les ans, nous avons une espèce de suspension d'armes entre le gouvernement d'Orange [Albany] et nous à la prière des Iroquois, mais nous n'avons de part ni d'autre aucun traité particulier. J'ai seulement dit à l'Iroquois que je ne frapperais pas le premier sur Orange, mais que pour l'Anglais de Boston je ne lui donnerais pas de repos. »

Avant même d'avoir reçu l'ordre royal, Vaudreuil organise une grande expédition contre le port de Portsmouth au New Hampshire. Le corps expéditionnaire doit comprendre des centaines d'Amérindiens iroquois, abénaquis, hurons et algonquins. Divers groupes devront remonter la rivière Chaudière, la Saint-François et le Richelieu pour se réunir à un point précis avant d'attaquer le port de mer. La maladie est le premier ennemi des troupes. Dès son apparition, la plupart des Amérindiens se retirent. Ne disposant plus que de 200 hommes, dont une centaine de Français ou de Canadiens, Jean-Baptiste Hertel de Rouville et Jean-Baptiste de Saint-Ours Deschaillons, les deux commandants, choisissent d'attaquer un petit village, Haverhill, sur la rivière Merrimack. L'endroit comprend une trentaine de maisons protégées par un fort en pièce sur pièce. Comme les habitants savent ce qui les attend, 30 soldats sont installés dans le fort et on en dénombre de dix à douze par maison. Une demi-heure avant le lever du jour, les assaillants déclenchent l'attaque. La résistance est vive. Il faut mettre le feu tant au fort qu'aux maisons pour faire périr les ennemis et réduire leur nombre. Une centaine d'Anglais trouvent la mort. Au cours de leur retraite précipitée, Français, Canadiens et Amérindiens tombent dans une embuscade dressée par le capitaine Ayer. Jetant aussitôt les vivres qu'ils portaient, «ils allèrent droit dans l'embuscade et donnèrent si peu de temps à leurs ennemis de se reconnaître, écrivent Vaudreuil et Raudot, qu'ils les défirent tous, à l'exception de dix ou douze qui furent poursuivis jusqu'aux premières maisons». Du côté français, l'expédition se solde par dix morts et dix-huit blessés.

En Europe, la guerre tourne au désavantage de la France. En Amérique, par contre, les habitants de la Nouvelle-Angleterre se sentent de plus en plus encerclés, de plus en plus menacés. Le colonel John Higginson écrit, le 30 juin 1709 : «Il sera très nécessaire de soumettre le Canada à la Couronne.»

La reine Anne d'Angleterre ordonne « de délivrer les colons anglais du voisinage des Français du Canada ». Toutes les colonies de la Nouvelle-Angleterre ne sont pas d'accord pour participer à l'offensive. « Nous avons des gens qui s'y opposent, écrit Thomas Cockerill le 2 juillet 1709, mais ils sont en minorité. Si l'intérêt mène le monde, il tyrannise le New York. À Albany, où il se fait du commerce avec les Français du Canada, les trafiquants s'opposent à la participation au conflit, tandis que les ruraux la favorisent. »

Des aveux arrachés à des prisonniers anglais révèlent aux autorités de la Nouvelle-France l'imminence d'une attaque. Une flotte considérable doit quitter l'Angleterre avec de l'argent, des munitions et des hommes. « Quatre mille hommes doivent venir par terre, tant Anglais que Sauvages. » Selon les prisonniers, les autorités de la Nouvelle-Angleterre savent que la France n'est pas en état de secourir sa colonie et que « le Roi demande la paix avec grande instance, mais que la Reine d'Angleterre ne veut pas y consentir ».

Dans sa lettre à Vaudreuil du 23 juillet 1709, le gouverneur de Plaisance confirme la rumeur d'une attaque. Le gouverneur Vaudreuil se rend à Montréal et réunit un conseil formé de Claude de Ramezay, gouverneur de Montréal, de François Vachon de Belmont, supérieur du séminaire et seigneur de l'île de Montréal, de Le Moyne de Longueuil, du supérieur des jésuites et des missionnaires des Sauvages. « Il fut résolu, écrit Vaudreuil au ministre Pontchartrain le 15 septembre 1709, qu'il fallait obliger les habitants de ce gouvernement à retirer dans la ville leurs familles, leurs effets, leurs grains et leurs bestiaux, afin que, si les ennemis venaient un corps assez considérable pour tenir la campagne, ils ne pussent pas du moins trouver aucuns rafraîchissements dans les côtes, principalement celles du sud qui, selon les apparences devaient être les plus exposées à leurs courses.»

Claude de Ramezay, à la tête de 1500 hommes, tant Français, Canadiens qu'Amérindiens, se rend à la Pointe-à-la-Chevelure (Crown Point), près du lac Champlain, où les Anglais travaillent à construire des bateaux et à charrier des vivres. Par suite de la maladresse du neveu de Ramezay, les Canadiens sont découverts et ne peuvent plus compter sur l'effet de surprise pour remporter la victoire.

Le gouverneur Vaudreuil, appréhendant l'imminence d'une attaque, visite les établissements, fait la revue des habitants, inspecte les armes et fait dresser la liste de ceux qui n'en ont pas. Dans la nuit du 16 au 17 août, on apprend, à Québec, qu'une flotte de huit navires se trouve à 45 lieues de la capitale. Immédiatement, l'ordre est donné de disperser les bestiaux dans les bois. Les femmes et les enfants se retirent à la campagne, pendant que les hommes se rendent dans la ville. Les habitants des campagnes et les matelots des navires ancrés à Québec travaillent aux fortifications de la ville. Heureusement, on apprend quelques jours plus tard qu'aucune flotte ennemie ne remonte le fleuve Saint-Laurent. On ignore que le 8 août précédent, les autorités de Londres ont décidé de n'envoyer en Amérique ni flotte ni renfort. La nouvelle n'atteindra Boston que le 22 octobre suivant.

L'alerte a été chaude, mais ce n'est que partie remise, car les dirigeants de la Nouvelle-Angleterre imaginent déjà le partage du territoire à conquérir.

La chute de Port-Royal

À la fin du mois de mars 1710, Francis Nicholson est nommé «commandant en chef d'une expédition qui avait pour mission de recouvrer la Nouvelle-Écosse pour la reine». Il avait d'abord songé à attaquer Québec, mais comme il ne peut compter sur tous les navires promis, il décide de se rabattre sur l'Acadie. Le 6 octobre, 3400 hommes amorcent l'attaque des 300 hommes qui constituent la garnison de Port-Royal. Jugeant toute défense inutile, le gouverneur Auger de Subercase cherche à obtenir les meilleurs termes de capitulation possibles.

Le 12 octobre, il écrit à Nicholson: «Je viens de recevoir par un de vos colonels et un autre officier de votre armée une sommation de vous remettre le fort que mon roi m'a confié, sur une prétention que je crois mal fondée. Cependant, pour éviter une effusion de sang et en attendant la décision de votre prétendu droit qui sans doute un jour aura lieu, je veux bien écouter des propositions pour une capitulation honorable et avantageuse que je saurais faire valoir par une vigoureuse défense que mes officiers demandent.»

Le lendemain, Nicholson fait parvenir à son adversaire une sommation formelle: «Vous êtes par ceci requis et commandé de me délivrer pour la reine de la Grande-Bretagne, le fort à présent en votre possession, lequel de droit dépend de sadite Majesté, ensemble tous les territoires qui sont sous votre commandement, en vertu d'un droit sans doute de ses royaux prédécesseurs, et aussi avec tous les canons, mortiers, magasins de guerre et troupes aussi sous votre commandement, autrement je m'efforcerai avec diligence de le réduire par la force des armes de Sa Majesté.»

Le 13 octobre, Port-Royal capitule. Dès le lendemain, les Anglais doivent fournir des vivres aux Français qui n'en possèdent plus. Comme Subercase avait signé des billets aux Acadiens pour des marchandises qu'il avait achetées au nom du roi, les habitants exigent d'être payés avant le départ des troupes. Pour acquitter les sommes dues, le gouverneur doit « vendre aux Anglais le mortier et les six canons accordés par la capitulation, ce qui, joint avec son argenterie, ses meubles et ses effets, a servi à payer les dettes de Sa Majesté ». À son retour en France, Subercase comparaît devant un conseil de guerre. Il est accusé de négligence criminelle, puis il est acquitté.

La population acadienne est maintenant l'otage des Anglais. Ces derniers le font savoir à Vaudreuil dans une lettre datée d'Annapolis Royal (le nouveau nom de l'endroit), le 21 octobre 1710, et signée, entre autres, par Francis Nicholson et Samuel Vetch.

> Par [...] la capitulation, vous verrez que tout le pays, excepté celui qui est à la portée du canon, demeure absolument prisonnier à discrétion. C'est pourquoi nous avons jugé à propos de vous informer que, comme vous aviez fait plusieurs courses sur quelques-unes des frontières de Sa Majesté, par vos cruels et barbares Sauvages et Français ayant inhumainement tué plusieurs pauvres gens et enfants, c'est pourquoi nous vous faisons savoir qu'en cas que les Français [...] commettent quelques hostilités ou mauvais traitements, que sur les premiers avis que nous en aurons, nous exerceront sur-le-champ la même exécution sur les principaux de votre peuple de l'Acadie présentement à notre discrétion. Mais comme nous abhorrons la cruauté de vos Sauvages en guerre, nous espérons que vous ne nous donnerez pas occasion de les imiter [...]. Mais si vous voulez acquiescer à notre juste et raisonnable demande, nous vous assurons que votre peuple sera traité avec toute la civilité et bonne manière que la loi de guerre peut permettre.

Après le départ des troupes, Samuel Vetch agit comme commandant d'Annapolis Royal. Selon lui, l'Angleterre devrait envoyer des navires pour déporter la population acadienne, car autrement, écrit-il, « nous ne pouvons jamais compter sur la paisible possession des lieux».

La grande offensive

À Londres, le matin du 16 avril 1711, un messager se présente chez sir Hovenden Walker et lui remet un paquet de la part du secrétaire de l'Amirauté, Josiah Burchett. Walker apprend qu'il est nommé commandant en chef d'une escadre de Sa Majesté avec mission de s'emparer du Canada. Il se prépare sur-le-champ à se rendre à Portsmouth «où les navires et les forces sont au rendez-vous, les navires étant déjà prêts pour le départ et les soldats embarqués». La grande offensive devient réalité: elle emprunte la forme d'une véritable armada. «L'expédition du Canada, écrit Walker, a fait autant de bruit à Londres que si le sort de toute la Grande-Bretagne y avait été suspendu.»

Le 5 juillet, une partie de la flotte arrive à Boston. Une des premières tâches consiste à préparer le ravitaillement des marins et des soldats. On prévoit des provisions pour quatre mois: 1 051 120 livres de pain, 150 160 pièces de quatre livres de bœuf, 150 160 pièces de deux livres de porc, 4692 boisseaux de quatre gallons de pois, 7044 boisseaux de deux gallons d'avoine (ou la moitié de cette quantité de riz), 56310 livres de beurre ou une quantité équivalente de pintes d'huile, 112 620 livres de fromage ou l'équivalent en demi-pinte d'huile. Ces provisions doivent suffire à l'alimentation de 9385 soldats et marins.

Avant le départ, John Hill, général et commandant en chef des troupes de Sa Majesté en Amérique, fait imprimer une lettre qu'il fera distribuer aux Canadiens après la victoire. On y lit que ceux qui n'offriront pas de résistance «seront favorablement reçus et traités et continués, eux et leurs héritiers, en une douce et paisible possession de leurs terres, maisons et autres biens [...] et jouiront de la liberté, des privilèges et exemptions en commun avec le reste des sujets naturels de Sa Majesté, avec le libre exercice de leur religion». Si quelques Canadiens choisissent la résistance, ils seront traités comme des ennemis, leurs biens saisis et «distribués à ceux qui donneront quelque assistance afin que ces pays soient sous la domination de Sa Majesté de la Grande-Bretagne».

«Au début de la matinée du 30 juillet 1711 [le 9 août, selon le calendrier français], écrit l'historien Gerald S. Graham, l'expédition quitta Boston. Elle comprenait neuf bâtiments de guerre, deux galiotes à bombe et 60 transports de troupes et de ravitaillement, britanniques et de la colonie, ayant à bord quelque 7500 hommes de troupe et fusiliers marins. Le total des effectifs, y compris ceux de la marine, devait s'élever à environ 12000 hommes.»

À l'entrée du fleuve, le navire français *Neptune*, commandé par le capitaine Jean Paradis, tombe aux mains des Anglais. Paradis est amené à bord de l'*Edgar*, le vaisseau de Walker.

Les derniers jours du mois d'août sont marqués par le mauvais temps et le brouillard. Le 2 septembre, alors qu'il est convaincu que la flotte s'avance au milieu du chenal, à la hauteur de l'île d'Anticosti, Walker est tiré de son lit par le capitaine de son navire qui vient l'avertir que des hommes ont vu la terre, probablement la rive sud du Saint-Laurent. Le commandant des forces navales donne alors ordre «de virer de bord et de changer les amures». Quelques minutes plus tard, alors que Walker est retourné se coucher, le capitaine Coddard court le lever à nouveau, lui affirmant que des rochers menaçants sont là, tout près. On cherche le capitaine

Paradis, qui n'est pas sur le pont. Vraisemblablement, il dort, lui aussi! Après quelques instants, il arrive et commande «de hisser toutes les voiles». Le vent qui soufflait vers la côte nord perd de son intensité et le 3, vers les deux heures du matin, le calme revient. Mais plusieurs navires, sept transports de troupe et un navire de ravitaillement ont heurté les récifs.

«Sur un total de 1290 naufragés, écrit Graham, 740 soldats (y compris 35 femmes attachées aux régiments) et probablement 150 marins se noyèrent ou moururent de froid sur le rivage.» Les survivants occupent les deux jours suivants à tenter de sauver hommes et bagages. Lors d'un conseil de guerre tenu le 4 septembre, décision est prise d'abandonner le projet d'attaque contre Québec et de mettre le cap sur Boston.

«En raison de l'ignorance des pilotes, il est complètement impossible de remonter le fleuve Saint-Laurent avec des hommes de guerre et des transports, aussi haut que Québec, compte tenu de l'incertitude et de la rapidité des courants, comme cela vient d'être prouvé par une expérience fatale.» Telle est la raison officielle de la décision. On songe, au retour, à attaquer Plaisance, sur l'île de Terre-Neuve. Walker est plus pressé de rentrer en Angleterre que de se lancer dans une nouvelle aventure, d'autant plus que ses hommes n'ont des vivres que pour dix semaines. Il arrive à Portsmouth le 20 octobre.

Sur les bords du lac Champlain, Nicholson, à la tête d'une armée de 2000 soldats et miliciens accompagnés de quelques centaines d'Iroquois, attend que la flotte attaque Québec pour faire la jonction avec elle. Un petit détachement, sous le commandement du baron de Longueuil, se rend à Chambly, espérant pouvoir retarder la marche de l'ennemi. Dès qu'il apprend le désastre de la flotte de Walker, Nicholson ordonne la retraite de son armée, non sans avoir « piqué une juste colère », arraché et piétiné sa perruque ! Pour la deuxième fois, sa tentative de conquête par voie de terre échoue, sans qu'il en soit responsable !

À cette heureuse nouvelle, les miliciens de Chambly se replient sur Québec, ainsi que les troupes et les milices cantonnées à Montréal.

Enfin, le 17 octobre, Québec apprend avec soulagement ce qui était arrivé aux navires anglais. Voyant là une marque de la protection divine, les habitants de Québec multiplient les actions de grâces.

Une paix douloureuse

La guerre de Succession d'Espagne tire à sa fin. Les négociations de paix débutent à Utrecht, aux Pays-Bas, le 12 janvier 1712. L'Angleterre revendique la possession de Terre-Neuve, de la baie d'Hudson et de l'Acadie. Lors d'un discours devant les Chambres des lords et des communes, la reine Anne déclare au mois de juin : « Nous avons un intérêt si profond au commerce de l'Amérique du Nord que j'ai fait les plus vifs efforts pour tourner cet article à notre plus grand avantage. La France consent à nous rendre toute la baie et le détroit d'Hudson, à nous remettre l'île de Terre-Neuve avec Plaisance et à effectuer la cession absolue d'Annapolis avec le reste de la Nouvelle-Écosse ou Acadie. »

Le 12 août, la France et l'Angleterre décident, d'un commun accord, de mettre un terme aux hostilités. Puis, le 11 avril 1713, la France, l'Angleterre, la Hollande, la Prusse, le Portugal et la Savoie signent un traité de paix. La nouvelle est connue à Québec à la fin de juin. Cette paix, affirme mère Juchereau, « quoiqu'elle ne fût pas à des conditions bien avantageuses à la France, [...] ne laissa pas de nous faire espérer que tout irait mieux et que le calme allait rétablir toutes nos pertes passées».

En Nouvelle-Angleterre, la joie est universelle. Cela se comprend facilement puisque, entre autres, l'article 10 du traité cède à l'Angleterre «la baie et le détroit d'Hudson, avec toutes les terres, mers, rivages, fleuves et lieux qui en dépendent et qui y sont situés». Le même article confirme la perte de l'Acadie qui tombe entre les mains anglaises en son entier «conformément à ses anciennes limites [...] avec la souveraineté, propriété, possession et tous droits acquis par traités ou autrement que le roi très chrétien, la Couronne de France ou ses sujets quelconques ont eus jusqu'à présent sur lesdites îles, terres, lieux et leurs habitants». Terre-Neuve devient, elle aussi, une possession anglaise. «Mais l'île du Cap-Breton et toutes les autres quelconques situées dans l'embouchure et dans le golfe de Saint-Laurent demeureront à l'avenir à la France, avec l'entière faculté au roi très chrétien d'y fortifier une ou plusieurs places.»

Terre-Neuve et l'Acadie, qui viennent d'être rayées de la carte des possessions françaises en Amérique du Nord, étaient surtout peuplées de Français ou d'Acadiens. L'article 14 leur accorde «la liberté de se retirer ailleurs dans l'espace d'un an avec tous leurs effets mobiliers qu'ils pourront transporter où il leur plaira; ceux néanmoins qui voudront y demeurer et rester sous la domination de la Grande-Bretagne doivent jouir de l'exercice de la religion catholique romaine, en tant que le permettent les lois de la Grande-Bretagne».

En vertu de l'article 15, la France reconnaît que les Iroquois sont des sujets britanniques. «Les habitants du Canada et autres sujets de la France, y lit-on, ne molesteront point à l'avenir les Cinq-Nations ou Cantons des Indiens soumis à la Grande-Bretagne, ni les autres nations d'Amérique amies de cette couronne;

pareillement les sujets de la Grande-Bretagne se comporteront pacifiquement envers les Amériquains [*sic*] sujets ou amis de la France.» (Les Sauvages sont en effet des habitants des Amériques. À noter que, selon cette même logique, nous devrions écrire *Amériquains* (de Amérique) et non *Américains* (de America) pour désigner les habitants des États-Unis.) Les Indiens pourront commercer avec qui ils veulent et des commissaires devront préciser «quels seront ceux qui seront ou devront être censés sujets et amis de la France ou de la Grande-Bretagne». Cette situation est bien loin de plaire aux Indiens qui n'acceptent pas que des étrangers décident de leur allégeance.

La Nouvelle-France vient de s'engager sur le chemin de la défaite. Sa perte n'est plus qu'une question de temps. Il est important de souligner que ce début de démembrement est le résultat de défaites en Europe. En dehors de la capitulation de Port-Royal le 13 octobre 1710, la Nouvelle-France a bien résisté. Autrement dit, il est à prévoir que le sort de la colonie française se jouera en Europe et, en ce sens, 1713 annonce 1763.

Un pays à fortifier

La signature du traité de Rastadt entre l'Autriche et la France, le 6 mars 1714, ramène la paix en Europe occidentale. Le navire porteur de cette nouvelle arrive à Québec au cours de l'été. À la demande du roi, le gouverneur Philippe de Rigaud de Vaudreuil organise une manifestation pour souligner l'événement. « J'ai assisté, écrit-il, avec Monsieur Bégon [l'intendant] et le Conseil supérieur au *Te Deum* qui a été chanté dans l'église cathédrale de Québec où monsieur l'évêque a officié. On a tiré tout le canon de la ville et des vaisseaux et les peuples, par des illuminations qui ont duré une partie de la nuit, ont donné en cette occasion toutes les marques possibles de leur véritable joie. »

Le bon peuple ne se rend visiblement pas compte des conséquences néfastes du traité de paix signé à Utrecht l'année précédente. Diverses commissions seront établies pour délimiter le territoire de la France et de l'Angleterre au Nouveau Monde. Les frontières de l'Acadie et celles de la baie d'Hudson sont floues. On ne sait trop, non plus, jusqu'où va le protectionnisme sur les diverses tribus amérindiennes.

Au mois de septembre 1713, Francis Nicholson, promu depuis peu gouverneur de la Nouvelle-Écosse, rencontre les Abénaquis de l'ancienne Acadie.

> Toi, déclare-t-il au chef Maransouanies, je suis bien aise de te voir. [...] Tu sais déjà que la terre qui est au-delà

du grand lac est belle et n'est plus ensanglantée. Les rois sont en paix et ont aplani la terre et cela est conclu à la lune pendant laquelle tu fais la pêche, c'est la lune d'avril. Les Français nous donnent Plaisance, Port-Royal et la terre des environs, ne se réservant que la rivière où est située Québec. La terre d'ici est très belle, [montrant des papiers, dit :] voilà ceux qui sont cause qu'elle a été ensanglantée. Je mets ces papiers en terre, afin qu'ils ne paraissent plus. Je tourne maintenant la terre sens dessus dessous afin que le sang ne paraisse plus. Si tu veux, les Anglais qui semaient, par-ci par-là, des habitations qui ont été brûlées, les rétabliront et y demeureront. Je te prie de ne pas les empêcher de chasser aux gibiers, de prendre des bois selon qu'ils en auront besoin. [...] Je t'avertis aussi de ne pas passer tes endroits qu'il nomme parce qu'il y aura une barre de fer toute rouge de colère par le coup que tu as fait sur eux l'automne dernier. Je tâcherai d'amortir le feu et, dès que la barre sera refroidie, je t'avertirai que tu pourras passer.

La réponse du chef abénaquis est nette : « Tu dis, mon frère, que le Français t'a donné Plaisance, Port-Royal et la terre des environs, ne se réservant que la rivière où est située Québec. Il te donnera ce qu'il voudra ; pour moi, j'ai ma terre que je n'ai donnée à personne et que je ne donnerai pas. J'en veux toujours être le maître. Je connais les limites et, quand quelqu'un voudra y habiter, il paiera. Que les Anglais prennent des bois, pêchent ou chassent au gibier, il y en a assez pour tous. Je ne les empêcherai pas et, si quelque méchante affaire arrivait, on ne fera rien de part et d'autre et on délibérera. »

À l'instar des Abénaquis, les Iroquois veulent, à leur tour, affirmer leur indépendance et conserver, autant que possible, une certaine neutralité. Vaudreuil écrit au ministre, le 16 septembre 1714 :

Les Iroquois n'ont fait aucun mouvement cette année, si ce n'est pour descendre ici-bas où ils sont venus en

> nombre pour renouveler avec nous l'ancienne alliance et me témoigner la joie qu'ils avaient de la paix faite entre nous et les Anglais, me prier de rendre cette paix ferme et durable pour toujours, afin que les enfants de leurs enfants puissent l'avoir encore avec plaisir, m'offrir leur médiation en cas de rupture entre l'Anglais et nous, et me prier en même temps de laisser un chemin libre à eux pour venir en ce pays toutes les fois qu'ils y auraient affaire, soit pour la traite, et pour me parler à moi-même et aux sieurs de Longueuil, Joncaire et La Chauvignerie, aussi une entière liberté d'aller chez eux toutes les fois qu'ils le jugeront à propos.

Comme les Anglais paient mieux pour les fourrures, les autorités de la Nouvelle-France craignent qu'à la longue tout le commerce ne passe entre les mains des représentants de la Nouvelle-Angleterre. «Si une fois, écrit Vaudreuil, les Anglais peuvent mettre les [Amérindiens] dans leurs intérêts, il n'y a point à douter qu'à la première guerre ils ne deviennent nos plus cruels ennemis. Je n'ai rien à me reprocher à ce sujet.» Et le gouverneur de conclure: «La guerre avec l'Angleterre nous était plus favorable que la paix.»

Pierre sur pierre

Pour se défendre contre une éventuelle attaque des Anglais, pour assurer une présence française sur l'immense territoire que constitue la Nouvelle-France et pour maintenir des liens commerciaux avec les Amérindiens, les autorités françaises décident de faire ériger une forteresse sur l'île du Cap-Breton. Les villes de Québec et de Montréal seront fortifiées et une chaîne de forts protégera la région du lac Champlain, des Grands Lacs et du Mississipi.

Sur la côte Atlantique, la France ne conserve après 1713 que les îles du Cap-Breton et Saint-Jean (île du Prince-Édouard). À la suite de la perte de l'Acadie et de Terre-Neuve, on songe à réunir la population acadienne et terre-neuvienne sur les deux îles. Le ministre français de la Marine, le comte de Pontchartrain, écrit au gouverneur Vaudreuil, le 30 avril 1713: «Comme je suis persuadé que les habitants de l'Acadie n'auront point prêté serment à la reine d'Angleterre, ils pourront se retirer dans le terme convenu sans que les Anglais puissent les en empêcher et je ne doute point qu'ils n'en profitent avec plaisir pour se rendre au Cap-Breton. Il est nécessaire que vous cherchiez les moyens de les y déterminer aussi bien que les Sauvages de l'Acadie.»

Le 2 septembre suivant, Joseph de Monbeton de Brouillan dit Saint-Ovide, lieutenant du roi à Plaisance, prend possession de l'île du Cap-Breton au nom du roi de France. La population de l'île se compose alors d'un seul habitant français et de 25 à 30 familles amérindiennes. Au mois de décembre, 155 habitants de Plaisance viennent s'établir sur l'île. On compte beaucoup sur une immigration massive des Acadiens, «ce qui rendrait cette nouvelle colonie florissante dès son commencement et la mettrait en état de se soutenir si nous venions à avoir la guerre avec les Anglais». Au cours de l'année suivante, la majeure partie des autres habitants de Plaisance, à cause de la proximité des lieux de pêche, émigrent eux aussi au Cap-Breton.

Les Acadiens ne semblent pas enthousiastes à l'idée de délaisser les terres ancestrales. Au cours de l'été 1713, une délégation composée de colons prudents quittait Plaisance pour aller voir l'île où la France voulait les reloger. Le 23 septembre, des délégués de l'Acadie présentent un rapport peu encourageant: «Il n'y a pas dans toute l'île de terres propres à l'entretien de nos familles, puisqu'il n'y a pas de prairies suffisantes pour la nourriture de notre bétail, d'où nous tirons notre principale subsistance. [...] Ce serait nous exposer à mourir de faim, chargés de famille comme nous le sommes, que de quitter nos demeures et nos défrichements, sans autres ressources que de prendre de nouvelles terres incultes, dont le bois sur pied doit être enlevé sans aide ni avance.»

Il n'en faut pas davantage pour que la majorité des Acadiens décident de demeurer sous tutelle anglaise, à la condition de conserver leurs propriétés et le droit de pratiquer la religion catholique. Les autorités françaises sont déçues par l'attitude des Acadiens. Elles décident d'utiliser les missionnaires pour exercer des pressions. Jésuites et récollets deviennent volontiers des agitateurs politiques, se servant parfois de la religion pour influencer les Acadiens, mais sans trop de succès.

En 1717, la population de l'île est de 568 habitants: 58 hommes, 37 femmes, 115 enfants et 358 pêcheurs. L'année précédente, l'ingénieur Jean-François de Verville avait proposé «de faire de Louisbourg la capitale et la principale place forte de la colonie». La main-d'œuvre sera puisée à même les soldats de la garnison. Les travaux, qui débutent le 3 juillet 1717, progressent très lentement. Verville en connaît la cause, car après quelques mois de travail, il écrit aux autorités de la métropole: «le commandant des troupes de l'île ne permet pas de compter sur un travail permanent. J'ai vu battre la générale pour assembler les troupes au travail avec le commandant en tête, mais tout s'est réduit dans les jours suivants à sept hommes sur 162 hommes et les jours que les soldats s'y trouvaient presque tous, deux heures après, il ne s'en trouvait presque plus.»

Devant les protestations de l'ingénieur et les lents progrès des travaux, le Conseil supérieur fait appel à l'entreprise privée. Le 7 mars 1719, l'entrepreneur parisien Michel-Philippe Isabeau s'engage par contrat à construire le bastion du roi et le château Saint-Louis. Le 29 mai 1720, on pose la première pierre de ce dernier édifice. Isabeau meurt en 1724 et François Ganet obtient, par voie de soumission, le contrat. D'après l'historien Frederick J. Thorpe, «Ganet construisit (de 1725 à 1737), en plus des deux batteries, le demi-bastion Dauphin, le principal entrepôt, le quai de carénage, l'hôpital et le phare.»

Vers 1740, l'île Royale compte plus de 4000 habitants. Son commerce «égale les deux tiers de celui du Canada, qui a une population dix fois plus forte». La vie sur l'île, surtout à la forteresse de Louisbourg, n'est pas... monotone. L'ivrognerie et le jeu causent d'importants ravages. Les soldats et leurs officiers ne se cachent pas pour faire du commerce de contrebande afin d'arrondir leurs revenus. Quant aux travaux, ils vont comme ils allaient: la construction de la forteresse n'est pas achevée et le mortier qui lie les pierres commence déjà à se désagréger.

Ce que l'on appelle pompeusement «le Gibraltar d'Amérique» ne protège pas l'ensemble des possessions françaises. Le Canada doit voir à sa propre défense. Le gouverneur de la Nouvelle-France, Charles de Beauharnois de La Boische, écrit en 1727: «Toute l'armée d'Angleterre pourrait venir à Québec qu'on n'en saurait rien à l'Île-Royale et quand même on le saurait en ce pays-là, que pourraient-ils faire?»

Montréal, ville fortifiée

Les récentes menaces d'invasions anglaises par le Richelieu ont prouvé que Montréal n'est pas en état de subir un siège. La palissade de pieux qui l'entoure est dans un état de délabrement avancé. En 1707, l'ingénieur Josué Dubois Berthelot de Beaucours travaille à la consolidation des remparts, mais l'ouvrage est toujours de peu d'utilité. Sept ans plus tard, le roi continue de demander la fortification de Montréal, mais il se refuse toujours à puiser dans ses coffres l'argent nécessaire.

Le 20 septembre 1714, le gouverneur Vaudreuil et l'intendant Bégon écrivent au ministre :

> Comme sa Majesté ne veut pas faire de fonds pour ces fortifications et qu'il ne serait pas convenable de proposer une imposition, nous avons jugé que le seul moyen qu'on peut mettre présentement en usage est d'y faire travailler par corvées en y obligeant tous les habitants du gouvernement de Montréal. [...] Ceux qui par leur état ou par leur éloignement ne pourront pas eux-mêmes faire ces corvées pourront s'en dispenser en payant en argent le nombre de journées auxquelles ils seront taxés.

Le début des travaux est prévu pour le mois de novembre où l'on commencera « à tirer de la pierre et à la charroyer sur le lieu ». L'année suivante, la ville possède toujours sa palissade de pieux de cèdre, les travaux n'ayant pas beaucoup progressé. En 1716, le Conseil de la Marine décide de procéder par imposition pour financer la construction de la muraille. Le Séminaire de Saint-Sulpice devra verser 2000 livres par année et les habitants de Montréal, 4000, jusqu'à ce que la ville soit complètement entourée d'un mur de pierre de quatorze pieds de hauteur.

Le principe de la corvée ne plaît généralement pas. Vers le mois d'août 1717, le village de Longueuil refuse de fournir la main-d'œuvre nécessaire. Le gouverneur Vaudreuil se rend sur les lieux et ses gardes rudoient quelques habitants. Il n'en faut pas plus pour faire monter la pression. Dix des principaux chefs du mouvement sont emprisonnés dans la prison de Montréal; ils y séjourneront pendant plus de deux mois. L'hiver venant, les autorités jugent bon de les libérer, « car les cachots de Montréal sont si affreux qu'ils courraient risque de périr s'ils y restaient».

Au mois de mars 1721, les murailles de Montréal ne sont encore qu'un projet. Le père Charlevoix, qui visite alors la ville, note dans son journal de voyage que « la ville [...] n'est point fortifiée; une simple palissade bastionnée et assez mal entretenue fait toute sa défense, avec une assez méchante redoute sur un petit tertre, qui sert de boulevard et va se terminer en douce pente à une petite place carrée. [...] On projette depuis quelques années de l'environner de murailles, mais il ne sera pas aisé d'engager les habitants à y contribuer. »

En 1727, selon l'intendant Claude-Thomas Dupuy, « cette ville est ouverte de toutes parts; tout ce qu'il y avait de pieux qui faisaient son enceinte sont absolument pourris et à demi-renversés; elle est ouverte à la fraude et à la contrebande et, tant qu'elle ne sera pas fermée, on n'arrêtera pas le progrès du commerce étranger». Il faut attendre la fin des années 1730 pour que Montréal soit ceinturée d'un authentique mur de pierre! Il ceinture la majeure partie de la ville et il est percé de huit portes. Un fossé profond de sept pieds complète l'ouvrage de fortification.

Québec se défend bien

Si la haute-ville de Québec peut compter sur son site élevé pour repousser ou retarder une attaque éventuelle, la basse-ville est plus vulnérable. En 1691, on avait construit la Batterie royale, réparée deux fois, en 1702 et en 1728. Sous Frontenac, la haute-ville développe son système défensif autour du fort Saint-Louis. On construit, en 1693, la redoute du Cap-aux-Diamants.

En 1711, on commence à jeter les fondements de deux nouvelles redoutes. Gédéon de Catalogne écrit en 1712 : « L'une des redoutes fut achevée à la maçonnerie près, et la maçonnerie de l'autre montée au carré, et, en outre, on fit un mur le long de la côte du Palais jusque vis-à-vis l'Hôtel-Dieu, et on commença deux bastions et la courtine entre la redoute du Cap-aux-Diamants et le cavalier de monsieur Dupont. Ces ouvrages en sont demeurés là, monsieur de Beaucours ayant été envoyé à l'Île Royale, je fus chargé de la conduite des ouvrages. » Les redoutes Royale et Dauphine serviront surtout de casernes militaires. Le gouverneur Vaudreuil et l'intendant Bégon écrivent, en 1714, qu'ils « estiment qu'on ne peut faire un meilleur usage d'une des tours bastionnées que de la faire servir de caserne pour loger les officiers et soldats, lesquels étant rassemblés sont à portée d'être disciplinés et de rendre sur-le-champ tous les services dont on pourrait avoir besoin ». « C'est aussi, ajoutent-ils, le seul moyen d'empêcher le libertinage des soldats parce qu'il y aura toujours dans ces casernes des officiers qui les tiendront dans une exacte discipline. »

Les travaux évoluent lentement. Ils s'arrêtent presque après 1720. Il faudra attendre la reprise des hostilités en 1745 pour que les autorités métropolitaines fournissent de nouveaux fonds destinés à compléter le système défensif.

Lors de son séjour à Québec, au mois d'octobre 1720, le père Charlevoix décrit les fortifications de la ville en ces termes :

> Québec n'est pas fortifiée régulièrement, mais on travaille depuis longtemps à en faire un bonne place. Cette ville n'est pas même facile à prendre dans l'état où elle est. Le port est flanqué de deux bastions qui, dans les grandes marées, sont presque à fleur d'eau, c'est-à-dire qu'ils sont élevés de vingt-cinq pieds de terre, car

la marée, dans les équinoxes, monte à cette hauteur. Un peu au-dessus du bastion de la droite, on en a fait un demi, lequel est pris dans le rocher, et plus haut, à côté de la galerie du fort, il y a vingt-cinq pièces de canon en batterie. Un petit fort carré, qu'on nomme la Citadelle, est encore au-dessus et les chemins pour aller d'une fortification à l'autre sont extrêmement raides. À la gauche du port, tout le long de la rade, jusqu'à la rivière Saint-Charles, il y a de bonnes batteries de canon et quelques mortiers. De l'angle de la Citadelle, qui regarde la ville, on a fait une oreille de bastion d'où l'on a tiré un rideau en équerre, qui va rejoindre un cavalier fort exhaussé, sur lequel il y a un moulin fortifié. En descendant de ce cavalier, on rencontre, à une portée de fusil, une première tour bastionnée et, à la même distance de celle-ci, une seconde. Le dessein était de revêtir tout cela d'une chemise qui aurait eu les mêmes angles que les bastions et qui serait venue se terminer à l'extrémité du roc, vis-à-vis le palais, où il y a déjà une petite redoute, aussi bien que sur le Cap-aux-Diamants.

Alors que les habitants du gouvernement de Montréal doivent défrayer eux-mêmes la majeure partie du coût des fortifications de leur ville, le roi paie lui-même tous les frais encourus pour protéger la capitale de la Nouvelle-France.

Une rivière à surveiller

La rivière Richelieu constitue, avec le fleuve Saint-Laurent, la principale voie d'invasion du pays. L'incendie du fort Chambly par les Iroquois, en 1702, a affaibli le système défensif de cette région.

Les sieurs de Vaudreuil et Raudot, écrivent ces derniers au ministre Pontchartrain le 14 novembre 1709, ne peuvent s'empêcher de vous signaler la conséquence dont est le poste de Chambly. Ils en sont plus persuadés

> qu'ils ne l'ont jamais été : c'est le seul endroit par où les Anglais peuvent venir en grosse partie en cette colonie et y amener du canon et de petits mortiers. Il leur paraissait absolument nécessaire d'y faire un fort de pierre qui serait, par ce moyen, hors de l'insulte du canon, parce que celui qu'ils [les Anglais] peuvent amener ne peut être que de quatre livres de balles au plus ; et ce ne serait point tous les jours à raccommoder, ce qui cause toujours de nouvelles dépenses, outre qu'un fort de pieux est sujet à brûler tous les jours. Ce poste bien fortifié et en état de défense mettrait à couvert la ville de Montréal, parce qu'ils ne peuvent passer leurs voitures que par cet endroit. Tout le monde, monseigneur, est convaincu de l'utilité de ce poste.

En conséquence, les dirigeants de la colonie demandent un fonds de 20000 livres « pour en faire bâtir un de pierre ». La reconstruction du fort Chambly s'échelonne de 1709 à 1711. Le 12 novembre 1712, le gouverneur et l'intendant, dans une lettre au ministre, insistent encore une fois sur l'importance de l'endroit : « On peut placer dans ce fort 40 pièces de canons et 36 pierriers ; 500 hommes y peuvent faire le service et 1000 y peuvent être à couvert en cas de besoin. On peut y mettre des vivres pour la subsistance de ce nombre d'hommes pendant un an et des munitions de guerre autant qu'on y en peut avoir besoin et pour autant de temps qu'on voudra. Enfin, monseigneur, ce fort doit être regardé comme le rempart du Canada du côté d'en-haut. »

Charles de Beauharnois de La Boische, qui devient gouverneur de la Nouvelle-France en 1726, songe à construire un fort dans la région du lac Champlain, autant pour lutter contre la contrebande des fourrures qui se pratique par le Richelieu que pour fortifier cette portion de territoire contre une éventuelle attaque anglaise. Il soumet le projet au roi, qui lui répond le 8 mai

1731 : « Cet établissement peut être très avantageux, soit pour empêcher les Anglais de venir sur les habitations françaises, soit pour tomber sur eux, en cas de guerre. Ainsi, l'intention de Sa Majesté est qu'il soit fait dans cet endroit un fort de pieux, en attendant qu'on puisse le faire plus solide et que le sieur de Beauharnois y envoie telle garnison qu'il jugera convenable. »

Sitôt dit, sitôt fait et le gouverneur et l'intendant Gilles Hocquart peuvent répondre au ministre, dès le 16 octobre de la même année : « Les sieurs de Beauharnois et Hocquart n'ont pas plutôt reçu les ordres du roi pour l'établissement d'un fort de pieux à la Pointe-à-la-Chevelure qu'ils y ont envoyé sur-le-champ le sieur Tresmere, officier actif et vigilant et fort au fait, avec un détachement de soldats et d'officiers pour le faire construire. Il nous a informés qu'il devait être incessamment achevé. Le sieur de Beauharnois a destiné le sieur Hertel de Moncours avec le sieur de Rouville pour y commander 20 hommes qui composeront la garnison de ce fort pendant l'hiver. Il l'augmentera de 10 autres hommes au printemps. »

Le nouveau fort reçoit le nom de Saint-Frédéric, en l'honneur du comte Frédéric Phélypeaux de Maurepas, alors ministre de la Marine en France. En 1735, décision est prise de reconstruire le fort en pierre. Vers la même époque, la rumeur circule que les Anglais songent à se fortifier à cinq lieues de la Pointe-à-la-Chevelure (aujourd'hui Crown Point). Quelques Iroquois domiciliés au village du Sault-Saint-Louis, ayant à leur tête le chef Entasogo, décident de se rendre à Dierfield pour protester contre cette intention. Les Amérindiens déclarent aux habitants du village :

> Il court un bruit dans mon village que je n'entends pas avec plaisir et de la vérité duquel je viens ici exprès pour être informé. Peut-être est-ce le mauvais esprit

> ennemi de la tranquillité des hommes et du repos dont nous jouissons sur nos nattes qui sème ces mauvaises nouvelles et qui voudrait, par là, brouiller la terre. [...] J'ai donc appris dans mon village que toi, mon frère l'Anglais, te préparerais à faire un établissement et un fort dans la rivière à La Loutre sur mes terres, sur celle de mon père Onnontingo [le roi], à cinq lieues de la Pointe-à-la-Chevelure. Tu ne saurais faire cela sans te rendre coupable de ce que chacun de nous doit craindre, c'est-à-dire sans ébranler l'arbre de paix qui a été planté dans tout ce pays-ci. [...] Je n'attendrai pas que le Français, mon père, parte pour venir arrêter ta témérité, d'abord que j'aurai appris que tu travailles et que tu bâtis, je viendrai avec tous mes gens détruire tout ton ouvrage. Je t'en avertis sérieusement.

Les Anglais répondent par trois colliers et un calumet, affirmant que John Hendricks Lÿdius est seul responsable du projet et qu'il a déjà repassé la mer. «C'est un brouillon, disent-ils, et qui méritait d'être puni.»

Face à face

Malgré l'article 15 du traité d'Utrecht, les autorités françaises continuent à commercer et à s'installer dans la région des Grands Lacs. Comme les Anglais offrent de meilleurs prix pour les fourrures, les Français craignent que le commerce de cette région ne leur échappe. Vers 1718, ils construisent un fort en pieux sur la rive droite du Saint-Laurent et lui donnent le nom de la Présentation ou de La Galette. L'endroit sert surtout de poste de traite. Le gouverneur de New York, Robert Hunter, proteste. «Les Français, écrit-il, possèdent des postes et des établissements en plusieurs endroits du Mississipi et des Lacs. Ils soutiennent que ces pays et le commerce qui s'y pratique leur appartiennent. Si ces possessions s'étendent et se peuplent, elles arriveront à menacer l'existence même des habitations anglaises. Je ne sais pas sur quoi ils basent leur droit. »

Les Anglais exercent leur protectorat sur les territoires iroquois. L'embouchure de la rivière Niagara se trouve en pays tsonnontouan. « D'une très grande importance stratégique, écrit l'historien Yves F. Zoltvany, l'endroit commandait le portage, contournant les chutes, que les Indiens de l'Ouest empruntaient pour venir trafiquer dans les colonies anglaises et la colonie française. »

Anglais et Français convoitent cette région stratégique sur le plan commercial. Voulant devancer ses opposants, le gouverneur Vaudreuil charge, en 1720, Louis-Thomas Chabert de Joncaire d'aller négocier avec les Tsonnontouans la permission d'établir un fort sur leurs terres. Joncaire avait été adopté par cette nation amérindienne en 1709. Il demande donc à ses frères de se construire une habitation près des leurs. Comme il est fils de la tribu, la permission lui est immédiatement accordée. Avec l'aide de soldats qu'il va quérir au fort Frontenac, Joncaire construit un fort en pieux où flotte le drapeau français.

Les dirigeants d'Albany tentent de faire démolir la maison et rappellent aux Tsonnontouans qu'ils sont sous leur protection. Joncaire réussit à convaincre les Amérindiens des avantages de la présence française. Les Anglais ripostent en établissant un poste de traite à l'embouchure de la rivière Oswego. En septembre 1722, des représentants des Cinq-Nations se réunissent à Albany où ils rencontrent des dirigeants des colonies de New York, de la Virginie et de la Pennsylvanie. Ce rapprochement incite le gouverneur Vaudreuil à fortifier la région du Niagara. En 1725, il demande aux autorités de la métropole la permission de construire un fort de pierre pour remplacer le fortin de pieux de

Niagara. L'autorisation lui est donnée presque au même moment où on aménage un fort de pierre à Oswego. Le gouverneur Beauharnois, en 1727, menace d'attaquer le poste anglais, mais ne le fait pas.

La région des Grands Lacs est devenue une zone chaude où Français et Anglais se fortifient et s'affrontent. Les imprécisions du traité d'Utrecht font que les deux parties croient avoir raison. La vallée de l'Ohio est elle aussi un objet de contestation. Pour protéger la voie allant de Québec à la Louisiane, les autorités françaises construisent une chaîne de forts également utilisés comme postes de traite.

Vers l'Ouest

La perte de la baie d'Hudson et la rivalité commerciale qui s'accentue dans la région des Grands Lacs favorisent le développement d'une nouvelle route des fourrures vers l'Ouest. Et c'est ainsi que renaît l'idée de découvrir la mer de l'Ouest qui conduit à la Chine et au Japon. Pierre Gaultier de Varennes et de La Vérendrye illustrera cette double préoccupation. En 1728, le petit-fils de Pierre Boucher de Boucherville devient commandant en chef du poste de Kaministiquia (aujourd'hui Thunder Bay, en Ontario). La Vérendrye profite de son séjour dans ce poste pour obtenir des Amérindiens les détails décrivant le chemin à suivre pour se rendre à la mer Vermeille.

De retour à Montréal à l'été de 1730, La Vérendrye parvient à convaincre le gouverneur Beauharnois et l'intendant Hocquart des avantages d'un voyage d'exploration vers l'Ouest. L'historien Antoine Champagne résume les principaux objectifs visés : « 1° la découverte de la mer de l'Ouest et de la route de l'Orient ; 2° la découverte de l'Ouest lui-même et l'agrandissement du territoire français ; 3° le développement du commerce de la colonie, avec la note spéciale de concurrence à l'Angleterre, cet antagoniste de toujours, même en temps de paix; 4° l'établissement de forts réguliers, non pas seulement comme tremplins, mais comme instruments nécessaires à la fois à la découverte, à la conquête et au commerce; 5° l'évangélisation des Sauvages, grâce à la présence d'un missionnaire.»

Le voyage de découverte ne coûtera au roi que la modeste somme de 2000 livres destinées à l'achat de cadeaux pour les Amérindiens. Pour financer l'entreprise, on crée une société de commerce qui se remboursera avec les profits de la traite des fourrures.

Le départ a lieu le 8 juin 1731. La Vérendrye amène avec lui ses fils Jean-Baptiste, Pierre et François. Une cinquantaine d'engagés complètent l'expédition. À Michillimakinac, le père jésuite Charles-Michel Mésaiger se joint au groupe. On marche jusqu'au Grand Portage pour se rendre ensuite du lac Supérieur au lac des Bois par voie de terre. Le trajet est de 10 milles environ. Les engagés refusent de transporter embarcations et bagages sur une aussi longue distance. La Vérendrye doit alors retourner à Kaministiquia avec la moitié des mutins. Les autres acceptent, après discussion, de se rendre au lac La Pluie sous la direction de Jean-Baptiste et de Christophe Dufrost de La Jemmerais, neveu de l'explorateur. À l'extrémité ouest du lac, on construit le fort Saint-Pierre où le groupe passe l'hiver. Le fort a deux portes opposées. «Le côté intérieur a 50 pieds avec deux bastions, écrit Beauharnois. Il y a deux corps de bâtiments composés de deux chambres à doubles cheminées; ces bâtiments sont entourés d'un chemin de ronde de sept pieds de large. L'on a pratiqué dans un des bastions un magasin et une poudrière. Et les pieux sont doublés et ont treize pieds hors de terre.»

Comme l'entreprise doit s'autofinancer, La Vérendrye s'impose un va-et-vient quasi annuel entre les points de plus en plus avancés dans l'Ouest et Montréal ou Michillimakinac pour y vendre ses fourrures et recueillir l'argent nécessaire à la poursuite de l'entreprise. Le 29 mai 1732, le fils aîné de La Vérendrye se rend à Michillimakinac conduire «le peu de pelleterie qui m'était venu et me rapporter les effets qui devaient me venir de Montréal», écrit l'explorateur. Ce dernier va rejoindre l'autre partie du groupe installée au fort Saint-Pierre. À l'automne, on construit au sud-ouest du lac des Bois le fort Saint-Charles. Il sera, pendant longtemps, le quartier général de La Vérendrye. La nouvelle construction est beaucoup plus imposante que la première. «Le côté intérieur de ce fort a 100 pieds avec quatre bastions. Il y a une maison pour le missionnaire, une église, une autre maison pour le commandant, quatre corps de bâtiments à cheminée, une poudrière et un magasin. Il y a aussi deux portes opposées et une guérite. Les pieux sont doublés et ont quinze pieds hors de terre.»

Un rappel salutaire

La Vérendrye ne s'occupe pas seulement de traite ou d'exploration. Il tente de maintenir la paix entre les diverses tribus amérindiennes. Les Cris et les Assiniboines réclament l'érection d'établissements français sur leurs terres et demandent l'appui des explorateurs pour aller en guerre contre les Sioux. Le 9 mai 1734, plus de 600 guerriers cris et monsonis s'assemblent dans la cour du fort Saint-Charles. La Vérendrye leur confie son fils aîné qui doit les accompagner comme observateur dans leur expédition de guerre. Les associés du découvreur insistent pour que ce dernier profite du grand rassemblement pour faire mousser les vertus et les bénéfices de la traite. La Vérendrye y va donc d'un grand discours.

> Mes enfants, déclare-t-il, faites attention et pensez sérieusement au bonheur que vous avez de posséder le Français chez vous, auprès duquel vous trouverez tous vos besoins pendant le cours de l'année. Il achète vos viandes, folles avoines, écorces, gommes, racines pour les canots et plusieurs autres choses pendant l'été, qui ne vous ont de rien servies jusqu'ici. Vous faites argent de tout. Que ne chassez-vous ? Vous avez l'automne, l'hiver et le printemps pour faire de la pelleterie, afin que les traiteurs ne s'en retournent pas honteux, c'est-à-dire à vide ; ils reçoivent vos robes après vous en être servis, qui ont été perdues jusqu'à présent. Quel avantage pouvez-vous désirer de plus ? Je vous avertis de ne point tuer le castor pendant l'été : il ne sera point reçu des traiteurs. Vous me demandâtes, il y a un an, d'avoir pitié de vos familles et de vous faire donner à crédit l'automne pour être en état de chasser l'hiver. J'obtins des traiteurs, quoiqu'avec peine, de vous faire donner votre plus nécessaire pour voir si vous aviez de l'esprit et si vous saviez payer. Encouragez les autres à payer le traiteur, afin que je ne passe pas pour menteur. La marchandise n'est pas à moi, comme vous le savez. Je suis cependant le maître de vous la faire donner. Si vous ne payez pas, il faut que ce soit moi qui paye. Si je vous fais donner vos besoins, ce n'est pas pour porter vos pelleteries aux Anglais. Vous y traitez comme en ennemis. Vous n'avez point de crédit chez eux ni d'entrée dans leur fort. Vous ne choisissez point la marchandise que vous voulez, vous êtes obligés de prendre ce qu'on vous donne par une fenêtre, bon ou mauvais. Ils rebutent une partie de vos pelleteries qui sont perdues pour vous, après avoir eu bien de la peine à les porter chez eux.

À cette époque, les traiteurs anglais de la Hudson's Bay Company cherchent à attirer les Cris, affirmant qu'ils ne s'opposent pas aux Français, vu que ces derniers achètent le castor gras et eux, le castor sec. Mais La Vérendrye est contre tout commerce avec les Anglais et il le déclare aux Amérindiens réunis dans le fort :

> Il est vrai, ajoute-t-il, que vous achetez certaines choses un peu plus cher de nos traiteurs, mais ils prennent tout ce que vous avez. Ils ne rebutent rien. Vous ne courez aucun risque. Vous n'avez pas la peine de les porter loin. D'ailleurs vous avez la liberté de choisir ce que vous voulez. Hommes, femmes et enfants, vous entrez dans nos maisons et dans notre fort quand il vous plaît. Vous y êtes toujours bien reçus. Nos marchandises sont meilleures, comme vous l'avouez, que celles des Anglais. Ce serait donc contre la raison et contre votre intérêt d'y aller. Je suis bien aise de vous avertir qu'il n'y aura jamais de crédit pour ceux qui y iront à l'avenir. Prenez donc courage pour bien chasser afin que j'aie le plaisir de voir vos familles bien habillées et que les traiteurs qui ont tant de peine à venir ici, s'en retournent contents. Cela fera plaisir à notre père.

À cause du mauvais état de ses affaires, La Vérendrye revient à Montréal à l'été de 1734. Des déceptions l'y attendent : ses associés ne veulent plus accumuler de nouveaux déficits et le roi refuse de financer ses voyages d'explorations. Pendant ce temps, Jean-Baptiste, l'aîné des fils de l'explorateur, construit un nouveau fort sur le côté ouest de la rivière Rouge, que l'on appelle le fort Maurepas, en l'honneur du ministre de la Marine.

À Montréal, le 17 mai 1735, la société de commerce formée quatre ans plus tôt est dissoute et elle est remplacée par une autre dès le lendemain. Cette fois, La Vérendrye n'est plus un actionnaire, mais un simple salarié qui recevra des appointements de 3000 livres par année. Il devra s'orienter exclusivement vers la découverte de nouveaux territoires.

Les actionnaires de la nouvelle compagnie sont beaucoup plus stimulés par le commerce que par le ravitaillement des postes et le financement des explorations. La situation de La Vérendrye, loin de s'améliorer, se détériore. Les malheurs fondent sur lui ; il va de malchance en malchance. Son neveu La Jemmerais meurt à la suite d'une courte maladie. Son fils aîné et plusieurs Français sont massacrés par les Sioux, le 6 juin 1736. « L'automne suivant, écrit La Vérendrye, il ne me vint qu'un très petit secours. Je manquais des choses les plus nécessaires, ce qui me fit prendre la résolution, à la sollicitation des Sauvages, de descendre à Montréal pour porter leurs paroles, me demandant avec instance du secours pour se venger de l'indigne coup des Sioux. » L'explorateur va exposer sa situation au gouverneur Beauharnois qui le blâme « d'avoir laissé son poste » et lui fait connaître « que ce n'était pas de cette façon qu'il réussirait dans son entreprise ». « Il m'a dit, écrit Beauharnois à Maurepas, que la situation où il s'était trouvé l'avait empêché de pénétrer plus loin. »

En France, Maurepas trouve que les progrès sont lents. Il écrit à Beauharnois, le 23 avril 1738 :

> J'ai examiné avec attention le journal que vous m'avez envoyé du sieur de La Vérendrye ; et je vous avoue que je n'ai pas été peu surpris d'y voir le peu de progrès que cet officier a fait pour la découverte de la mer de l'Ouest depuis le précédent mémoire qu'il vous en avait remis. Il ne paraît pas en effet que cette entreprise ait été à beaucoup près aussi avancée qu'il y avait lieu de l'espérer. Et si l'on ne la pousse pas avec plus de vivacité, il ne faut pas se flatter d'en voir la fin.

Le 18 juin 1738, La Vérendrye quitte Montréal pour l'Ouest. Il doit se rendre au pays des Mandanes et de là atteindre, si possible, la mer de l'Ouest. Le

24 septembre, il rencontre deux chefs cris qui veulent le convaincre de l'inutilité de pousser plus loin car « ni les Mandanes ni les Assiniboines ne savaient chasser le castor ; les premiers ne se couvraient que de peaux de bœufs, ce qui n'était d'aucune utilité pour le commerce ; les Assiniboines n'avaient pas d'esprit et ne pourraient apprendre à chasser utilement ».

Intervention inutile, puisque La Vérendrye continue sa marche. Entre le 3 et le 15 octobre, il fait construire le fort La Reine sur la rive nord de la rivière Assiniboine. Au même moment, un des hommes du découvreur, Louis Damours de Louvières, bâtit le fort La Fourche, ou fort Rouge, au confluent de l'Assiniboine et de la rivière Rouge, près de l'endroit où se trouve aujourd'hui Winnipeg.

Au pays des Mandanes (ou Mandans)

Poursuivant sa marche vers l'Ouest, La Vérendrye, accompagné de quelques Français et de centaines d'Assiniboines, se dirige vers le pays des Mandanes qu'il croit situé tout près de la mer de l'Ouest. Le 3 décembre 1738, à quatre heures de l'après-midi, il arrive au fort des Mandanes.

> Escorté de tous les Français et Assiniboines, écrit-il, l'on nous conduisit dans la cabane du premier chef, grande à la vérité, mais pas assez pour y tenir tout le monde qui y voulait entrer. La foule était si grande qu'ils se portaient les uns sur les autres, Assiniboines et Mandanes. Il n'y avait que la place où nous étions, monsieur de La Marque, son frère et mes enfants, qu'il y avait de libre. Je demandai que l'on fît sortir le grand monde pour débarrasser nos Français et leur faire mettre leur équipage dans un endroit de sûreté, leur disant qu'il avait tout le temps de nous voir. L'on fit sortir tout le monde. Je m'y pris trop tard : l'on nous avait volé le sac de

> marchandises où étaient tous mes présents par la grande faute d'un de nos engagés à qui je l'avais donné à soin […] Le chef des Mandanes me paraissait fort touché de ma perte et il me dit, pour ma consolation, qu'il y avait beaucoup de fripons parmi eux.

Selon Zoltvany, « le village était situé dans la région qui est aujourd'hui le Dakota Nord, près de l'embouchure de la rivière Little Knife ou celle du ruisseau Shell, à environ 20 milles de la ville actuelle de Sanish ». Les Mandanes apprennent à La Vérendrye que, non loin de leur pays, l'on atteignait un territoire où on ne voyait plus la terre « d'un bord à l'autre […] et où l'eau est mauvaise à boire. Toutes ces terres étaient habitées par des Blancs comme nous, écrit le découvreur, qui travaillaient le fer. Le mot fer parmi toutes les nations d'ici est toutes sortes de métaux qu'on appelle fer ; qu'ils ne marchaient qu'à cheval tant pour la chasse que pour la guerre. L'on ne pouvait point tuer d'homme avec la flèche ni le fusil, étant couvert de fer, mais que, tuant le cheval l'on attrapait l'homme facilement, ne pouvant courir. […] L'on ne voyait jamais de femme dans les champs. Leurs forts et maisons étaient de pierre. »

Se contentant des détails que lui fournissent les Mandanes, La Vérendrye envoie son fils Louis-Joseph explorer la région dans l'espérance de trouver le cours d'eau dont ses hôtes ont parlé.

Le 8 décembre 1738, après avoir laissé deux hommes chez les Mandanes pour apprendre leur langue, l'explorateur prend le chemin du retour et il arrive au fort La Reine le mois suivant. En 1739 et 1740, les Français construisent un deuxième fort Maurepas sur le bord de la rivière Rouge. L'année suivante, le fort Bourbon est érigé au lac Winnipeg ; le fort Dauphin, au lac Winnipegosis.

Louis-Joseph et François La Vérendrye, accompagnés de deux autres Français et de quelques guides amérindiens, quittent le fort La Reine le 29 avril 1742. Le 19 mai suivant, ils arrivent au pays des Mandanes. Ils y séjournent, jusqu'au 23 juillet, dans l'espérance d'y voir arriver des Gens des Chevaux qui devaient les conduire à la mer de l'Ouest. Guidés par deux volontaires mandanes, ils atteignent, le 11 août, la montagne des Gens des Chevaux. « Nos guides ne voulant pas passer outre, écrit le chevalier Louis-Joseph, nous nous mîmes à construire une petite maison pour y attendre les premiers Sauvages que nous pourrions découvrir ; nous allumions des feux de tous bords pour signaux afin d'attirer du monde à nous, étant bien résolus de nous confier aux premières nations qui se présenteraient. »

Un des guides mandanes décide de retourner chez lui. Le second fait de même une vingtaine de jours plus tard. Ils sont remplacés par des membres de la tribu des Beaux Hommes chez lesquels les explorateurs demeurent 21 jours. Ces derniers voyagent toujours dans la direction sud-sud-ouest. Ils traversent le pays des Petits Renards, puis des Pioyas. Ils arrivent enfin dans un village des Gens des Chevaux.

Le 21 novembre 1742, les La Vérendrye arrivent chez les Gens de l'Arc. Le chef leur déclare : « Nous allons marcher du côté des grandes montagnes qui sont proches de la mer, pour y chercher les Gens du Serpent. N'appréhendez point de venir avec nous, vous n'avez rien à craindre, vous y pourrez voir la mer que vous cherchez. »

« Le 1er janvier 1743, note Louis-Joseph dans son journal, nous nous trouvâmes à la vue des montagnes. » Pour la première fois, sans doute, des Blancs contemplent les Rocheuses ! Il est à noter qu'ils sont très probablement au sud du 49e parallèle, donc en territoire aujourd'hui américain. Le 12, tout le monde est au pied des montagnes. Malheureusement pour les Français qui veulent aller plus loin, pas un, parmi leurs guides, ne veut s'aventurer au-delà de la barrière rocheuse. « J'étais très mortifié de ne pas monter sur les montagnes comme j'avais souhaité, écrit Louis-Joseph. Nous prîmes donc le parti de nous en retourner. » Le 2 juillet, La Vérendrye père a le bonheur de voir revenir ses deux fils et leurs compagnons.

L'historien Antoine Champagne considère que l'expédition présente plusieurs aspects positifs : « Elle avait augmenté considérablement les connaissances géographiques de l'époque, elle avait assuré aux Canadiens et aux Français l'amitié et la fidélité d'un grand nombre de nations indiennes ignorées jusqu'alors et elle avait jeté ainsi les bases d'opérations commerciales qui pourraient se révéler fort utiles plus tard. Par ailleurs, il s'avérait de plus en plus évident pour La Vérendrye [père], à la suite de cette expédition, qu'il ne fallait plus chercher vers le sud-ouest la route de la mer de l'Ouest, mais plutôt vers le nord-ouest, où une route s'offrait, celle de la rivière Saskatchewan. »

En 1743, âgé de 58 ans, Pierre Gaultier de Varennes et de La Vérendrye demande à être relevé de son poste. Nicolas-Joseph de Noyelles de Fleurimont le remplace comme commandant des postes de l'Ouest.

Une dure retraite

En France, Maurepas est convaincu que le demi-échec des entreprises d'exploration dans l'Ouest est dû à La Vérendrye, plus préoccupé, croit-il, par la traite des fourrures que par la recherche de la mer Vermeille. Le gouverneur Beauharnois, à la suite de la démission de Noyelles, recommande le retour de La Vérendrye à la tête des postes de l'Ouest. Il écrit à Maurepas, le 15 octobre 1746 :

> Je ne crois pas qu'on puisse rien imputer au sieur de La Vérendrye, si les progrès de la mer de l'Ouest ne vous ont point paru, monseigneur, des plus satisfaisants. Il n'en est pas moins vrai qu'il s'y est livré tout entier et qu'il y a sacrifié tous les produits des nouveaux postes qu'il a établis par ses peines et soins et avec bien des risques. J'avancerai même, monseigneur, que cet officier est plus propre que personne à suivre cette découverte et que, sur la demande que m'a faite le sieur de Noyelles de le relever, je ne balancerai point à renvoyer le sieur de La Vérendrye. Il connaît en effet beaucoup mieux les Sauvages de ces quartiers, par l'habitude qu'il a eue, depuis 14 ans, de vivre avec eux. C'est un homme doux, ferme et bien plus en état de tirer d'eux les connaissances nécessaires au progrès de cette découverte à laquelle le sieur de Noyelles n'a aucunement avancé depuis deux ans, malgré les mémoires et les instructions que je lui ai donnés en conséquence.

La Vérendrye, malgré les réticences de Maurepas, obtient le poste de commandant des forts de l'Ouest. Il commence à préparer un autre voyage d'exploration. Cette fois, il songe à emprunter la rivière Saskatchewan pour atteindre la mer. Le nouveau gouverneur de la Nouvelle-France, Roland-Michel Barrin de La Galissonière, se porte à son tour à la défense de La Vérendrye que Maurepas ne cesse d'attaquer. Il répond à ce dernier le 23 octobre 1747 :

> J'ai pensé ne point répondre au sujet de la découverte de la mer de l'Ouest, étant encore trop peu instruit. Il me paraît seulement que ce qu'on vous a mandé au sujet du sieur de La Vérendrye comme ayant plus travaillé à ses intérêts qu'à la découverte est très faux et qu'au surplus tous les officiers qu'on y emploiera seront toujours dans la nécessité de donner une partie de leurs soins au

> commerce tant que le roi ne leur fournira pas d'autres moyens de subsister, ce qui peut-être ne serait pas convenable, mais ce n'est pas une bonne façon de les encourager que de leur reprocher quelques médiocres profits ou que de leur retarder leur avancement sous ce prétexte, comme le sieur de La Vérendrye prétend qu'il lui est arrivé. Ces découvertes causent de grandes dépenses et exposent à de plus grandes fatigues et à de plus grands dangers que des guerres ouvertes.

La Galissonière vient de mettre le doigt sur le nœud du problème : depuis un siècle, les explorateurs doivent financer eux-mêmes tous les frais de leurs expéditions, prendre possession du territoire au nom du souverain et ce dernier agrandit ses possessions sans qu'il lui en coûte beaucoup.

Antoine-Louis Rouillé, comte de Jouy, qui succède à Maurepas au poste de ministre de la Marine et des Colonies, accorde à La Vérendrye la croix de Saint-Louis. Quelques mois plus tard, le 5 décembre 1749, La Vérendrye meurt, emporté par une courte maladie alors qu'il prévoyait partir au printemps suivant. Jacques Legardeur de Saint-Pierre prend la relève. Mais les conflits qui séparent les différentes tribus amérindiennes l'empêchent de pousser plus loin les explorations des La Vérendrye.

La chasse aux Renards

Les Sioux ne sont pas les seuls à causer des problèmes aux autorités françaises. Pendant près d'un quart de siècle, les Français feront la guerre aux Renards établis dans la région de Détroit. À la fin du XVIIe siècle, alors que ces Amérindiens vivaient à la baie des Puants, sur les rives du lac Michigan, ils ont épuisé les réserves de castors sur leur territoire. Selon l'anthropologue

Harold Hickerson, « comme ils occupaient une position stratégique sur l'importante voie commerciale qui reliait les rivières aux Renards et Wisconsin au Mississipi, ils en profitaient pour exiger leur part du commerce en guise de péage ou encore à titre d'intermédiaire ».

Vers 1710, les Renards s'installent près du fort de Détroit, malgré l'hostilité que leur manifestent les autres tribus déjà établies à cet endroit. Leur arrogance suscite de l'animosité et, au mois d'août 1711, le gouverneur Vaudreuil leur suggère de s'établir ailleurs. Moins d'un an plus tard, la guerre éclate, causée par la rivalité qui existait entre les tribus.

Des Renards ayant pénétré dans le fort Pontchartrain et tenté de tuer deux Français, Jacques-Charles Renaud Dubuisson, commandant à Détroit, part en guerre contre eux. Pendant 19 jours, les Renards résistent à l'attaque de leur camp. Vivres et munitions venant à manquer, les assiégés demandent à négocier la paix. Profitant de l'accalmie, ils s'enfuient, mais ils sont rejoints par les soldats français et amérindiens. Selon un rapport de Dubuisson, 1000 Renards, 60 alliés et un Français sont massacrés. Une guerre d'extermination vient de commencer.

Le gouverneur de la Nouvelle-France, Vaudreuil, veut mater les Renards à tout prix. Louis de La Porte de Louvigny reçoit mission d'organiser une expédition contre la tribu ennemie.

> Son dessein, écrit Vaudreuil le 16 septembre 1714, est de marcher droit au village des Renards dans le temps que leur blé d'Inde commencera à être bon et, soit qu'ils tiennent dans leur fort soit qu'ils fuient, il ravagera leurs champs, brûlera leurs cabanes et campera sur le lieu jusques aux petites neiges, les faisant harceler continuellement, s'ils fuient, par des partis de Français et de Sauvages qu'il détachera auprès d'eux pour ne leur

> pas donner le temps de se rassembler, étant très facile de comprendre qu'il faudra qu'ils se séparent eux-mêmes par petites bandes, s'ils veulent faire vivre leurs femmes, leurs enfants et leurs vieillards.

L'expédition de 1715 ayant échoué, Louvigny repart, l'année suivante, avec 400 coureurs des bois et autant d'Amérindiens alliés. Le chef des Renards, Ouachala, est forcé de capituler et de signer la paix.

Le calme n'est que très relatif dans la région de Détroit, car Renards et Illinois sont presque constamment sur un pied de guerre. Beauharnois charge Constant Le Marchand de Lignery de mater encore une fois les Renards. L'expédition de 1728 se soldera par la destruction de quelques villages et l'incendie des récoltes. Deux ans plus tard, une nouvelle marche est organisée. Noyelles de Fleurimont et Robert Groston de Saint-Ange, accompagnés d'une quarantaine de Français et de 600 Amérindiens, remportent ce que le gouverneur Beauharnois appelle « la plus complète affaire de guerre qui soit arrivée dans la Nouvelle-France du règne du roi ». Trois cents guerriers Renards trouvent la mort et les femmes et les enfants n'échappent pas au massacre. Il faudra attendre trois ans avant que la paix ne revienne, grâce au départ des survivants pour la région du Mississipi où ils s'allieront aux Sioux.

Des richesses à exploiter

La recherche de mines de toutes sortes demeure une préoccupation au XVIIe siècle en Nouvelle-France, mais il faut attendre le siècle suivant pour que débute l'exploitation de quelques-unes. En 1703, Joseph Trottier, sieur Desruisseaux, seigneur de l'île Perrot, s'associe à un aubergiste de Montréal, René Fézeret, pour exploiter une mine d'argent située sur les bords de la rivière du Lièvre dans l'actuel canton de Buckingham, non loin de la ville d'Ottawa. Les associés engagent quelques employés pour exploiter leur mine, mais, comme l'écrit l'historien J.-Noël Fauteux, «on ne connaît rien des activités de la société Fézeret-Desruisseaux. Peut-être même n'exista-t-elle que sur papier». Quelques décennies plus tard, on croit avoir découvert, dans la région du lac Sainte-Marie, un gisement de vif-argent. Charles Pailleurs, un habitant de Montréal, et Guillemo des Castillon, soldat de la compagnie de la Gauchetière, effectuent un voyage de reconnaissance et rapportent environ 400 livres de terre «qui avait la propriété d'argenter les perches qu'on y enfonçait». L'intendant Gilles Hocquart expédie en France le récit de leur voyage, récit qui ne produit sans doute pas un grand effet, car il ne semble pas que le filon ait été exploité.

La recherche de plomb ne donne pas de meilleurs résultats. En 1711, écrit Gédéon de Catalogne, les habitants de la seigneurie de Varennes «trouvèrent à

30 toises du fort, sur la terre de Louis Ledoux, environ quatre-vingts livres de mine de plomb, partie sur la terre et le reste à deux et trois pieds avant; ce qui obligea M. D'Aigremont à s'y transporter et où il fit fouiller un trou, sans en avoir trouvé que très peu».

Tout comme Talon, l'intendant Hocquart, chaque fois qu'on lui fait part de l'existence possible d'une mine quelque part, y envoie des enquêteurs pour vérifier la possibilité d'exploiter du minerai. En 1734, le grand voyer Jean-Eustache Lanoullier de Boisclerc se rend sur la rivière Outaouais, non loin du portage des Chats, pour y examiner une mine de plomb dont l'existence a été révélée par des Amérindiens. Encore une fois, on se rend compte de la quasi-impossibilité d'exploiter le gisement qui ne semble d'ailleurs pas très riche.

Depuis longtemps déjà, on connaît l'existence de mines de cuivre dans la région sud du lac Supérieur. Le 28 mars 1730, le ministre de la Marine, le comte de Maurepas, écrit au gouverneur Beauharnois et à l'intendant Hocquart:

> Je compte recevoir cette année tous les éclaircissements nécessaires tant sur la situation et l'étendue de cette mine que sur la qualité du cuivre qu'on en pourra tirer, les frais qu'il en coûterait pour la façon et ceux du transport dont vous m'envoyez un état bien détaillé. Vous me ferez plaisir de ne point perdre cet objet de vue. Cela doit vous en faire aussi en marquant votre attention sur tout ce qui peut procurer quelque avantage à la colonie. Vous devez même étendre vos soins sur toutes les découvertes qui pourront se faire dans le pays.

Grâce à des Amérindiens, Louis Denys de La Ronde apprend l'existence de mines de cuivre sur des îles du lac Supérieur. Les premiers sondages se révèlent prometteurs. Il songe à construire deux barques pour acheminer le minerai à Montréal. Une nouvelle compagnie se forme et la traite des fourrures au fort Chagouamigon, à l'extrémité sud-ouest du lac Supérieur, fournira les fonds nécessaires à l'exploitation. Une expertise effectuée à l'Hôtel des Monnaies, à Paris, montre que le minerai, à l'état naturel, est pur à 90 pour cent. Dans la métropole, on croit même à un certain moment « que le morceau de cuivre qui avait été envoyé en France n'était pas à l'état naturel, mais qu'il avait déjà été fondu ».

La colonie manque de main-d'œuvre spécialisée. Louis Denys de La Ronde demande qu'on lui envoie de France quelques ouvriers capables d'exploiter la mine de cuivre. À la fin de l'été 1737 arrivent à Québec deux mineurs allemands, John Adam Foster et son fils Christopher Henry. L'année suivante, ils prennent le chemin du lac Supérieur où ils étudient la qualité du métal et la possibilité de l'extraire. De retour à Québec et avant de repartir pour la France, ils visitent d'autres endroits supposément riches en métaux divers.

Leur relation de voyage trace le bilan de leur expertise :

> Ils ont été à la rivière de Tonaqua pour visiter la riche mine de cuivre dont on avait envoyé des échantillons, mais ils n'y ont trouvé qu'un morceau de roc de la pareille mine qui pouvait véritablement contenir un millier de livres pesant de ce cuivre. Hors cela, il ne leur a paru absolument qu'un indice qui peut dénoter à cette place aucune mine. Mais, en rebroussant vers le lac Supérieur, à une lieue et demie de là, ils ont trouvé une veine ou un filon d'où pouvait être sorti ce morceau, d'autant que ce filon contient un peu de cuivre tout pur dans la matrice dont on a coupé et envoyé autant qu'on a pu, n'ayant pas eu les outils nécessaires. L'on ne peut voir une plus belle espérance de mine et il est certain que si l'on y voulait faire des établissements et y employer de l'argent qu'on en pourrait espérer un grand produit de cuivre.

Les experts découvrent d'autres mines : à la rivière à l'Orignal, à la rivière Noire, au lac « Nepecin », à la « Roche Capitaine », à la Chaudière, à Baie-Saint-Paul et au Cap-aux-Corbeaux.

Les coûts d'exploitation et de transport expliquent pourquoi les autorités jugent préférable de ne pas s'engager dans l'aventure minière du lac Supérieur.

À la recherche du plomb

La découverte d'une mine de plomb à Baie-Saint-Paul intéresse les autorités de la colonie, car le problème du transport peut être facilement surmonté. Une nouvelle fois, le problème de la main-d'œuvre se pose. Le ministre Maurepas consent à envoyer deux mineurs, mais, on ne sait pourquoi, ces derniers n'effectuent pas le voyage. Profitant du passage à Québec du célèbre naturaliste suédois Pehr Kalm, en 1749, le gouverneur général, le marquis de La Jonquière, ainsi que le général marquis de La Galissonière, demandent au savant d'accompagner le médecin et naturaliste Jean-François Gaultier et un prêtre nommé Jacquereau « qui devaient visiter une mine de plomb et d'argent réputée située près de Baie-Saint-Paul ».

Le mardi 2 septembre, Kalm visite le site de la mine.

> À 8 h du matin, écrit-il dans son journal, nous allons à pied examiner les filons de minerai qui se trouvent près d'ici, à une demi-lieue environ de l'église de Baie-Saint-Paul, en direction du sud, juste au-dessus de la scierie et du moulin à eau qui se trouvent là. [...] La roche se compose ici de ces différents mélanges de pierre que l'on trouve ordinairement dans toutes les roches granitiques. [...] Le minerai de plomb est éparpillé dans cette roche, sous la seule forme de petits morceaux qui sont en moyenne de la taille d'un pois, mais peuvent atteindre la largeur et même la longueur d'un pouce ou

davantage. Le minerai se présente la plupart du temps sous la forme de petits cubes, de couleur assez claire, et il ressemble tout à fait au minerai de Sahlberg ; mais la mine d'ici est presque partout pauvre en minerai, à l'exception de quelques endroits où elle est assez bien pourvue. [...] Tout indique donc que l'extraction de ce minerai n'en vaut guère la peine : d'une part, les veines sont assez étroites et resserrées et il faudrait beaucoup de travail pour casser le granit dur qui est sur les côtés ; d'autre part, ce minerai est assez pauvre et serait loin de couvrir les frais qu'il nécessiterait ici, en particulier en raison du coût de la main-d'œuvre dans cette région.

Il n'en faut pas davantage pour que le projet soit relégué aux oubliettes et qu'une nouvelle fois on passe à côté d'une intéressante source de revenus pour la colonie.

Depuis l'intendant Talon, les autorités de la colonie connaissent l'existence d'un important gisement de sable ferrugineux dans la région des Trois-Rivières. Malheureusement, l'exploitation des sables ne se concrétise jamais. On en parle, mais on ne bouge pas.

Le 13 janvier 1717, les membres du Conseil souverain écrivent au duc d'Orléans qui, à cause de la minorité du roi Louis XV, agit comme régent :

On ne peut révoquer en doute qu'il y ait des mines de fer aux Trois-Rivières et à la Baie-Saint-Paul, parce qu'en 1687, le sieur Hameau, maître de forge et habile fondeur, qui demeure à la Fosse à Nantel, fut envoyé par ordre du roi en ce pays où il fit des épreuves suivant lesquelles les mines de fer des Trois-Rivières furent jugées très bonnes et abondantes, mais les procès-verbaux qui en ont été faits ne se trouvent pas et même aucun de ceux qui ont été présents à la recherche et aux épreuves que ledit Hameau en fit, n'ont conservé précisément l'idée des lieux où elles sont. M. Bégon a fait faire, l'année dernière, la recherche de ces mines par un habitant qui

> est fondeur, mais n'étant pas mineur et n'ayant pas les connaissances nécessaires pour découvrir les mines, il n'a rapporté qu'environ 80 livres de morceaux de mine qu'il a ramassés sur la terre.

La réponse royale ne se fait pas attendre : « S.A.R. ne juge pas à propos de faire travailler aux mines de fer. Il y en a assez en France pour en fournir tout le Canada. » Voilà une façon directe de rappeler que la colonie est au service de la métropole et que son économie ne doit en rien entrer en compétition avec celle de la mère patrie !

En 1729, un marchand de Montréal, François Poulin de Francheville, offre au ministre de la Marine, Maurepas, d'exploiter, à ses frais, le gisement de fer, moyennant certains privilèges. Il fait valoir qu'il « est le propriétaire de la terre où la mine de fer est la plus abondante et, quand il s'en trouverait dans les terres voisines, il ne serait pas raisonnable que d'autres viennent établir de semblables travaux après qu'il aurait risqué le premier des avances considérables pour cet établissement ».

Comme « le roi ne court aucun risque » et que les autorités de la colonie sont favorables au projet, Francheville obtient son brevet, le 25 mars 1730. L'exploitation du minerai, dit-on, « procurerait des avantages considérables à ladite colonie où il se consomme une grande quantité de fer tant pour la construction des bâtiments de mer que pour d'autres ouvrages ».

À l'automne de 1731 arrivent de France les deux ouvriers experts réclamés par Francheville. Le travail commence au printemps suivant. Avec des échantillons de minerai, on fabrique quelques « clous à cheval ». Au cours de l'été de 1732, Jean-Baptiste La Brèche, un forgeron canadien, se rend en Nouvelle-Angleterre, dans la région de Boston, étudier la méthode utilisée pour le traitement du minerai. À son retour, décision est prise d'utiliser la réduction directe du minerai, ce qui permet de retarder quelque peu la construction d'un haut fourneau. Francheville a déjà investi 10000 livres et, pour aller plus loin, il demande au roi un prêt de 10000 livres en monnaie de carte remboursable en trois ans, ce qui lui est accordé. Mais, même avant de connaître la réponse des autorités royales, le seigneur de Saint-Maurice forme une compagnie dont il détient la moitié des parts.

La Brèche et deux autres ouvriers retournent en Nouvelle-Angleterre pour parfaire leur connaissance de la réduction directe du minerai. La production des Forges du Saint-Maurice doit commencer au mois de novembre 1733. On coulera « des couteaux, des haches et des outils ». Mais Francheville meurt avant de voir fonctionner l'entreprise. Sa veuve, Thérèse de Couagne, tente de continuer l'opération de la compagnie, sans trop de succès : le problème majeur demeure celui de la main-d'œuvre qualifiée. On décide donc de suspendre les opérations en attendant que des ouvriers spécialisés arrivent de France.

Enfin, ça marche !

Le 3 septembre 1735, descend à Québec Pierre-François Olivier de Vézin, le nouveau maître de forges. Il a exigé un salaire élevé et de nombreux bénéfices marginaux pour accepter de venir en Canada remettre sur pied les Forges du Saint-Maurice. Après une courte visite aux forges, il en arrive à la conclusion que la réduction indirecte, c'est-à-dire grâce à un haut fourneau, est beaucoup plus appropriée que la réduction directe, comme celle qui se pratique en Nouvelle-Angleterre. Les historiens Réal Boissonnault et Michel Bédard résument ainsi les autres considérations du nouveau maître de forges :

> La mine lui paraît abondante, de meilleure qualité que celle de France, et, si elle est bien traitée, elle produira du fer aussi bon que celui de France et d'Espagne. La mine de la Pointe-du-Lac, entre autres, lui semble intarissable et facile d'accès. Le bois franc, la castine et la pierre à bâtir abondent aux alentours des Forges et il n'y aura aucune difficulté à faire transporter les apprêts par les habitants des Trois-Rivières et de la Pointe-du-Lac avec des attelages fournis par les Forges. Enfin, les approvisionnements des ouvriers en vivres et en marchandises pourront se faire dans les temps et aux endroits où ils sont les moins chers, ces vivres étant, à son avis, abondants et peu dispendieux au Canada.

Selon de Vézin, il faut presque repartir à neuf et il faut songer à investir plus de 36 000 livres pour que l'industrie puisse opérer décemment. L'ensemble devrait comprendre : « Un haut fourneau de maçonnerie avec halles et hangar, un lavoir et bocard, une forge comprenant deux affineries, une chaufferie et une taulerie avec halles et appentis, dont deux avec cheminées, marteau, enclumes, halle à charbon, deux boutiques de maréchal, les chemins d'eau, chaussées, mouvements et mécanismes nécessaires, la maison du fondeur et ses quatre ouvriers, la maison du maître de forges, un magasin à fer, une écurie et un four. »

Confrontés à un investissement pareil, les actionnaires de Francheville et compagnie remettent au roi leur privilège d'exploitation et se retirent. Une nouvelle compagnie se forme ce même jour, le 23 octobre 1735, avec deux anciens actionnaires, François-Étienne Cugnet et Ignace Gamelin, qui se joignent à Olivier de Vézin. Ils demandent immédiatement un prêt de 100 000 livres en monnaie de carte pour mettre sur pied l'exploitation du minerai. Le 14 mars 1736, Maurepas donne son accord et il ordonne l'envoi aux Forges d'un second maître de forges, Jacques Simonet d'Abergemont, et de quatre ouvriers spécialisés. Le 16 octobre, la compagnie se dote de deux nouveaux actionnaires : Thomas-Jacques Taschereau et le second maître de forges. Elle prend le nom de Cugnet et Cie.

Un an plus tard, soit au mois d'octobre 1737, les Forges du Saint-Maurice sont devenues une réalité.

> Le complexe du haut fourneau, écrivent Boissonnault et Bédard, est terminé et prêt à fonctionner ; il en est de même de la forge composée de deux chaufferies servant aussi d'affinerie et des bâtiments auxiliaires, chaussée et mécanismes. La forge a d'ailleurs été essayée pour produire les échantillons de fer envoyés au ministre. Vézin a aussi fait construire un magasin pour les forgerons et le maréchal, des écuries ; un magasin à fourrages et d'autres petits bâtiments pour servir de logements aux travailleurs. Quant à la Grande Maison devant servir de logement pour les maîtres et de magasins à vivres et marchandises, la moitié de son carré est élevé.

Pour assurer la réserve de bois nécessaire à la fabrication du charbon de bois, les actionnaires se font concéder le fief de Saint-Étienne qui s'étend jusqu'à une lieue au-dessus des chutes de la Gabelle.

L'allumage officiel du haut fourneau n'a pas encore eu lieu. Le fondeur Lardier tente plusieurs fois, mais presque toujours sans succès, de mettre en marche la fonte du minerai. Une nouvelle mise de fonds de la part des autorités royales est jugée nécessaire. Enfin, le 20 août 1738, entre onze heures et midi, de Vézin et l'ouvrier Delorme allument officiellement le haut fourneau.

La production est moins considérable que prévu, car non seulement le débit d'eau est insuffisant pour faire actionner la grande roue, mais on manque aussi de minerai. Certains actionnaires accusent de Vézin d'incapacité. Malgré tout, entre les mois de novembre 1738 et septembre 1739, la production atteint les 227 000 livres de fer. On compte en produire au moins le double lorsque la nouvelle forge haute fonctionnera.

De Vézin se rend en France en 1740 et ramène son frère et treize ouvriers. Le haut fourneau qui ne fonctionnait plus depuis le mois de novembre de l'année précédente est rallumé le 23 mai 1740. La situation financière de l'entreprise est de plus en plus précaire. L'intendant Hocquart suit de près les activités des Forges. Le 7 septembre, il demande à Lanoullier de Boisclerc de se rendre aux Forges du Saint-Maurice pour vérifier « exactement l'étendue, longueur, largeur et épaisseur » de la minière de la Pointe-du-Lac. Par ailleurs, l'intendant cherche à savoir des actionnaires de la compagnie si une réforme des structures administratives n'amènera pas certaines économies, car l'industrie a entraîné des dépenses de plus de 396 000 livres.

L'opposition au sein des actionnaires devient telle que chacun des groupes qui s'y sont formés demande le retrait de l'autre. À partir du mois d'octobre 1741, les dirigeants des Forges présentent à tour de rôle leur démission. C'est la faillite ! La première industrie lourde au Canada gérée par des particuliers va passer sous le contrôle de l'État. Les causes de l'échec varient selon les interprétations des directeurs de la compagnie. Cugnet accuse de Vézin de mauvaise administration.

De Vézin voit dans le fait de payer les ouvriers en marchandises une source de dépenses supplémentaires. En effet, la compagnie vendait elle-même à ses employés les vivres et les boissons. « Ces vins et eaux-de-vie, écrit de Vézin, excitent des débauches, car tel qui boit ne boirait pas si on ne lui donnait point crédit dans ces magasins. [...] Les vivres leur semblent ne rien coûter à prendre, car tel qui se contenterait de manger simplement de la soupe à son dîner en achetant les vivres avec son argent, mange aujourd'hui, sa femme et toute sa famille, chacun leur demi-livre de lard ou une livre de bœuf par jour. [...] Ils disent effrontément qu'ils ne peuvent ni ne veulent travailler au même prix, qu'il faut augmenter leurs gages ou qu'ils iront travailler ailleurs. » Les relations patrons-ouvriers ne sont donc pas des plus cordiales !

La faillite

Le 28 octobre 1741, Hocquart charge Guillaume Estèbe de dresser un inventaire complet des biens et avoirs des Forges du Saint-Maurice et d'agir, pour une certaine période, comme subdélégué de l'intendant. Autant que possible, il faut continuer à produire du fer et de la fonte. « Le fourneau étant actuellement en bon train, précise Hocquart dans ses instructions à Estèbe, il est à propos de faire couler une quantité assez considérable d'enclumes et de marteaux pour remplacer ceux qui viendraient à casser dans les forges. »

Les employés des Forges étant considérés comme des têtes fortes, les ordres de l'intendant à leur sujet sont clairs :

> L'article important est de les entretenir dans une exacte subordination ; il [Estèbe] parviendra à la rétablir en leur rendant justice et ne leur passant aucune faute essentielle ; mais le moyen le plus efficace, c'est le parti que nous avons pris de faire payer ces ouvriers en argent tous les quinze jours. [...] Les désordres que l'ivrognerie des forgerons peut occasionner demandent d'être

> prévenus. Le sieur Estèbe fera punir par des amendes et même par la prison ceux qui en seront les auteurs et, s'il estime nécessaire de rendre quelque ordonnance à ce sujet, il rendra telle ordonnance de police qu'il jugera à propos, qu'il fera publier, afin que les délinquants n'en puissent prétendre ignorance.

Du 6 au 9 novembre 1741, Estèbe dresse un inventaire précis et détaillé de tout ce qui se trouve aux Forges. Comme l'avait recommandé l'intendant, la production continue tant bien que mal. Le 28 juin 1742, Hocquart écrit au roi : « Le fourneau a été remis au feu au commencement de mai et continue à produire 5 milliers de fonte par 24 heures. Les deux forges produisent dans le même temps 10 à 12 milliers de fer par semaine. » Au mois d'août de la même année, le navire *Canada* transporte en France, pour les arsenaux royaux, 118 000 livres de fer fabriqué aux Forges.

Sa mission étant accomplie, Estèbe quitte les Forges du Saint-Maurice le 20 août 1742. Jean-Urbain Martel de Belleville devient directeur de l'établissement. Le sort de l'industrie n'est pas encore réglé. Les autorités métropolitaines et coloniales se demandent s'il est préférable de former une nouvelle compagnie ou de transformer la régie temporaire en régie permanente. « Pour régulariser une situation qui devenait agaçante, écrit l'historien Albert Tessier, la Cour prit enfin une décision et elle décréta, le 1er mai 1743, le retour des Forges au domaine royal. C'était la consécration officielle de l'état de régie effectivement en force depuis 1741. On abandonnait les projets d'exploitation privée. »

La production de fer et de fonte sert à la fabrication d'objets usuels répondant aux besoins de la colonie. On expédie aussi à Rochefort d'importantes quantités de fer. L'ingénieur du roi Gaspard-Joseph Chaussegros de Léry suggère, en 1744, de couler des pièces militaires aux Forges. Les autorités de la colonie soumettent ce projet à Maurepas. «Les affûts se font très bien ici ainsi que les ustensiles, écrivent Beauharnois et Hocquart, et quant aux boulets, les essais qu'on en a fait faire aux Forges Saint-Maurice nous dispensent de vous en faire aucune demande.» L'entreprise pourrait également couler les pièces nécessaires à l'armement des navires que l'on construit à Québec. L'envoi de quelques ouvriers expérimentés permettrait de réaliser facilement le projet.

En 1744, on commence à couler des poêles à chauffer. Cinquante-neuf sont jugés bons pour la vente. «Les habitants, affirme Hocquart, les préfèrent à ceux de Hollande pour cela seul qu'ils sont moins sujets à casser. Si nous avions un mouleur plus habile et plus sobre, on réussirait dans cette manufacture, ainsi que dans celles des marmites et autres ouvrages de fonte qui donneraient plus de profit que les fers forgés. Les 4624 boulets de différents calibres ont été bien exécutés.»

On demande l'envoi de «quatre modèles en fer pour fondre des marmites et chaudrons sans pied, d'une capacité de 25, 35, 40 et 60 pots de façon à répondre aux besoins des habitants».

Sous le contrôle de l'État

Le contrôle de l'État est bénéfique aux Forges du Saint-Maurice car, pour la période allant de 1741 à 1745, la production, selon les historiens Boissonnault et Bédard, s'établit ainsi: «1715518 livres de fers forgés, 42828 livres de marmites et autres ouvrages, 197 poêles à chauffer et 73243 livres de boulets de canon de tous calibres.»

Mais le problème majeur demeure toujours celui de la main-d'œuvre. Le 12 février 1745, l'intendant signe une ordonnance « qui porte règlement pour les ouvriers employés aux Forges de Saint-Maurice au sujet des boissons, des vaches et moutons gardés par eux, des heures d'ouvrages, des absences, des scandales, débauches, etc. ». L'année suivante, Hocquart se plaint encore des employés des Forges. « Nos poêles et nos marmites sont très mal faits, écrit-il. Il se fait un dégât prodigieux de matière, ce qui n'arriverait pas si nous avions des ouvriers entendus. »

Entre le 9 novembre 1741 et le 1er janvier 1748, les Forges du Saint-Maurice font un profit de 72 000 livres pour une production ainsi détaillée : « 23 064 quintaux, 19 livres en fer en barres et en socs de charrue, 38 000 livres en marmites, 22 118 livres en boulets de tous calibres, 662 poêles à chauffer, 413 plaques de poêles, 207 boîtes pour pierriers et signaux, 383 bombes et trois canons d'une livre. » Il faut remarquer que, de 1745 à 1748, c'est la guerre aussi bien en Europe que dans la colonie, ce qui explique l'augmentation de la production militaire. En 1748, on coule quatre mortiers de six pouces et deux canons de quatre et de deux livres.

Au début du mois d'août 1749, le naturaliste suédois Kalm visite les Forges.

> Ce sont les seules, écrit-il, qui existent au Canada. […] Elles se composent d'un certain nombre de bâtiments : il y a deux marteaux-pilons, chacun dans son bâtiment particulier ; dans chacun de ces bâtiments se trouvent un grand marteau et, en outre, un deuxième plus petit ; les soufflets sont faits en bois et tout le reste est construit comme chez nous, en Suède. Le haut fourneau est placé tout près des marteaux-pilons et il est également monté comme chez nous. […] On extrait le minerai à deux lieues et demie de l'usine et on l'y transporte en traîneaux durant l'hiver. C'est une espèce de minerai de fer de même qualité que celui de Tula, en Russie ; il se

trouve dans le sous-sol, sous forme de veines; celles-ci, dit-on, se trouvent à un ou deux quarts d'aune seulement au-dessous de la surface du sol et se dispersent en tous sens; l'épaisseur des veines est de un, deux ou trois quarts d'aune et, en-dessous, on rencontre du sable blanc; les veines sont bordées également, à droite et à gauche, de sable blanc; au-dessus d'elles se trouve une fine couche de terreau noir. On dit que le minerai est assez riche et qu'il se trouve sous forme de petites boules éparses qui, pour la plupart, ont un diamètre de un à deux poings, mais peuvent à l'occasion atteindre trois quarts d'aune; ces masses sont poreuses et les pores sont emplis d'ocre; leur consistance n'est pas telle qu'il soit impossible de casser la pierre avec les doigts. Un calcaire gris, qui se trouve également non loin d'ici, est mélangé au minerai dans le haut fourneau pour favoriser la fonte et pour que l'on puisse séparer facilement les scories du minerai; pour ce même usage, on prend aussi de l'argile.

Les officiers et contremaîtres font remarquer au célèbre visiteur que les bénéfices sont moins élevés que ceux escomptés et que, de plus, il est difficile «de se procurer des ouvriers et on doit les payer assez cher». Pierre de Rigaud de Vaudreuil, gouverneur de Trois-Rivières, est plus sévère que Kalm sur la bonne marche des Forges. «Les Forges de Saint-Maurice, écrit-il au ministre le 2 septembre 1749, sont aussi dans mon gouvernement. Je les ai vues commencer et assez suivies jusqu'ici. La dépense en est extraordinaire. Elles sont mal gérées. Les feux en consomment les bois; la coupe s'en fait mal et les bêtes à corne qu'on y laisse en quantité rongent et perdent les bois qui repousseraient et seraient propres à faire le charbon. Il y a plusieurs maîtres. Il n'en faut qu'un qui soit un directeur habile, désintéressé, de qui dépendent les ouvriers et les inspecteurs.»

Vers la même époque, les autorités de la colonie songent à utiliser des militaires comme main-d'œuvre.

Antoine-Louis Rouillé de Jouy, le nouveau ministre de la Marine, se range plutôt de l'avis de l'intendant Bigot qui avait suggéré d'installer une compagnie supplémentaire de soldats à Trois-Rivières et d'engager ces derniers pour travailler aux Forges. En 1751, l'officier de la marine royale anglaise, George Clinton, visite les Forges et évalue à 400 environ le nombre de ceux qui y travaillent tous les jours.

Un visiteur consciencieux

Le 28 juillet 1752 l'ingénieur français Louis Franquet, répondant à une invitation de l'intendant Bigot, visite l'établissement des Forges. Le voyageur évalue à 120 le nombre d'employés des Forges et remarque que les ouvriers travaillent à peu près de la même façon qu'en France.

Au cours des années qui suivent, la production de matériel militaire augmente. Malheureusement, les documents concernant l'histoire des Forges du Saint-Maurice entre 1756 et 1760 font défaut. Boissonnault et Bédard tirent, à ce sujet, la conclusion suivante: «L'absence d'informations reliées aux opérations de cet établissement est sans doute liée à l'administration de Bigot et aux procès qui lui furent intentés lors de son retour en France, simultanément à la chute de la Nouvelle-France. Il est fort probable qu'une bonne part des papiers pouvant mettre en doute l'intégrité de ses actes furent tout simplement éliminés, de sorte que cette période reste non documentée. Il est permis de supposer que l'affaire se maintint en dépit de la conjoncture de guerre, marquant certes une décélération de la production et de ses activités industrielles.»

À l'épreuve du feu

Le secteur de la construction et celui de la préparation des matériaux qui s'y relient occupent une place encore plus importante que l'industrie minière. Les incendies demeurent en Nouvelle-France une menace omniprésente. Les autorités de la colonie s'intéressent donc aux matériaux qui diminueraient les risques de conflagration. Le bardeau dont on se sert habituellement pour couvrir les toits constitue une matière hautement combustible. L'utilisation de l'ardoise serait préférable. En 1721, Chaussegros de Léry écrit au Conseil de la Marine : « J'ai remis à M. l'intendant un état des ardoises nécessaires pour couvrir les magasins du roi de Québec et de Montréal, ne l'étant que de bardeaux, par ce moyen les effets de Sa Majesté seront en sûreté. Il est nécessaire aussi de couvrir avec de l'ardoise les autres bâtiments qui lui appartiennent. Il arrive, dans ce pays, que, lorsqu'une maison est en feu, on ne peut pas garantir celles qui sont auprès, à cause qu'elles sont couvertes en planches ou en bardeaux. [...] Les couvertures en ardoises durent longtemps et les réparations ne sont pas grandes, au lieu qu'une couverture en bardeaux, il faut la changer souvent et réparer de même. »

Le problème réside dans le fait que l'ardoise coûte cher et qu'il faut l'importer de France. Il existe bien une ardoisière au lac Champlain, mais on ne sait pas comment fendre la pierre. Il y a aussi celle qui se trouve sur la concession accordée en 1697 à François Hazeur et Denis Riverin « six lieues au-dessous de la Vallée des Monts Notre-Dame », en Gaspésie. Mais elle n'a pas encore été mise en exploitation. Au printemps de 1728, on « redécouvre » l'ardoisière. Elle est située, écrit le gouverneur Beauharnois au ministre, « sur les bords du fleuve Saint-Laurent, à cent lieues environ au-dessous de Québec et à la côte du sud de ce fleuve». «Elle s'étend, ajoute-t-il, depuis le Grand-Étang qui forme un port très commode pour la charger jusqu'à la rivière de la Petite Vallée, ce qui fait environ huit lieues de pays. On a aussi vu de l'ardoise entre le Grand-Étang et Gaspé; mais celle qui est entre le Grand-Étang et la rivière de la Petite Vallée est beaucoup plus belle et plus noire.» On demande donc «deux bons ouvriers qui pourront venir dans le courant de l'année prochaine par le vaisseau du roi».

La famille Hazeur et le médecin Michel Sarrazin (ce dernier ayant épousé Marie-Anne Hazeur) sont propriétaires de l'ardoisière. Les expertises montrent que les ardoises sont de qualité. Une de ces ardoises est installée sur le toit de la maison des jésuites à Québec. Le commissaire de la Marine à Montréal, Jean-Baptiste de Silly, écrit: «Elle a passé tout l'hiver, qui a été long et très froid sans qu'elle soit altérée. Même, ajoute-t-il, quelques mots qu'on y avait tracés légèrement s'y sont trouvés aussi entiers que quand on les a écrits, ce qui ferait présumer de la bonté de cette ardoise, si effectivement elle a été prise à ladite Anse des Monts Notre-Dame.»

En 1729, trois ouvriers se rendent à Grand-Étang «pour ouvrir la terre» et fendre des ardoises. Le navire de pêche à la morue qui a transporté les hommes doit les ramener à Québec, mais le maître du vaisseau refuse de transporter les 20000 ardoises qui demeurent sur les lieux. Sarrazin et les Hazeur s'associent à l'abbé Louis Lepage de Sainte-Claire, seigneur de Rimouski, et à Nicolas Rioux, seigneur de Trois-Pistoles. Le 14 octobre de la même année, l'intendant Hocquart signe une ordonnance qui fait «très expresses inhibitions et défenses à toutes personnes, de quelque qualité et condition qu'elles soient, de troubler ledit sieur de

Sarrazin ou ses associés, dans le choix qu'ils doivent avoir sur leur établissement de pêche dans lesdits lieux, ni de s'y établir pour faire la pêche qu'après qu'ils auront pris le terrain qui leur convient à cet effet, comme aussi de les troubler et s'immiscer en aucune manière dans l'exploitation de l'ardoisière, appartenant audit sieur Sarrazin, à peine, contre les contrevenants, de cinquante livres d'amende et de plus grande peine si le cas y échoit».

L'ardoisière commence à produire, mais le coût d'exploitation fait que les pièces doivent se vendre plus cher que celles importées de France! En 1731, trois ouvriers venus expressément de France se mettent à l'ouvrage. L'intendant Hocquart vient de commander à Sarrazin les 101 600 ardoises nécessaires pour couvrir le palais de l'intendant à Québec. Le contrat se signe au prix de 51 francs le mille, soit 10 francs de plus que le prix français. Hocquart sent le besoin de justifier son geste. Il écrit à Maurepas le 18 octobre :

> Le sieur Sarrazin m'a justifié par le compte qu'il a tenu des dépenses qu'il a faites pour l'exploitation de son ardoisière qu'il ne pourrait sans une perte évidente la donner à un moindre prix que 51 livres. J'ai jugé, monseigneur, parce que vous me faites honneur de m'écrire que votre intention était de soutenir cet établissement que le sieur Sarrazin aurait abandonné s'il avait trouvé une perte considérable dans ses premières fournitures. Je lui ai cependant fait entendre que, dans cette affaire, vous regardiez moins l'avantage du roi que l'intérêt général de la colonie et que ce ne serait pas seconder vos vues s'il se bornait à ne livrer que la quantité d'ardoise nécessaire pour la couverture du Palais, des poudrières et des autres bâtiments de Sa Majesté qui sont en petit nombre en Canada, sans s'embarrasser de chercher les moyens de fournir le public à un prix qui pût l'engager à en faire usage. Je lui ai expliqué que je ne ferai payer

> qu'à 45 livres celle qu'il pourra fournir, l'année prochaine, pour les deux nouvelles poudrières, deux petits magasins à poudre de Montréal.

Voilà donc un nouveau secteur de l'économie canadienne que le roi doit pratiquement subventionner, pour qu'il puisse se développer !

Le 26 août 1731, Hocquart demande à Jean-Baptiste Gatien de se rendre à Grand-Étang étudier les moyens à prendre pour rentabiliser l'exploitation. Satisfaits des remarques de l'enquêteur, les associés l'engagent au mois de mai de l'année suivante pour gérer l'ardoisière. Le problème majeur devient celui de la qualité du matériel : « L'ardoise n'est pas assez lisse, assez unie ; elle est difficile à fendre. » Moins de deux ans plus tard, on se rend compte qu'il faut songer, à brève échéance, à refaire les toitures recouvertes avec l'ardoise de Grand-Étang.

Michel Sarrazin meurt le 8 septembre 1734. Sa mort coïncide presque avec la décision des autorités de la colonie de ne plus acheter d'ardoise de Grand-Étang. Une année plus tard, le jugement définitif est prononcé : « Celle fournie par le sieur Sarrazin est moins une ardoise qu'une pierre de grès noir qui se feuillette à la vérité à peu près comme l'ardoise de France, mais qui ne peut résister à la gelée ; même celle qui paraît, au sortir de la carrière, la plus sonnante et la plus belle. »

Les recherches à l'Île-Verte et à Pointe-à-la-Chevelure, près du lac Champlain, sont aussi décevantes. Voilà donc un autre produit qu'il faudra encore importer pendant plusieurs années.

Une vraie tuile !

Si une briqueterie s'installe à Québec dès le début de la colonie, cette industrie se développe peu au cours de la première moitié du XVIIIe siècle. Lors de son séjour en Nouvelle-France en 1749, Kalm est frappé par le petit nombre de maisons de briques. «De nombreuses maisons rurales sont en bois, écrit-il, avec de l'argile solidement enfoncée dans les interstices et une cheminée au milieu du toit, quant aux maisons en pierre, il s'agit bien de pierre et non de briques; parfois elles ne comportent qu'une seule cheminée, à l'une des extrémités, parfois il y en a trois en tout.»

Comme la pierre est abondante et que la main-d'œuvre qualifiée est rare, les habitants utilisent peu la brique. Le Conseil de la Marine de Paris étudie, le 26 février 1717, une demande des autorités de la colonie selon laquelle «il serait nécessaire d'envoyer dans les recrues deux ouvriers qui sussent faire de la brique et de la tuile, n'y ayant dans le pays que deux ou trois habitants qui se mêlent de faire de la brique et même peu entendus dans ce métier».

Vaudreuil et Bégon, dans la même lettre au Conseil de la Marine, demandent des tuiliers. «On a fait des essais de tuile parmi lesquels il a paru qu'il y a de la terre fort propre pour en faire et, si on avait de bons ouvriers, plusieurs personnes en feraient couvrir les maisons et, peu à peu, chacun en ferait de même pour se garantir des incendies fort communs dans le pays qui se communiquent d'une maison à l'autre par la couverture qui n'étant que de bardeau, de bois de cèdre fort gommeux, brûle aussi facilement que de la paille. Toutes les maisons de la Nouvelle-Angleterre sont couvertes d'ardoises et de tuiles.»

Le problème ne réside pas seulement dans un manque d'ouvriers spécialisés, mais surtout dans la croyance qu'ont les habitants que la tuile ne convient pas au climat canadien. L'intendant Jacques Raudot, dans une lettre au ministre datée du 11 octobre 1711, fait part des réticences des Canadiens: «Les habitants, par rapport à la tuile, ont toujours prétendu que cela ne leur serait d'aucun usage, tant parce qu'on ne pourrait pas la joindre si bien sur le toit d'une maison que cela pût empêcher la neige dans les poudreries d'entrer dans les greniers, que parce que la neige y demeurant tout l'hiver, le froid est si grand qu'elle consommera la tuile.» Un autre problème est celui du poids d'une toiture en tuiles.

Dans les années 1720, deux projets de tuileries, un à Montréal avec Charles de Ramezay et l'autre à Québec avec Gaspard Adhémar de Lantagnac, ne connaissent que des débuts de réalisation. Nicolas-Marie Renaud d'Avène Des Méloizes décide, en 1732, de prendre la relève. Il demande un prêt de 6000 livres pour mettre sur pied une tuilerie à Québec. L'avance est autorisée en monnaie de carte au mois d'avril 1734. Avec l'aide d'un engagé, Des Méloizes réussit, en 1735, à faire fabriquer 4000 tuiles «qui, aux dires de Hocquart et Beauharnois, nous ont paru d'une aussi bonne qualité que celles que l'on fait en France; elles sont sonnantes, bien ceintes et bien moulées».

Pour vérifier la qualité des tuiles, l'intendant en achète 3500 qu'il fait poser sur le toit d'un des magasins du roi. Il faudra attendre jusqu'au printemps de 1737 avant qu'une décision soit prise sur la qualité du produit, car on veut lui faire subir l'épreuve de deux hivers. Dès le 12 octobre 1736, les autorités de la colonie font rapport au ministre Maurepas des résultats de l'expérience: «Il ne s'en est trouvé sur cette quantité [3500] que 35 qui ont été gâtées et endommagées par la gelée, ce qu'ils attribuent à un défaut de cuisson auquel nous croyons qu'on peut remédier. Cependant pour s'assurer davantage de la qualité de cette tuile ils sont convenus avec le sieur des Méloizes qu'il suspendrait ses travaux jusqu'à l'année prochaine. Ils feront faire alors une nouvelle visite de ces mêmes tuiles et, s'il est reconnu que les gelées d'hiver n'ayant fait aucune impression sur ce qui reste bon, le sieur des Méloizes prendra les mesures nécessaires pour continuer son entreprise.»

Lors de l'inspection du printemps suivant, on découvre 200 nouvelles tuiles endommagées par le gel. Selon les ouvriers responsables de la visite du toit, la cause de la défection des tuiles serait «le mortier avec lequel les tuiles avaient été posées», car, comme il n'avait pas séché assez promptement, «il avait humecté et attendri les tuiles que la gelée étant survenue, elle les avait fait rompre en les bouleversant». On croit que des tuiles percées que l'on fixe au toit avec des clous seraient plus résistantes. On en fait donc un essai sur deux ans.

Le nouveau délai décourage le lieutenant Des Méloizes qui offre au roi le remboursement de son prêt. Ce dernier lui accorde, en 1741, un délai de trois ans. Mais il semble bien que Des Méloizes ait déjà décidé d'abandonner la direction de sa tuilerie. Barthélemy Cotton fils prend sa succession. La mauvaise récolte de 1743 le force à fermer son industrie. Ce nouvel échec s'ajoute à ceux qui jalonnent l'histoire de l'industrie canadienne au cours de la première moitié du XVIIIe siècle. L'historien Donald J. Horton tire de ces diverses expériences les conclusions suivantes:

> Sous plusieurs aspects, l'échec de Des Méloizes représente les problèmes types reliés à l'établissement des entreprises industrielles en Nouvelle-France. Il n'était sûrement pas de la classe bourgeoise, manquant à la fois des ressources financières et de l'esprit spéculatif nécessaires à la mise sur pied d'une ambitieuse entreprise industrielle. Cependant, plus important encore était le fait que la colonie manquait du capital, de la main-d'œuvre et des conditions techniques et climatiques nécessaires au fonctionnement rentable d'une telle

industrie. La perspective d'un important marché local, l'assistance financière du roi, la coopération des fonctionnaires de la colonie et ses propres liens avec la communauté de marchands ne suffirent même pas à compenser ces lacunes fondamentales.

Le bois, la terre et l'eau

Au XVIIe SIÈCLE, l'économie de la Nouvelle-France repose surtout sur le commerce des fourrures et sur les pêcheries. Au cours de la première moitié du siècle suivant, l'industrie forestière prend de plus en plus d'importance. L'intendant Claude-Thomas Dupuy a bien senti l'évolution des divers secteurs économiques. «On doit considérer le bois, écrit-il au mois d'octobre 1727, comme le fruit du Canada qui va succéder à la pelleterie qui diminue de tous côtés. Les blés et les bois vont faire son grand commerce; c'est donc un fruit substitué à l'autre par la Providence pour en user et non pour en abuser.»

L'État, assez rapidement, va contrôler une partie de l'exploitation forestière, surtout celle qui vise les bois propres à la construction navale. Le chêne fera l'objet d'une attention particulière. Sa coupe est fortement contrôlée. On s'en sert pour la construction des mâts de navire. Débité en planches, on l'utilise aussi pour le revêtement du corps du bâtiment. On le retrouve encore dans la fabrication des tonneaux. Les merrains sont du «bois de chêne fendu en menues planches dont on fait des panneaux, des douves de tonneaux et d'autres ouvrages». Aux Forges du Saint-Maurice, on utilise parfois le chêne pour la fabrication du charbon de bois.

Le pin et l'épinette fournissent parfois de bons mâts. En 1725, Jean-Baptiste Legardeur de La Mothe-Tilly et son fils visitent la région avoisinant la rivière Chicoutimi. Près de la rivière Pepavitiche, ils remarquent une pinière de taille « dans laquelle, disent-ils dans leur rapport, il y a quantité de pins blancs; nous en avons remarqué 70 [mesurant] depuis 22 jusqu'à 30 pouces de diamètre et même au-dessus de 15 pieds du gros bout. Tous les mâts de cette pinière pourraient avoir 40 à 50 pieds de long sans branches et ensuite les branches en général ne paraissent pas préjudiciables. Cette pinière a environ une demi-lieue en carré, de laquelle nous n'avons pu visiter qu'environ la cinquième partie par rapport au mauvais temps. Tous pins blancs et rouges, bien faciles à tirer au bord des rivières. »

Les mâts d'épinette blanche n'obtiennent pas la faveur des constructeurs de navires royaux de Rochefort. En 1731, l'intendant Hocquart en avait expédié dix qui sont rejetés parce que les bois sont « trop secs et sans humeur ». Cette remarque n'a pas l'heur de plaire au fonctionnaire qui écrit au ministre au mois d'octobre de l'année suivante : « Tous les habitants de ce pays s'en servent. Les mers y sont grosses et je n'ai point entendu parler depuis que je suis en Canada d'aucun démâtement ni de fracture de mâts. » L'épinette est utilisée aussi, et ce, sans problème, comme éparts, « pièces de bois qui lient ensemble les brancards d'une charrette ». Quant au pin, on en tire surtout des planches et des madriers.

En raison de sa dureté, le merisier est utilisé dans la fabrication des quilles de navires, la pruche pour les bordages et le frêne, pour les chevrons. L'orme a, lui aussi, une utilité « maritime ». Le 2 décembre 1741, Hocquart signe une ordonnance imposant « au sieur Boisclerc, grand voyer, de partir incessamment avec Étienne Corbin, maître charpentier, et autres pour se rendre au Sault de Montmorency et le long de la rivière du Sault à l'effet de visiter les ormes propres pour la construction des vaisseaux de Sa Majesté qui pourraient se trouver le long de ladite rivière et dans les îles adjacentes et de marquer lesdits arbres à la marque du roi».

L'érable sert à la fabrication d'avirons et de mécanismes pour les moulins à eau ou à vent. On l'utilise aussi pour faire du charbon de bois.

Diverses essences forestières servent à la confection de meubles: le pin blanc, le merisier, le noyer tendre, le frêne, l'orme, l'épinette, le sapin et le cèdre. Outre la construction navale et domiciliaire, le bois de nos forêts sert, bien sûr, au chauffage des maisons.

Il faut surveiller la ligne

La consommation de bois de chauffage, l'hiver, est considérable en Nouvelle-France. Les sulpiciens, qui sont les seigneurs propriétaires de l'île de Montréal, s'étaient réservé le droit de prendre sur les terres concédées tout le bois qu'ils voudraient, mais les habitants de Montréal s'en plaignent à l'intendant Raudot. Ce dernier, par une ordonnance datée du 2 juillet 1706, limite les droits des religieux.

> Nous ordonnons, précise-t-il, suivant les offres desdits seigneurs et l'acceptation desdits habitants, qu'à l'égard du bois de chauffage, lesdits seigneurs de Montréal en prendront un arpent seulement en chaque habitation de soixante arpents et, dans les autres, à proportion, lequel arpent lesdits seigneurs prendront à leur volonté, le plus près des déserts [endroits déboisés] où le bois n'aura point été couru, duquel bois ils disposeront ainsi que bon leur semblera, au moyen de quoi lesdits seigneurs sont déchus du droit qu'ils prétendaient avoir de prendre tout le bois de chauffage dont ils auraient besoin dans lesdites concessions, leur réservant toujours le droit qu'ils

ont de prendre sur lesdites habitations tous les bois qui leur seront nécessaires pour leurs bâtiments et pour les ouvrages publics.

Les habitants des villes doivent acheter leur bois de chauffage des habitants de la campagne ou des commerçants. Des règlements de police fixent la longueur et la qualité du bois vendu dans les villes. Les contrevenants sont, malgré cela, nombreux et les plaintes se multiplient. Le 20 septembre 1748, l'intendant François Bigot émet une ordonnance précise sur ce sujet.

> Nous ordonnons, dit-il, qu'à commencer du premier juin prochain, tout le bois de corde qui sera amené dans toutes les villes de cette colonie, soit en traînes, en barques, cageux ou autrement, aura trois pieds et demi entre les deux coupes, pour avoir quatre pieds en tout, à peine de confiscation du bois qui sera trouvé de moindre longueur, et de cinquante livres d'amende contre les propriétaires dudit bois ou ceux qui l'exposeront en vente, le tout applicable moitié à l'Hôpital-Général et l'autre moitié à l'Hôtel-Dieu. Enjoignons à tous les bûcheurs à gages de faire le bois de corde de la longueur ci-dessus expliquée, sous peine de perdre leurs salaires et, en outre, de vingt livres d'amende, applicable à la Fabrique de la paroisse où la contravention aura été commise.

L'ordonnance de Bigot, qui voulait faire disparaître certains abus, crée des problèmes inattendus, car les cheminées et les poêles ne peuvent contenir du bois de trois pieds et demi. Les citadins « sont obligés de le faire scier en deux pour pouvoir s'en servir et même en trois pour l'usage des poêles ». Comme la main-d'œuvre est rare et chère, l'intendant émet une nouvelle ordonnance, le 1er octobre 1749, stipulant qu'à l'avenir le bois de corde aura deux pieds et demi de longueur entre les deux coupes pour avoir trois pieds en tout.

Une mauvaise habitude

De nombreux habitants ne se gênent pas pour aller bûcher leur bois de chauffage sur la terre des voisins. Le 27 décembre 1713, l'intendant Michel Bégon interdit aux habitants de Québec d'aller faire leur provision de bois sur les terres de la côte Saint-Jean, sans la permission des propriétaires. Les contrevenants paieront non seulement une amende de 50 livres, mais les traînes et les chevaux seront saisis. Cette défense ne semble pas être observée car, le 5 avril 1725, l'intendant Dupuy revient à la charge, interdisant cette fois aux seigneurs comme aux habitants de couper du bois sur des terres qui ne leur appartiennent pas. Interdiction, bien sûr, de s'emparer des bois abattus ou renversés par le vent.

« Ton moulin, ton moulin... »

Le développement de l'exploitation forestière amène une multiplication des moulins à scie. En 1717, on en dénombre 17. On en compte 28 en 1720, 30 en 1721 et 52 en 1734. Dès 1702, Claude de Ramezay exploite un moulin à scie à Baie-Saint-Paul. Quatre ans plus tard, il en fait construire un dans la région de Montréal. Vers 1710, Charles Le Moyne de Longueuil fait construire un moulin avec des crémaillères de bois sur « une petite rivière qui se trouve en partie dans ladite seigneurie de Longueuil, du côté de Chambly ». D'autres moulins s'établissent le long des cours d'eau. Le curé et seigneur de Terrebonne, Louis Lepage, en a fait construire quelques-uns sur le territoire de sa seigneurie.

En 1738, Pierre de Lestage, seigneur de Berthier-en-Haut, fait construire, sur une des pointes de sa seigneurie, un moulin à scie mesurant 62 pieds sur 30 pieds et capable de scier « des planches de 35 à 36 pieds de longueur et moins ».

Le projet de la rivière Pepavitiche, connue aujourd'hui sous le nom de rivière du Moulin, est plus ambitieux. «Ce moulin, écrit J.-N. Fauteux, devait avoir deux scies qui, fonctionnant jour et nuit, pourraient produire de 140 à 150 planches par 24 heures. Le bois serait transporté en cageux jusqu'à la crique, trois lieues plus bas que le moulin. Le lieu d'entrepôt et de chargement serait à Tadoussac. Le moulin aurait marché sans interruption, les scieurs se relevant par quart, depuis le milieu d'avril jusqu'au 15 octobre.» Le père jésuite Claude-Godefroy Coquart, dans son rapport adressé à l'intendant Bigot, en 1750, mentionne ce moulin à scie. Parlant de la décennie précédente, Fauteux affirme: «À cette époque, il n'était guère de partie habitée de la colonie où ne se trouvaient pas un ou parfois plusieurs moulins à scie. Et [...] les propriétaires de ces moulins se rencontraient dans toutes les classes de la société et jusque dans les rangs du clergé. [...] L'exploitation de la forêt canadienne était devenue une entreprise rémunératrice et nombreux étaient ceux qui s'y livraient.»

Un vrai cul-de-sac

Pour des raisons géographiques et économiques, la construction de navires dans la colonie est d'une grande importance. Talon l'avait compris. C'est sous son intendance que l'industrie navale prend naissance. Après son départ en 1672, elle connaît un ralentissement, même si les besoins sont encore les mêmes. «Isolée par l'océan et dépourvue de réseau routier, écrit l'historien Jacques Mathieu, la colonie dépendait en tout de la marine: la flotte marchande assurait son progrès économique tandis que la marine de guerre constituait son rempart de défense avancée. L'exportation des fourrures, l'importation des produits nécessaires à la vie des Européens en Amérique, l'exploitation des pêcheries, l'expansion à l'intérieur du continent et même les relations entre les zones peuplées et entre ville et campagne mobilisaient une quantité importante de navires et d'embarcations. »

Au début du XVIIIe siècle, Louis Prat construit le *Joybert*, un navire corsaire, puis, plus tard, il achète le *Normand*. L'armateur de Québec s'intéresse de plus en plus à la construction de navires. En 1710, il fait aménager à ses frais le Cul-de-Sac, un bassin naturel situé près de la Batterie royale à Québec. C'est l'endroit « où s'échouent les navires pour se faire radouber et caréner ». « Le Cul-de-Sac, écrit l'intendant Raudot le 23 octobre 1710, était plein de grosses roches qui crevaient les navires qui y entraient, les exposant même à se perdre auparavant que d'y pouvoir arriver. »

Prat fait enlever toutes les roches dangereuses. En récompense de son geste, il est nommé, l'année suivante, capitaine du port de Québec. En 1712, il fait construire à l'Anse des Mères, située un peu plus à l'ouest, un vaisseau de guerre de 300 à 400 tonneaux, monté de 36 canons. Le ministre Pontchartrain ne cache pas son contentement. Il écrit à Bégon le 3 juillet 1713 :

> Je suis persuadé que, si les autres négociants veulent imiter son exemple, ils y trouveront une grande utilité soit qu'ils les fassent naviguer pour leur compte ou qu'ils les vendent en France. C'est un des plus grands commerces des Anglais dans les pays qu'ils habitent et ils trouvent par le moyen de ces constructions outre l'emploi des bois, celui des hommes et fournissent par ce moyen un grand nombre de navires au royaume d'Angleterre qui donnent l'occasion de former un grand commerce. Les Français de la Nouvelle-France peuvent faire ces constructions avec autant de facilité que les Anglais et

> outre l'utilité particulière qu'ils y trouveront, cela fera un grand bien au commerce du royaume. Vous ne devez point manquer de les y exciter en leur faisant connaître tous ces avantages.

Les négociants de la colonie trouvent moins onéreux d'acheter des navires construits en Nouvelle-Angleterre que de financer un chantier naval. Malgré tout, en 1723, il se construit à Québec deux vaisseaux de guerre et six navires marchands. L'année suivante, sept navires sont mis en chantier. Deux choses pourraient alors favoriser l'industrie navale à Québec : une subvention et des commandes régulières de navires destinés à la flotte du roi. Ainsi, en mai 1731, Louis XV prend la décision de subventionner la construction navale au Canada.

Des navires subventionnés

Entre 1732 et 1735, grâce à l'appui royal, on construit dix-huit navires. Vingt et un autres sont lancés sans bénéficier de la gratification royale. Il est à remarquer qu'un de ces navires a été construit à Chambly. En 1737, les négociants de la colonie préfèrent acheter treize navires en Nouvelle-Angleterre, se contentant d'en faire construire seulement deux à Québec.

Ici, comme dans bien d'autres secteurs de l'économie, le problème de la main-d'œuvre qualifiée est crucial. En 1732, l'intendant Hocquart avait écrit au ministre : « Les charpentiers de ce pays ont une facilité extraordinaire à s'instruire et à se perfectionner, mais ils sont accoutumés à faire des ouvrages imparfaits. Il me paraît donc nécessaire que vous m'envoyiez un bon sous-contracteur et deux ou trois bons contremaîtres pour les former dans le bon goût du travail et leur apprendre que ce n'est pas assez d'aller vite, car ils sont très expéditifs. J'ai vu construire [...] un bâtiment de 130 tonneaux par six charpentiers qui avaient fait l'entreprise pour 2500 francs. Ce bâtiment n'a été que six mois sur le chantier[1].»

Enfin, le 15 mai 1738, le roi autorise la mise en chantier d'une flûte pour la Marine royale. Le bâtiment qui servira au transport des troupes et du matériel de guerre sera du port de 500 tonneaux et pourra être armé de 40 canons. Sa longueur sera de 119 pieds et sa largeur de 31 pieds 10 pouces. Sa profondeur, mesurée «du dessus de la carlingue au-dessous du maître-bau», sera de 14 pieds. Le roi demande que les ferrures soient fabriquées aux Forges du Saint-Maurice. Le constructeur René-Nicolas Levasseur doit se rendre à Québec pour diriger les travaux de construction.

La flûte est mise en chantier au cours de l'été de 1739. Le 22 septembre, Levasseur écrit au président du Conseil de la Marine: «Je n'ai pu destiner jusqu'à présent que peu de charpentiers pour travailler à la construction de la flûte, outre qu'il n'est pas possible d'en employer un grand nombre dans les commencements; tous les ouvriers de cette profession ont été occupés l'automne à finir les hauts de deux navires marchands qui ont été construits et aux radoubs de plusieurs autres; si je les avais fait commander, ces navires n'auraient pu sortir.»

Pour assurer un approvisionnement adéquat en bois de chêne, l'intendant Hocquart émet, le 20 mars 1740, une ordonnance interdisant aux propriétaires de l'île Jésus, de l'île Bizard et des seigneuries du Lac-des-Deux-Montagnes, de Vaudreuil et d'Argenteuil et aussi à quiconque «d'y couper ni faire couper aucuns chênes, jusqu'à ce que nous en ayons fait faire la visite et que nous ayons fait marquer et retenir ceux desdits chênes

1. Depuis 1731, le chantier naval avait été établi sur la rivière Saint-Charles, « à quatre ou cinq arpents » du palais de l'intendant.

qui se trouveront propres pour la construction des vaisseaux de Sa Majesté». Le même jour, il ordonne à Manthet, Lanoullier de Boisclerc, Henri Parent et Blaise Marié de se rendre, lorsque la navigation le permettra, dans la région du fort Frontenac, pour y marquer les chênes valables pour la construction navale et examiner la possibilité de les acheminer par eau jusqu'à Québec.

Les charpentiers et les ouvriers qui travaillent au chantier de la rivière Saint-Charles prennent l'habitude d'apporter chez eux du bois pour se chauffer. L'abus se généralise si bien que, le 5 octobre 1740, l'intendant Hocquart est obligé de produire le règlement suivant :

> 1e Ne pourront les ouvriers employés audit chantier enlever ni emporter aucuns copeaux qu'à l'heure de midi et le soir, après le son de la cloche. 2e Ne seront censés copeaux les rognures des pièces et les bordages, quelque petites qu'elles soient, ni même ceux faits avec la hache qui pourront servir à faire des coins et des gouvernables. 3e Défendons auxdits ouvriers et journaliers employés audit chantier de fendre ni débiter aucune pièce de bois pour en faire des éclats, pour les confondre ensuite avec les copeaux, à peine de vingt livres d'amende contre les contrevenants et de la prison. 4e Faisons pareilles défenses à tous autres, même aux personnes du sexe et aux enfants du quartier et autres de venir ramasser des copeaux au chantier du roi pendant les heures de travail, à peine de trois livres d'amende contre ceux qui seront surpris en contravention. Et les pères et mères seront responsables de ladite amende que leurs enfants auront encourue. 5e Et afin de s'assurer qu'aucun desdits ouvriers n'a abusé de la permission que nous leur donnons par le présent règlement d'enlever les copeaux pour aider à leur chauffage, ordonnons qu'aux heures de débauche ils ne pourront sortir du chantier pour s'en retourner chez eux que par la rue de la Croix.

L'année suivante, Hocquart doit sévir cette fois contre ceux qui quittent le chantier pendant les heures de travail pour aller prendre un verre ou fumer dans l'un des nombreux cabarets qui se sont installés dans le voisinage.

La flûte *Le Canada* aurait dû, d'après les prévisions initiales, être lancée au cours de l'année 1741. Mais, le 10 octobre, sa construction n'est pas encore achevée. Levasseur écrit au ministre: «La flûte *Le Canada* est en partie finie; il n'y a plus que ses ponts à calfeutrer; il reste à lui faire sa dunette, vaigrer une partie sous les gaillards; mettre ses seiullets [*sic*] des sabords de la deuxième batterie, faire ses bouteilles, son éperon, toute sa menuiserie et sa mâture. Je compte le lancer à l'eau dans les grandes mers de mai.»

Le climat canadien pose un problème que ne connaissent pas les chantiers français.

> Les froids extrêmes qu'est obligé d'essuyer un navire couvert de neige pendant les gelées excessives, note Levasseur, en font beaucoup pérécliter le bordage et il eût fallu reborder à neuf la flûte *Le Canada* si ce navire eût été obligé à essuyer ce second hiver sans être calfeutré. [...] L'effort que font les bois en ce pays est incompréhensible. Les gelées les font fendre beaucoup plus que le soleil et je crois que la neige ne contribue pas peu à leur pourriture en fondant dans ces gerces et en y séjournant. Il serait donc utile à ce que je crois au service de ne laisser passer les vaisseaux qu'un hiver sur le chantier et de les mettre à l'eau la seconde année, ce qui se pratiquera précisément si Votre Grandeur l'ordonnait pour faire partir ces navires à la fin de l'automne.

Le 19 mai 1742, *Le Canada* est prêt à prendre la mer, mais des vents contraires en retardent le lancement jusqu'au 4 juin. À Rochefort, on trouvera que la flûte a été bien construite. On met immédiatement en chantier un nouveau vaisseau, *Le Caribou*, du port de 700 tonneaux pouvant être armé de 45 canons. Ses dimensions sont un peu plus impressionnantes que celles du *Canada*: 130 pieds de longueur sur 35 de largeur. On utilisera des bois de pin et de chêne. Pour être assuré de la qualité des fournitures, Hocquart, dans une ordonnance du 20 février 1744, demande à Levasseur de partir incessamment de Québec et de se rendre «aux Trois-Rivières, Saint-François, Sorel, Chambly, lac Champlain et dans le gouvernement de Montréal afin de faire la visite et exploitation des arbres de chêne et pin nécessaires pour la construction des vaisseaux de Sa Majesté».

Le Caribou est mis à l'eau le 13 mai 1744. Hocquart s'empresse d'écrire le même jour au président du Conseil de la Marine: «Le vaisseau *Le Caribou* a été heureusement lancé à l'eau aujourd'hui à sept heures du matin et ensuite de la même marée en rade où il est actuellement mouillé. [...] Il ne reste à faire que quelques ornements dans les hauts de la poupe, les soutes et quelques aménagements, ce qui s'exécutera en rade comme sur le chantier. Il est prêt à recevoir sa mâture, sa garniture et son artillerie.»

Comme pour *Le Canada*, c'est un équipage français qui doit venir prendre livraison du *Caribou*. Cent quatre hommes levés dans le port de Brest quittent Québec à la mi-juillet, à destination de Louisbourg. Le vaisseau a la vie courte car, après cinq ans de navigation, on est «obligé de le mettre au rancart parce qu'il était déjà pourri». Le chantier de la rivière Saint-Charles est très actif: en 1745, on y construit la frégate *Le Castor* et la corvette *Le Carcajou*. L'année suivante, c'est la frégate *La Martre*, puis, en 1748, *Le Saint-Laurent*, monté de 60 canons.

Un *Orignal* à la vie courte

Le chantier de la rivière Saint-Charles pose quelques problèmes, entre autres celui de la profondeur de l'eau. En 1745, Hocquart songe à transporter le chantier royal au Cul-de-Sac. Le gouverneur Beauharnois suggère de l'installer plutôt à l'île d'Orléans. Le ministre de la Marine se rallie au projet de l'intendant. « Pressé de mener ces travaux à bonne fin, écrit l'historien Jacques Mathieu, Hocquart expropria aussitôt les terrains de la rue Champlain, prohiba la construction de nouveaux édifices dans le voisinage et empêcha la restauration des bâtiments qui tombaient en ruines. La lenteur des procédures d'expropriation ne devait pas ralentir l'aménagement des chantiers : le roi avait pris possession des emplacements, il paierait plus tard. »

Au début du mois d'octobre 1748, on commence à construire au chantier du Cul-de-Sac un vaisseau pouvant porter jusqu'à 72 canons. C'est le navire le plus important commandé par le roi à Québec. Levasseur choisit lui-même les chênes, les pins rouges et les cyprès nécessaires pour le bâtiment. Le lancement a lieu le 2 septembre 1750 en présence de plusieurs centaines de personnes. Les réjouissances sont de courte durée, car le navire fait immédiatement naufrage ! Le gouverneur La Jonquière et l'intendant Bigot, dans une lettre au ministre datée du 1er octobre, racontent l'accident : « On avait pris la précaution de mouiller deux grosses ancres au milieu de la rivière où l'on avait destiné son mouillage et le bout de ses câbles était dans une gabarre, sur lesquels étaient amarrés trois grelins épissés ensemble, dont le bout était à bord du vaisseau et qu'on devait abraquer en le lançant. » Le câble ne put retenir le vaisseau qui alla s'échouer « sur un banc de rochers au-dessous du Cap-aux-Diamants ». C'est une perte quasi totale.

Les jours suivants, on s'affaire à sauver ce qui peut l'être de l'*Orignal.* «Il était complètement fini; jusqu'à la moindre minutie; il était même peint, écrit Bigot. J'ai fait sauver la plus grande partie de ses courbes, ses caps de moutons et chaînes d'aubans, quantité de chevilles, toute la menuiserie qui servira à un autre, n'étant point endommagée, ses cabestans, ses pompes et sa galerie qui était de fer; elle est aussi légère qu'en bois et peut-être plus et elle tient moins de place.» Plusieurs des pièces récupérées servirent dans la construction de *L'Algonquin,* un vaisseau de 72 canons qui est lancé au mois de juin 1753.

Jusqu'à la chute de Québec, d'autres navires seront mis en chantier tant à Québec qu'à Sorel ou au lac Champlain.

Même si le chantier naval royal de Québec réussit à construire une dizaine de navires pour la flotte de Sa Majesté, l'opération se solde par un quasi-échec.

> De fait, conclut l'historien Jacques Mathieu, la construction navale à Québec fut une industrie métropolitaine par ses capitaux et sa finalité, dans ses méthodes, par l'encadrement de la main-d'œuvre, en somme dans sa nature même. À l'échelon le plus important, les décisions se prenaient en France; elles étaient conçues et valables pour la métropole, non pour la colonie. Ainsi Maurepas imposa à l'intendant un type de construction qui ne convenait pas aux ressources forestières de la Nouvelle-France. On ne réussit pas plus à adapter les méthodes françaises aux conditions canadiennes. Les ouvriers spécialisés venus de France n'incitèrent pas le Canadien à sortir de sa réclusion volontaire. [...] Au caractère artificiel de cette structure se rattachent presque tous les problèmes survenus dans cette industrie. On a vu trop grand pour les possibilités industrielles de la Nouvelle-France au milieu du XVIIIe siècle.

Deux industries secondaires

Le développement de la construction navale en Nouvelle-France va favoriser la fabrication du goudron et du brai nécessaire pour imperméabiliser le bois et la culture du chanvre dont on se servira pour la fabrication des cordages et des voiles.

En 1712, on ne fabrique du goudron qu'à un seul endroit : Baie-Saint-Paul, une seigneurie qui appartient au Séminaire de Québec. Lors de sa visite de l'endroit, Gédéon de Catalogne note : « Les montagnes entrecoupées de petits vallons contiennent de toutes sortes de bois, particulièrement de gros pins, et c'est dans ce seul endroit où l'on fait le goudron, quoiqu'il y en ait plusieurs autres où l'on pourrait faire. »

Le coût de fabrication et surtout la cherté de la main-d'œuvre font que le produit se vend plus cher en Nouvelle-France que dans l'ancienne, ce qui fait que son exportation est rendue difficile. En 1721, l'intendant Bégon demande aux autorités de la métropole d'accepter d'acheter le goudron canadien à un prix plus élevé que le goudron français afin de favoriser le développement de cette industrie dans la colonie. La production augmentant, les prix pourront diminuer en conséquence, tout comme cela s'est produit en Nouvelle-Angleterre.

Le 15 avril 1724, par une ordonnance, l'intendant Bégon « permet à Pierre Tremblay, seigneur des Éboulements, de commencer, la présente année, l'établissement d'une goudronnerie dans tel lieu qu'il jugera à propos depuis le cap aux Corbeaux jusque et compris la seigneurie des Éboulements, d'y faire des fourneaux et des cabanes pour retirer les gens qui y travailleront, à la condition qu'il fournira à Sa Majesté tous les goudrons qu'il y fera, lesquels lui seront payés après la livraison qu'il en aura faite dans les magasins du roi à Québec, à raison de quinze livres le baril de quarante-cinq pots et lui sera payé en outre le fret desdits barils jusqu'à Québec».

Médard-Gabriel Vallette de Chévigny établit une goudronnerie à Grande-Anse, dans la seigneurie de La Pocatière, où il emploie 25 soldats et deux sergents. Il en coûte 43 livres pour fabriquer un baril de goudron et on doit le vendre en France entre 20 et 25 livres. Pour améliorer les méthodes de production, on fait venir de France deux goudronniers dont la tâche sera de montrer aux habitants comment fabriquer un meilleur goudron à un prix moindre.

Des goudronneries s'établissent à Kamouraska, Rivière-Ouelle, Chambly, Longueuil et au fort Sainte-Thérèse. On entaille des pins pour recueillir le brai et la résine. On en produit dans la région du lac Champlain et dans celle d'Autray, non loin de Montréal. Après 1754, avec la guerre qui recommence et par suite de la crise économique de 1745 qui déséquilibre l'économie de la colonie, l'industrie du goudron disparaît presque. On continue à en fabriquer encore en petites quantités à Kamouraska et à la Rivière-Ouelle.

Sous son intendance, Talon avait introduit la culture du chanvre. Après son départ, la production avait diminué; mais, au début du XVIIIe siècle, avec la faillite de la Compagnie de la Colonie qui s'occupait de la traite des fourrures, quelques habitants recommencent à cultiver le chanvre. En 1721, l'intendant Bégon veut relancer cette culture, mais avec l'aide financière du gouvernement royal. «Si les chanvres étaient reçus en Canada dans les magasins du roi et payés à un haut prix dans les commencements, écrit-il au Conseil de la Marine, tous les habitants s'attacheraient à en cultiver et, lorsqu'ils seraient dans cet usage, ils continueraient nonobstant la diminution du prix mais cette culture ne peut se faire que lorsqu'il y aura des nègres.»

Avant même de connaître l'opinion du Conseil de la Marine, l'intendant envoie une lettre à tous les curés de la colonie leur demandant d'avertir les habitants «qu'il fera payer le chanvre qui sera fourni dans les magasins du roi, à Québec, à Montréal et à Trois-Rivières, à raison de 60 livres le quintal».

Comme la colonie ne dispose pas de graines de chanvre en quantité suffisante, Bégon en demande 30 barriques. Cette nouvelle politique augmente la production de chanvre, surtout dans la région de Batiscan et de Champlain. Mais le prix de 60 livres le quintal est trop élevé, car, en Bretagne, on le paie 17 ou 18 livres le quintal. En 1729, on ne verse plus, dans les magasins du roi, que 40 livres le quintal et, l'année suivante, le prix descend à 25 livres. La conséquence immédiate de la baisse des prix est une diminution de la production.

L'établissement d'un chantier royal de construction navale à Québec favorise peu la culture du chanvre. Le 28 septembre 1740, Hocquart écrit au ministre: «La culture du chanvre se maintient comme à l'ordinaire; les habitants de Champlain et de Batiscan continuent d'en livrer dans les magasins. Il y en a aujourd'hui trente milliers de reste qui n'ont pu être consommés par les trois cordiers établis à Québec. Les navigateurs sont si mécontents de leur ouvrage que ce n'est que dans une nécessité pressante qu'ils les emploient.»

La production annuelle oscille entre 15000 et 20000 livres. Elle est insuffisante pour les besoins de la colonie. Nicolas-Gaspard Boucault, qui fut secrétaire de l'intendant Bégon, déclare en 1754: «Le chanvre vient fort beau au Canada; il s'en fait néanmoins très peu à présent et depuis que M. Bégon est sorti du Canada;

parce que le prix a extrêmement changé, les habitants aiment mieux semer du lin pour leurs usages. »

La morue de la Gaspésie

À la suite du traité d'Utrecht, les Français sont dans l'obligation de réaménager leurs habitudes de pêche à la morue. La perte de l'Acadie et surtout de Terre-Neuve va favoriser le développement du golfe Saint-Laurent et de la Gaspésie. Un mémoire anonyme rédigé en 1723 localise les principaux endroits de pêche à la morue.

> Réponse aux demandes de la pêche des morues dans le golfe Saint-Laurent, y lit-on, à commencer à l'ouest de l'île Royale où les morues n'entrent ou du moins ne se font sentir que vers le vingt et vingt-quatre du mois de juin où elles sont attirées par la grande quantité de harengs qui y entrent et montent jusqu'à Matane où se trouve le dernier fonds en montant le fleuve où les morues se sont fait sentir et, du côté nord du fleuve, depuis Mingan ou la pointe de l'île Anticosti jusqu'à Belle-Île passant le Labrador. Les ports ou havres où les vaisseaux vont en pêche pour faire de la morue salée en sec sont Labrador, porte choix [*sic*] et ses continents ; à la bande du sud est l'île Saint-Jean [île du Prince-Édouard] depuis quatre ans connue pour une des plus abondantes pêches de tout le golfe ; en montant ensuite est la baie des Chaleurs où il y a deux ports pour les vaisseaux qui sont Caraquet et Port-Daniel et Pabos pour de petits bâtiments. Remontant plus avant à l'embouchure de la baie des Chaleurs est l'île de Bonaventure, l'île Percée et la baie de Gaspé. En remontant le long de la côte où se font les pêches et où il ne peut entrer que de petits bâtiments à la faveur des hautes mers sont la rivière au Renard, le Grand et Petit-Étang, la rivière de la Madeleine, le Mont-Louis, Sainte-Anne près du cap Chat et Matane qui est le dernier et où l'on ne pêche presque point, faute de havre commode.

Le poisson pêché en Gaspésie est surtout expédié dans les ports européens, de sorte que l'économie canadienne profite peu de ce commerce. En 1724, on dénombre onze bateaux de pêche dans la baie de Gaspé. En 1740, il y en a une cinquantaine et, cinq ans plus tard, le nombre de pêcheurs atteint 360. L'état de guerre qui existera après 1745 ralentira le développement de cette région. « Il semble, écrit l'historien David Lee, que ce ne soit qu'au moment de la guerre de Succession d'Autriche (1740-1748) que l'on ait tenté pour la première fois de laisser des hommes dans la baie [de Gaspé] pendant l'hiver. Des sentinelles furent postées à proximité, au cap des Rosiers, afin de signaler le passage des bateaux. À ce moment-là, un Canadien nommé Arbour cultivait du blé, du sarrazin, du foin et divers légumes avec un certain succès. Ce Canadien est censé avoir résidé en permanence à cet endroit ; il fut probablement le premier à s'y fixer. »

Le 9 avril 1725, deux marchands de Québec, les sieurs Peyre et Becquet, envoient à l'Anse du Grand-Étang un canot monté par cinq hommes pour y retenir en leur nom « une étendue de grève pour la pêche à la morue ». Mais il y a un problème. Un autre marchand de Québec, Jean Gatin, vient de prendre à bail « les terres et seigneuries et fiefs de la Grande Vallée des Monts Notre-Dame, de la rivière de la Madeleine et de l'Anse du Grand-Étang » avec l'intention d'y établir une pêche sédentaire de morue. Gatin est sur le point d'envoyer dans la région qu'il vient de louer de Michel Sarrazin et de la famille Hazeur « trois bâtiments de quarante tonneaux chacun avec quatorze chaloupes de pêche et soixante-cinq hommes d'équipage ». L'intendant Bégon est appelé à régler le problème. Il émet donc une ordonnance, le 10 mai, dans laquelle il édicte « que le sieur Gatin jouira seul de la pêche au Grand-Étang et à la rivière de la Madeleine et qu'à l'égard de la Grande-Vallée des Monts Notre-Dame, ledit sieur Gatin y prendra la grave, des cabanots et vignots pour sept chaloupes et cédera le surplus pour la pêche du sieur Peyre».

Selon l'historien David Lee, l'économie de la Gaspésie, au cours de la première moitié du XVIII siècle, est centrée sur la morue et une société particulière s'y développe.

> L'importance de la morue sèche en Gaspésie, écrit-il, a manifestement contribué à créer une société bien différente de celle du Canada dont les moyens de subsistance étaient beaucoup plus diversifiés. Il semble que les habitants de Pabos aient été en meilleure santé que ceux du reste de la Nouvelle-France, ce qui indique un niveau de vie plus élevé. Les Anglais ont aussi signalé que de Bellefeuille à Pabos, Révol à la baie de Gaspé et Maillet à Mont-Louis semblaient vivre à l'aise. Ils ont probablement même vécu plus richement que la moyenne des seigneurs au Canada. De plus, ils tiraient leurs revenus, non pas de la terre comme au Canada, mais de la mer dont ils ne s'éloignaient guère. D'ailleurs, par ses attaches familiales, la population se sentait bien plus proche de la France que du Canada.

La pêche aux marsouins

Dès le début du XVIII siècle, on commence à pêcher le marsouin blanc dans la région de la Rivière-Ouelle. En plus de donner une huile remarquable, ce mammifère cétacé a une peau qui se tanne facilement. «On la gratte longtemps, note le père Charlevoix, et elle devient comme un cuir transparent; quelque mince qu'elle soit, jusqu'à être propre à faire des vestes et des hauts-de-chausses, elle est toujours très forte et à l'épreuve d'un coup de feu. Il y en a de dix-huit pieds de long sur neuf de large: on prétend que rien n'est meilleur pour couvrir une impériale de carrosse.»

Un groupe de marchands obtient, pour une durée de quinze ans, un privilège de pêche aux marsouins « à Kamouraska, Rivière-Ouelle, Pointe-aux-Trembles et autres lieux du fleuve Saint-Laurent ». Certains habitants de la Rivière-Ouelle, à partir de 1705, avec l'accord de leur seigneur, Deschamps de Boishébert, s'unissent pour exploiter en commun une pêcherie de marsouins devant leurs concessions. Il s'agit de Jean de Lavoye, Étienne Bouchard, Pierre Soucy, Jacques Gagnon, Pierre Boucher et François Gauvin. Deux années plus tard, soit le 13 juillet 1707, l'intendant Raudot défend à qui que ce soit de les troubler dans leur pêche sous peine de dommages et intérêts. Le groupe de marchands dirigés par Hazeur et Peyre proteste et, selon J.-N. Fauteux, « il fut décidé néanmoins qu'ils ne prendraient plus que le quart au lieu du tiers de la production d'huile provenant de la pêche faite en commun ».

Pour encourager la production d'huile de marsouins, Louis XIV décrète que les ports de Rochefort et de Port-Louis devront utiliser de l'huile produite au Canada. Mais, encore là, il y a un problème : plusieurs propriétaires de navires refusent de transporter en France les barriques d'huile. Ainsi, en 1707, la compagnie Hazeur-Peyre produit 100 barriques d'huile de marsouins et seulement 18 barriques peuvent être acheminées dans la métropole.

Mais ces difficultés n'empêchent pas la pêche aux marsouins de prendre des proportions impressionnantes. À la fin de l'année 1721, on évalue à une quinzaine les nouvelles pêches et on projette d'en établir sept autres l'année suivante. Le Séminaire de Québec, à lui seul, en possède deux dans la région de Baie-Saint-Paul.

En 1722, un groupe d'habitants de Petite-Rivière, dans la région de Baie-Saint-Paul, établit ce que l'on considère comme « la plus ancienne coopérative connue en terre québécoise». Paul Cartier, René de Lavoye, Jacques Fortin père, Anne Dodier faisant pour Noël Simard son mari, Claude Larouche et Jacques Fortin fils veulent établir deux pêches aux marsouins.

> Pour ne point se nuire les uns aux autres et faciliter ledit établissement, stipule leur accord, ils ont fait une société entre eux, dont l'acte sous seing privé a été rédigé par le sieur Jorian, leur curé, et signé de lui, en date du dix-huit avril dernier, contenant leurs conventions, qui sont: 1° Que chacun des associés contribuera aux dépenses nécessaires à faire pour l'établissement de ces deux pêches, par rapport à la devanture de leur terre; 2° Que les profits qui proviendront desdites pêches seront partagés également entre eux au prorata de la devanture de leur terre; 3° Que les hommes nécessaires pour les établissements seront fournis également [...].

Le développement trop rapide de l'industrie de la pêche aux marsouins va causer son recul. «Ces pêches ont donné quelques profits en différentes années, écrit le marchand Peyre en 1723, ce qui a engagé les habitants que j'avais employés à travailler à former de nouveaux établissements si proches les uns des autres qu'ils se nuisent, empêchant le succès que l'on pourrait espérer dans ces entreprises par le peu de distance de l'une à l'autre, ce qui épouvante le marsouin et le fait tenir au large.» Les pêcheurs d'anguille se plaignent aussi que leurs poissons séjournent moins longtemps dans les eaux du fleuve et qu'ils descendent trop rapidement vers le golfe.

Quelques établissements continuent à fonctionner. Au mois de novembre 1736, une ordonnance rappelle aux habitants de la seigneurie de La Pocatière qu'ils doivent verser à leur seigneur la dixième partie des huiles que produit leur pêche aux marsouins.

Chasse ou pêche?

La pêche aux marsouins ressemble à celle du loup-marin.

> Quand la marée est basse, raconte le père Charlevoix en 1721, on plante dans la vase ou dans le sable des piquets assez près les uns des autres et l'on y attache des filets en forme d'entonnoirs, dont l'ouverture est assez large; de sorte néanmoins que, quand le poisson y a passé, il ne la peut plus retrouver pour en sortir. On a soin de mettre au haut des piquets des bouquets de verdure. Quand la marée monte, ces poissons, qui donnent la chasse aux harengs, lesquels gagnent toujours les bords, et attirés par la verdure qu'ils aiment beaucoup, s'engagent dans les filets et s'y trouvent enfermés.

Au XVIIe siècle, on chassait ou pêchait le loup-marin pour fabriquer des manchons avec sa peau. Au siècle suivant, les peaux servent à couvrir les malles et les coffres. «Quand elles sont tannées, écrit le père Charlevoix, elles ont presque le même grain que le maroquin: elles sont moins fines, mais elles ne s'écorchent pas si aisément et elles conservent plus longtemps toute leur fraîcheur. On en fait de très bons souliers et des bottines qui ne prennent point l'eau. On en couvre aussi des sièges dont le bois est plutôt usé que la couverture.»

On pêche le loup-marin sur la côte du Labrador. Plusieurs privilèges exclusifs de traite sont accordés dans les années 1720-1730. Ainsi, le 2 mai 1738, Jean-Baptiste Pommereau «obtient pour une période de dix ans la concession d'un emplacement de quatre lieues» dans la région de Gros Mécatina, sur la côte du Labrador. Entre 1740 et 1745, la compagnie de Pommereau recueille 2730 barriques d'huile de loup-marin et le nombre de peaux, pour les années 1742-1745, s'élève à plus de 10000.

La baleine fournit elle aussi de l'huile. Les Basques la pêchaient dans les eaux du fleuve Saint-Laurent bien avant l'arrivée de Cartier. Le 17 mars 1733, le constructeur et navigateur Hilaire Brideau obtient, pour une durée de quatre ans, le privilège de pêche à la baleine dans le golfe Saint-Laurent. Vers la même époque, deux négociants de Saint-Jean-de-Luz, en France, renouent avec la tradition basque et viennent faire la pêche à la baleine à Bon Désir, non loin de Tadoussac.

Au cours des dernières décennies du régime français, la pêche à la baleine connaîtra peu de développement. Selon l'intendant Dupuy, il faudrait une plus grande expérience des Canadiens dans le secteur de la pêche pour que cette partie de l'économie se développe.

Trop de peaux

Sous le gouvernement de Frontenac, la traite des fourrures avait pris de l'expansion. Le marché français est incapable d'absorber tous les envois de peaux du Canada. En 1697, les surplus, en seules peaux de castor, dépassent les 850 000 livres pesant. Ces stocks sont énormes si l'on considère qu'au cours des douze années précédentes les ventes totales n'avaient pas dépassé les 620 000 livres pesant. Le roi suggère de diminuer le prix payé pour les peaux et même de fermer certains postes de traite. Dans la colonie, administrateurs et négociants décident de former une compagnie pour gérer le commerce des fourrures. La Compagnie du Canada, connue aussi sous le nom de Compagnie de la Colonie, connaîtra vite de graves problèmes financiers. Le droit du quart qu'elle perçoit sur la vente du castor est insuffisant pour lui permettre de payer les montants nécessaires à l'administration de la colonie. À cette nouvelle, au mois de novembre 1704, la colonie « entre en grand mouvement ». « Tout le monde proteste avec véhémence, écrit l'historien Émile Salone, et les marchands qui courent à la ruine et les fonctionnaires qui redoutent de ne point être payés de leurs appointements. On voit les hôpitaux se fermer aux malades qu'ils ne pourront plus entretenir, et même s'organiser une grève inattendue, celle des curés qui menacent, s'ils sont privés de leur supplément, d'abandonner leurs ouailles. Tout est perdu sans le secours de la métropole. » Le gouverneur Vaudreuil et l'intendant Beauharnois prennent sur eux de tirer sur les fonds de l'État 54 000 livres en lettres de change pour payer les dépenses courantes.

En 1706, la Compagnie du Canada déclare faillite. Une nouvelle compagnie se forme qui regroupe Louis-François Aubert, un marchand français établi à Amsterdam et deux bourgeois de Paris, Jean-Baptiste Néret et Jean-Baptiste Gayot. Leur exclusivité de commerce ne porte que sur le castor et le bail de cession se terminera le 31 décembre 1717.

Les autorités françaises ne peuvent se permettre de laisser tomber la traite des fourrures, car alors les Amérindiens iraient vendre le produit de leur chasse aux Anglais de la Nouvelle-Angleterre et forcément s'allieraient à ces derniers en cas de conflit. De plus, le commerce des fourrures représente le secteur le plus important de l'économie de la Nouvelle-France. Mais la traite engendre des problèmes majeurs : la vente de l'eau-de-vie aux Amérindiens et la contrebande avec les Anglais.

Le 2 avril 1716, l'intendant Bégon émet une ordonnance « qui fait défense à toutes personnes de quelque qualité et condition qu'elles soient d'aller, sous quelque prétexte que ce soit, à Orange, Manhatte,

Boston et autres lieux de la domination anglaise, sans une permission du gouverneur général de ce pays, qu'il soit justifié ou non que lesdites personnes aient porté du castor dans lesdites colonies ou qu'elles en aient rapporté ou non des étoffes en ce pays, à peine de deux mille livres d'amende pour la première fois et de punition corporelle en cas de récidive».

Deux années plus tard, cinq habitants de la région de Trois-Rivières se retrouvent devant un juge pour s'être rendus sans permission à Orange: Pierre Gouin et son frère, Grondin fils, François Hamelin et un nommé Rivêt. Les condamnations n'empêchent pas la contrebande de fleurir de plus belle. Au mois de décembre 1724, tous les habitants qui possèdent des canots d'écorce doivent en faire déclaration au greffe de la juridiction royale la plus proche de leur domicile. Il est interdit de prêter les embarcations ou de les vendre à ceux qui veulent se rendre soit en Nouvelle-Angleterre soit dans les Pays d'En-Haut sans la permission écrite du gouverneur particulier de l'endroit ou, en son absence, du commandant.

Les soldats effectuent des saisies de marchandises étrangères que l'on peut trouver chez des particuliers. À partir du 11 juillet 1730, il est interdit aux particuliers, marchands ou autres, «de recevoir en gages des Sauvages aucunes couvertes ou autres marchandises de fabrication étrangère», et ce, sous peine d'amende. Au mois d'août 1742, on saisit dans un berceau que portait une Amérindienne «une pièce indienne à fond blanc à fleurs rouges». La «coupable» s'apprêtait à entrer dans la maison d'un nommé Leduc, sur le chemin de Montréal. Même les maisons des ecclésiastiques sont soumises à des fouilles.

Les Amérindiens préfèrent les écarlatines de fabrication anglaise. Ce sont des couvertes de draps rouges avec une large bordure noire. L'écarlatine bleue française plaît moins. On cherche bien à imiter les tissus anglais, mais les marchands français ont des réticences. Mais certaines circonstances forcent les autorités françaises à faire appel à la production de leurs rivaux. Ainsi en 1723, «la contagion qui a affligé la Provence et les environs du Languedoc n'a pas permis de tirer cette année des écarlatines de la manufacture de Saint-Gely de Montpellier, ce qui a déterminé Sa Majesté d'accorder des permissions aux négociants de La Rochelle d'en tirer d'Angleterre; mais, comme elles y sont beaucoup plus chères qu'on ne pourrait les vendre en Canada, il n'y a pas apparence qu'ils envoient cette année».

Le roi demande donc de faire tout «pour empêcher que les Anglais ne s'attirent le commerce des Sauvages des pays d'en haut au préjudice des Français».

En 1716, le système des congés de traite est rétabli. Deux ans plus tard, la Compagnie des Indes occidentales prend en charge le commerce des peaux de castor. L'historien Jean Hamelin note qu'à cette époque «environ 72% du revenu du commerce du castor s'en va dans la métropole, que 14% se concentre dans les mains des négociants canadiens, que 9% s'éparpille dans la colonie, que 5% sert à défrayer les charges du pays». Ce commerce, qui laisse peu de profit dans la colonie, représente, en 1739, 70% de la valeur totale des exportations; les produits agricoles, 18%; la pêche, 9%; le fer 1,3% et le bois, 0,5%.

Une guerre inutile

Depuis la signature du traité d'Utrecht, en 1713 et le grave affaiblissement de la Nouvelle-France, une paix relative avait subsisté entre les colonies anglaises et françaises. De nouveau, c'est une querelle en Europe qui allume le feu en Amérique. La mort de l'empereur Charles VI d'Autriche, au mois d'octobre 1740, engendre une course à la succession, car le défunt n'a pas d'héritier mâle. La France, la Prusse et la Bavière soutiennent les prétentions au trône de Frédéric II, alors que l'Angleterre accorde son appui à Marie-Thérèse, fille de Charles VI et héritière présomptive. Même si la guerre n'est pas encore déclarée, la France et l'Angleterre participent à diverses batailles.

La traversée de l'Atlantique devient hasardeuse. Le *Rubis* quitte le port de La Rochelle le 27 juin 1743, avec à son bord, le père Jean-Baptiste de Saint-Pé, supérieur des missions jésuites de la Nouvelle-France. Le 5 août, vers les quatre heures et demie du matin, trois vaisseaux anglais armés en guerre s'avancent vers le navire français. « Ils arborèrent le pavillon anglais, raconte un des témoins, et l'assurèrent d'un coup de canon ; nous arborâmes pavillon français et l'assurâmes aussi d'un coup de canon. Environ les six heures, nous nous vîmes environnés de ces vaisseaux à la distance d'une portée de pistolet. »

Un des commandants anglais somme le navire d'amener ses voiles et de mettre en panne. Les Français refusent d'obéir et les Anglais leur envoient une volée de trois boulets de canon. Les assaillants envoient un émissaire à bord du navire français. « Le capitaine le reçut avec hauteur, lui fit des reproches sur le procédé de son commandant et le renvoya brusquement. Alors, le bruit se répandit dans le vaisseau que la guerre était déclarée entre la France et l'Angleterre et qu'il fallait se rendre ou se battre. Cependant les vaisseaux anglais s'approchèrent pour délibérer entre eux. Ils conclurent d'envoyer deux officiers à notre bord pour s'assurer si nous étions effectivement Français. Notre capitaine leur fit voir sa commission. On les fit déjeuner, après quoi ils retournèrent à leur bord. Nous continuâmes notre route. »

Le *Rubis* arrive sain et sauf à Québec le 1er octobre, après une traversée qui a duré 96 jours.

Le 15 mars 1744, Louis XV déclare officiellement la guerre à l'Angleterre. Après avoir énuméré les injures et les outrages que l'Angleterre a fait subir à la France, le souverain français conclut :

> Tels sont les justes motifs qui ne permettent plus à Sa Majesté de rester dans les bornes de la modération qu'elle s'était prescrite et qui la forcent à déclarer la guerre, comme elle la déclare par la présente par mer et par terre, au roi d'Angleterre, Électeur d'Hanovre ; leur fait [aux sujets français] très expresses inhibitions et défenses d'avoir ci-après avec eux [les Anglais] aucune communication, commerce ni intelligence, à peine de vie ; et, en conséquence, Sa Majesté a dès à présent révoqué et révoque toutes permissions, passeports, sauvegardes et sauf-conduits qui pourraient avoir été accordés par elle ou par ses lieutenants généraux et autres officiers contraires à la présente et les a déclarés et déclare nuls et de nul effet et valeur, défendant à qui que ce soit d'y avoir aucun égard.

Moins de quinze jours après la déclaration de la guerre, le sieur de Saint-Clair reçoit l'ordre de commander le vaisseau *L'Ardent* et de se rendre en Amérique « mettre les navires français qui font la pêche de la morue à l'abri des corsaires anglais de la Nouvelle-Angleterre, interrompre la pêche et le commerce de cette nation et [...] procurer en même temps des secours à la colonie de l'Île-Royale ».

Le 3 mai, le gouverneur de l'île, Jean-Baptiste-Louis Le Prévost Duquesnel, apprend que la France a déclaré la guerre à l'Angleterre. Le gouverneur de Boston, William Shirley, ne connaîtra la chose que le 2 juin. Duquesnel organise immédiatement l'attaque du poste anglais de Canseau (Grassy Island) en Nouvelle-Écosse. L'officier français Joseph Du Pont Duvivier commande 140 hommes. Alors que les Français commencent à bombarder le fortin anglais, le 24 mai, le commandant anglais Patrick Heron décide de se rendre sans combattre. Aux termes de la capitulation, les soldats anglais demeureront prisonniers à Louisbourg pour une durée d'un an, mais les dames des officiers, si Duquesnel le permet, pourront aller « où elles le jugeront à propos ». Comme la forteresse de Louisbourg manque de vivres et que des prisonniers anglais décident de passer du côté français, un nouveau texte de capitulation est rédigé au mois de septembre. Les soldats anglais obtiennent alors le droit de retourner à Boston à la condition de ne pas servir contre les Français avant le 1er septembre 1745. Leur libération se fait en échange de celle de quelques prisonniers français ou canadiens retenus à Boston.

Selon l'historien George A. Rawlyk, « le gouvernement britannique et le gouverneur du Massachusetts, William Shirley, refusèrent d'accepter les nouvelles clauses de la capitulation et ainsi on envoya les troupes de Canseau à Annapolis Royal au début de l'été de 1745 ».

Les mutins mènent le bal

À la fin du mois de juillet 1744, Duquesnel charge Duvivier d'aller s'emparer d'Annapolis Royal, l'ancien Port-Royal. Après un siège de quatre semaines, l'opération se termine sans succès. Les Acadiens qui, depuis un quart de siècle, se sont promis de demeurer neutres, ne veulent pas prêter main-forte aux Français. La cinquantaine d'hommes que commandait Duvivier rentrent à Louisbourg où Duquesnel est décédé, le 9 octobre. Louis Du Pont Duchambon assure le commandement.

Tous les membres de la garnison de la forteresse ne semblent pas heureux. Les soldats suisses qui forment le détachement Karrer signent le 22 ou le 23 décembre une pétition qu'ils veulent remettre à Duchambon. «Vous savez, monsieur, que l'injustice règne à toutes mains en ce pays», affirment-ils. Les mécontents en veulent surtout au commissaire ordonnateur François Bigot. Les Suisses gagnent à leur cause quelques soldats français. Le soulèvement a lieu le 27 décembre et il est motivé par le désir qu'ont les Suisses de «se rendre maîtres de la ville et la livrer aux ennemis au printemps prochain, sous prétexte qu'on leur avait fait mille injustices, qu'ils avaient patienté pendant la paix, mais que la guerre leur donnait lieu de se venger». C'est du moins ce que croient Bigot et Duchambon dans la lettre qu'ils envoient au ministre quatre jours après le début des événements.

> À la pointe du jour, racontent-ils encore, les Suisses prirent les armes et se mirent en bataille dans la cour du fort. L'officier suisse qui y couche les fit rentrer dans leurs chambres après leur avoir promis tout ce qu'ils demandèrent. Au lieu de rester tranquilles, ils furent dans celles des Français leur reprocher leur lâcheté, qu'ils avaient promis de les suivre et qu'ils n'avaient fait aucun mouvement. Ce reproche les anima. Ils se mirent

> en bataille tous armés dans la cour du fort et firent battre par force aux tambours la générale dans la ville, en les faisant conduire par 30 fusiliers la baïonnette au bout du fusil. Tous les officiers se rendirent sur-le-champ au fort où ils n'entrèrent que par ruse et application, n'ayant pu ébranler l'épée à la main les sentinelles que les troupes avaient mis à l'avance pour défendre l'entrée qui leur mettaient la baïonnette sur l'estomac en les couchant en joue. Ce fut un coup du ciel de ce qu'il ne partît pas un coup de fusil, tant par maladresse que par volonté. Si ce malheur fut arrivé, tous les officiers auraient été tués, étant chacun couché en joue par les révoltés.

Le major des troupes ne peut mater la révolte. Des soldats le tiennent en joue. On promet aux mutins tout ce qu'ils veulent. Le calme revient, mais les insurgés semblent demeurer maîtres de la situation, puisque, le 31 décembre, Duchambon et Bigot écrivent :

> Nous sommes ici leurs esclaves, ils font tout le mal qu'ils veulent, se font donner par les marchands et aux prix qu'ils jugent à propos, ce qu'ils achètent en les menaçant de ne point les épargner dans l'occasion. Les bourgeois et les marchands, qui ne sont point armés et en trop petit nombre, n'étant que 40 ou 50 pour pouvoir s'assembler, sont plus morts que vifs et pensent tous à passer en France l'automne prochain s'ils peuvent sauver leur vie cet hiver. [...] Nous pensons qu'il faut relever sur-le-champ les Suisses. Il ne doit jamais y en avoir en garnison dans la colonie, après une action pareille causée par eux qui ne s'oubliera jamais. Il n'y a pas de secours ici à attendre des habitants, comme à la Martinique et à Saint-Domingue. Cent cinquante Suisses sont en assez grand nombre pour faire faire aux Français tout ce qu'ils voudront, les trois quarts de ces derniers étant des misérables capables de tous les crimes.

Même si, officiellement, l'insurrection est matée au tout début de 1745, l'insatisfaction demeure et l'esprit qui règne à Louisbourg n'est pas des plus encourageants. Pendant ce temps-là, en Nouvelle-Angleterre, on se prépare à attaquer le Gibraltar d'Amérique. Le gouverneur Shirley cherche à convaincre les membres de la Chambre des représentants du Massachusetts que les colonies doivent organiser et financer elles-mêmes l'expédition. «Comme nous devons attendre dans le courant de cette guerre le plus grand ennui pour notre navigation et pour notre commerce en général et la capture fréquente de nos vaisseaux de ravitaillement et la destruction de notre industrie de pêche, en particulier du fait du port de Louisbourg, déclare-t-il le 9 janvier 1745, il est évident que rien ne pourra plus être effectivement de l'intérêt de cette province, dans cette situation, que la réduction de cette place.»

William Pepperrell, un riche marchand armateur, est chargé du commandement des troupes coloniales, alors que Peter Warren, qui vient de se voir confier la direction de tous les vaisseaux des colonies situées au nord de la Virginie, doit prêter son aide à l'expédition contre Louisbourg. L'armée coloniale se compose d'un peu plus de 3000 hommes «indisciplinés et sans formation militaire, munis d'armes mais sans artillerie».

«Dès le 14 mars, raconte Bigot dans sa relation du siège, il parut devant Louisbourg plusieurs frégates de 20 à 30 canons qui bloquèrent le port et dont le nombre augmenta jusqu'au 11 de mai qu'on aperçut à la pointe du jour une flotte de 90 à 100 voiles soutenue par un vaisseau de guerre de 60 canons, deux de 40 et les autres bâtiments qui avaient paru auparavant sur la côte.»

La forteresse de Louisbourg ne dispose que de 1430 hommes, de peu de vivres et de peu de munitions. Les secours attendus de France arriveront trop tard. Une partie des troupes coloniales met pied à terre dans la baie de Gabarus. Deux jours plus tard, elle occupe la Batterie royale qui avait été abandonnée. Le 18 mai au matin, Pepperrell et Warren somment Duchambon de rendre la place. Le commandant de la forteresse leur répond : « Le roi de France, le nôtre, nous ayant confié la défense de ladite ville, nous ne pouvons qu'après la plus vigoureuse attaque écouter une semblable proposition ; et nous n'avons de réponse à faire à cette demande que par la bouche de nos canons. »

Le siège de Louisbourg continue. Duchambon a déjà fait raser les maisons du faubourg situé près de la porte Dauphine et couler quelques voiliers dans le port. Les canons anglais bombardent la ville presque tous les jours. Le 30 mai, le *Vigilant*, qui transportait quelques centaines de soldats, des vivres et des munitions, est capturé.

Les Amérindiens qui combattent aux côtés des Français sont accusés de torturer les prisonniers anglais. Warren proteste auprès de son prisonnier Alexandre de La Maisonfort Du Boisdecourt, commandant du *Vigilant*. Ce dernier écrit donc à Duchambon le 18 juin :

> Je vous envoie ci-joint la copie de la lettre que m'écrit monsieur Warren commandant de l'escadre anglaise, qui m'apprend que les Français ont usé de cruauté et inhumanité sur quelques prisonniers anglais, ce que je ne peux croire, l'intention du roi, notre maître, étant qu'ils soient bien traités, ainsi qu'ils le font aux nôtres qui sont en Angleterre et en toutes occasions. [...] Il est bon que vous soyez informé que messieurs les capitaines et officiers nous traitent non pas en prisonniers mais comme leurs bons amis et qu'ils ont une attention particulière pour que rien ne manque à mes officiers et équipages ; il me paraît juste d'en user de même à leur égard et de faire punir ceux qui pourraient s'écarter et faire aucune insulte aux prisonniers que vous pourriez faire. [...] Vous ne pouvez avoir trop d'attention pour les prisonniers anglais que vous ferez ni les trop bien traiter,

puisqu'ils font la guerre envers nous si noblement et ont tant de soin de ceux qu'ils font.

Le gouverneur Duchambon rétablit les faits dans une lettre à La Maisonfort, le 19 juin :

> Je suis persuadé, écrit-il, que vous me rendez assez de justice pour être persuadé que les maltraitements que les prisonniers anglais ont pu recevoir de la part des Sauvages n'ont pas été autorisés par moi. Je n'ai su que depuis quelques jours ce qu'ils avaient exercé à leur sujet, et c'est un chef de parti français qui me l'a appris. Il a fait rendre un prisonnier anglais qui leur restait ; il me l'avait renvoyé. Il ne m'est cependant point parvenu, je comptais qu'il avait été repris par sa nation. Je ferai défendre à ces Sauvages, lorsque je pourrai avoir communication avec eux, d'en user de même par la suite. Je souhaite que mes ordres, à ce sujet, soient exécutés. [...] J'ai d'ailleurs toutes les attentions convenables pour les prisonniers que j'ai ; je les fais traiter comme les sujets du roi, tant blessés que malades, que ceux qui se portent bien. Assurez-en je vous prie, monsieur Warren.

L'inexpugnable forteresse se rend

Le 25 juin, au bout de presque sept semaines de siège, les Anglais décident de frapper le grand coup. Warren vient de déclarer qu'il « aimerait mieux laisser sa vie à Louisbourg que de ne pas réussir à prendre la ville ». Bombes et boulets de canon continuent à pleuvoir sur la forteresse dont les réserves en poudre ne sont plus que de 47 barils. Louisbourg dispose encore de 455 soldats et de 800 habitants, matelots et pêcheurs « servant pour la milice ». Tous ou presque se rendent compte que, tôt ou tard, il faudra se rendre aux Anglais. Le 26, Duchambon convoque un conseil de guerre. Ce dernier, « ayant le tout mûrement examiné et considéré, ainsi que la requête présentée le jour d'hier à mondit sieur

Duchambon par les habitants de cette ville, tendante, vu les forces considérables de l'ennemi, à demander à capituler; ledit conseil de guerre a délibéré sur le parti à prendre, soit pour tenir plus longtemps ou pour capituler suivant les avis et ainsi qu'il suit».

La suite se trouve dans une lettre de Duchambon à Warren et Pepperrell et qui précise: «Voulant faire cesser les actes d'hostilités et arrêter l'effusion du sang de part et d'autre, je vous envoie un officier de notre garnison pour vous remettre la présente aux fins de vous demander une suspension d'armes qu'il me sera nécessaire pour vous faire les propositions aux conditions desquelles je me déterminerai à vous remettre la place que le roi, mon maître, m'a confiée.»

À huit heures et demie du soir, le même jour, Warren et Pepperrell acceptent de suspendre les armes jusqu'à huit heures le lendemain matin et révèlent que la proposition de Duchambon arrive au moment même où ils s'apprêtaient à déclencher une attaque générale contre Louisbourg.

Selon les termes de la capitulation, tous les sujets du roi de France qui se trouvent à Louisbourg et dans les territoires adjacents conserveront leurs biens mobiliers et auront la liberté «de se transporter avec leursdits effets dans telle partie de la domination du roi de France en Europe qu'ils jugeront convenable». Le texte stipule aussi «que si quelques personnes de la ville ou de la garnison souhaiteraient n'être point aperçues par les Anglais, il leur serait permis de sortir masquées; que les troupes du roi de France, actuellement à Louisbourg, pourraient sortir de la place avec leurs armes et leurs drapeaux qui seraient alors remis aux Anglais et ne seraient rendus à ces troupes qu'après leur arrivée en France».

Le 27 juin au matin, le drapeau anglais remplace le drapeau français sur la forteresse que les Français considéraient comme inexpugnable! Les vainqueurs tirent du canon et crient trois hourras pour saluer leur victoire. À deux heures de l'après-midi, la flotte commandée par Warren entre dans le port de Louisbourg. Deux heures plus tard, l'armée de terre anglaise pénètre dans la ville par la porte du côté sud. L'armée française la salue «avec toute la décence et le décorum» imaginables.

Les navires anglais ne sont pas en nombre suffisant pour évacuer toute la population de l'île Royale. Des ordres ont été donnés aux soldats anglais de respecter la population, mais plusieurs habitants se plaignent de vol. Le 11 juillet, Duchambon et Bigot font part à Warren et Pepperrell des doléances de la population qui, tous les jours, essuie les insultes «des troupes de Boston qui entrent chez eux, étant armés, pour les voler».

Au mois d'août, la plupart des officiers et soldats sont arrivés au port de Rochefort, en France. Le ministre Maurepas ordonne alors de faire enquête sur les mutins du mois de décembre précédent. Cinq sont condamnés à mort: un meurt en prison, un autre s'évade, deux sont pendus et le dernier est décapité. Au mois de janvier 1746, cinq autres soldats suisses sont pendus et deux autres sont condamnés à vivre le reste de leurs jours sur les galères royales.

Lorsqu'arrive à Boston la nouvelle de la chute de Louisbourg, c'est la réjouissance générale et les cloches battent à toute volée. Pepperrell est nommé baronet et Warren accède au grade de contre-amiral avant de devenir gouverneur du Cap-Breton, le 1er septembre 1745. Avec Pepperrell, il assure la direction de l'île Royale. Ils doivent faire face à un soulèvement des miliciens coloniaux qui protestent contre une solde trop mince. Au cours de l'hiver et du printemps suivants, le scorbut, la fièvre maligne et la dysenterie font, selon Byron Fairchild, de 1200 à 2000 victimes.

La contre-attaque se prépare

À Québec, la population ne souhaite qu'une chose : reconquérir Louisbourg. L'ingénieur Chaussegros de Léry écrit au ministre, le 9 novembre 1745 : « La prise de Louisbourg intéresse toute la marine et met cette colonie en danger de tomber entre les mains des Anglais. Vous en connaissez, monseigneur, les conséquences mieux que moi. Nous espérons qu'elle ne sera pas longtemps entre les mains des ennemis et que l'été prochain elle sera à son premier maître. [...] Tout le pays espère que le roi ne laissera pas cette place aux Anglais. »

Lorsqu'il prend connaissance de la missive, Maurepas a déjà pris sa décision. Jean-Baptiste-Louis-Frédéric de La Rochefoucauld de Roye, duc d'Anville, dirigera une escadre dont la mission sera « de tenter de reprendre la citadelle, d'entreprendre les opérations contre les établissements anglais d'Acadie et de Terre-Neuve ». Les autorités françaises croient qu'il sera facile de chasser les Anglais de l'Acadie, car « les habitants sont tous de familles françaises qui y sont restées depuis la cession faite de ce pays-là à l'Angleterre par le traité d'Utrecht et [...] ils n'ont jamais cessé de désirer de rentrer sous la domination de Sa Majesté ».

L'auteur du *Mémoire du roi* est prudent : on pourra déporter les Acadiens infidèles. « S'il y en a sur la fidélité desquels il juge qu'on ne puisse pas compter, écrit-il, il les fera sortir de la colonie et les enverra soit à la vieille Angleterre, soit dans quelqu'une des colonies de cette nation suivant les facilités qu'il pourra avoir pour cela ; et, à l'égard des habitants qui devront rester, il en prendra le serment de fidélité à Sa Majesté, ou s'il n'en a pas le temps, il donnera les ordres pour le leur faire prêter entre les mains du commandant qu'il laissera dans la colonie. »

À Rochefort et à Brest, on regroupe les vivres et les munitions. Tout se passe dans le plus grand secret, car on se méfie des espions à la solde de l'Angleterre. Bigot, entre autres, s'occupe d'achat de vivres. À la mi-mai, la flotte est prête à partir, mais des vents contraires l'en empêchent. L'inquiétude gagne les responsables de l'expédition qui craignent qu'en raison de la saison avancée il ne soit trop tard pour réussir l'attaque de Louisbourg. Enfin, à quatre heures du matin, le 22 juin, l'escadre française lève l'ancre. Elle se compose de « 10 vaisseaux de ligne, 3 frégates, 2 corvettes, 2 flûtes, 2 brûlots, 1 navire-hôpital, 15 transports de troupes et 19 transports de vivres, outre 18 bâtiments qui profitèrent de cette puissante escorte jusqu'au cap Finisterre ». Sept mille personnes ont été réparties sur les 72 voiles.

La malchance s'acharne

Vents contraires et absence de vent se succèdent, retardant ainsi l'avance des vaisseaux. La maladie fait son apparition et, à cause des nombreux délais, il faut rationner les vivres. Le 13 septembre, alors que les navires approchent de la côte acadienne, une violente tempête, suivie d'une forte brume, frappe l'escadre et la disperse. Plusieurs bâtiments arrivent par la suite un à un dans la baie de Chibouctou, lieu fixé comme point de rencontre. Les vivres manquent. Bigot adresse à l'abbé Jean-Louis Le Loutre une lettre demandant « de lui faire trouver une cinquantaine de bœufs au moins, pour les besoins de l'escadre et dont il payera le prix comptant ».

Dans cette même lettre du 21 septembre, il prie aussi l'abbé de se rendre à Chibouctou et « de faire avertir les habitants de l'Acadie qui auront des billets de fournitures faites au détachement de Français et Sauvages qui y ont séjourné, d'envoyer lesdits billets à Chibouctou où il en payera comptant».

Le nombre de malades augmente continuellement. *L'Ardent*, à lui seul, dénombre 50 morts et 400 malades. On établit à terre un hôpital temporaire. Et le temps passe à attendre les navires de Conflans qui manquent toujours à l'appel. Le 25 septembre, le commandant de la flotte, le duc d'Anville, est gravement malade; il présente les symptômes du scorbut et de l'hydropisie. Il meurt deux jours plus tard.

Le jour même de la mort du duc d'Anville, Constantin-Louis d'Estourmel, commandant du *Trident*, arrive dans la baie de Chibouctou. Deux jours plus tard, un conseil de guerre le désigne comme chef d'escadre. L'officier, qui n'avait pas dormi depuis dix-sept jours, semble écrasé par la nomination. Au cours de la nuit du 30, il est saisi d'une fièvre ardente qui dégénère en délire. Il voit des ennemis partout, si bien qu'il saisit son épée et tente de se suicider. Le 1er octobre, il remet sa démission et Jacques-Pierre de Taffanel de La Jonquière hérite du commandement. Ce dernier, qui avait été nommé gouverneur général de la Nouvelle-France le 19 mars précédent, ne songe plus à attaquer Louisbourg. La Jonquière décide de se rendre à Annapolis Royal, considérant l'endroit comme une prise facile, avec le peu de combattants qui lui reste, car quatorze navires ont dû être transformés en hôpital pour les malades. Le 24 octobre, la flotte lève l'ancre, mais des vents contraires en retardent la marche. Trois jours plus tard, La Jonquière donne l'ordre de retourner en France. Selon un relevé en date du 15 du même mois, sur un effectif total de 7006 matelots et soldats, 587 sont morts et 2274 sont malades. Par ailleurs, le commandant de la

Renommée, Guy-François de Coëtnempren de Kersaint, évalue à 3000 les pertes de vie.

> L'expédition fut un échec total, qui s'explique par plusieurs raisons dont la malchance n'était pas la moindre, affirme l'archiviste Étienne Taillemite. Cet échec souligna cruellement la faiblesse de la marine française et par conséquent les difficultés auxquelles on se heurtait pour venir au secours des colonies françaises d'Amérique du Nord. Tout cela était la conséquence logique de l'état d'abandon dans lequel on avait laissé la marine française depuis la mort de Louis XIV : les navires étaient en nombre insuffisant et les officiers ainsi que les hommes d'équipage, ne naviguant presque plus depuis des années, manquaient d'entraînement.

Au cœur de la colonie

La vallée du Saint-Laurent vit dans la hantise d'une nouvelle invasion anglaise. Au mois de décembre 1745, la rumeur court que les miliciens de la Nouvelle-Angleterre veulent attaquer le fort Saint-Frédéric. Deux corps expéditionnaires quittent Montréal pour renforcer la garnison du fort. À la mi-mars 1746, Jean-Baptiste Boucher de Niverville commande un groupe de Canadiens et d'Abénaquis pour aller faire la petite guerre dans la région de Boston. Il revient avec des prisonniers et des « chevelures ». Le 29 du même mois, « est parti un parti de Sauvages Iroquois du lac des Deux-Montagnes de 14 guerriers qui ont été dans la contrée d'Orange et sont revenus avec des prisonniers et des chevelures ».

L'ouverture de la navigation fait appréhender la venue d'une flotte anglaise. Au mois d'avril 1746, on établit des feux de signaux de Lévis à Rimouski. On donne aussi l'ordre aux capitaines des côtes « de faire faire des cabanes dans le bois pour faire mettre les familles en sûreté et de faire rendre les habitants à

Québec, en cas d'approche d'une flotte ennemie». Les capitaines de l'île d'Orléans doivent «au premier avis qu'ils auront de l'approche de l'ennemi de faire passer leurs familles et leurs bestiaux avec le plus de vivres qu'ils pourront à la côte du nord et de se rendre ensuite à Québec pour contribuer à la conservation de la ville».

Le gouverneur prend les mesures pour faire lever 600 hommes. Iroquois, Abénaquis et Népissingues multiplient les raids et accumulent les scalps. Des prisonniers anglais révèlent que Boston se fortifie dans la crainte de la venue d'une flotte française. Les rumeurs de toutes sortes se multiplient. Le 23 juillet, un prisonnier anglais révèle que quinze vaisseaux de guerre et de nombreux corsaires s'apprêtent à venir attaquer Québec.

Le 12 août, au château Saint-Louis, à Québec, se tient une grande réunion regroupant les «principaux officiers de la colonie, tant militaires que civils et des habitants de Québec». Il s'agit de décider s'il faut ou non continuer à fortifier la ville, car le ministre Maurepas vient d'avertir les autorités de la colonie que les frais de construction seront à la charge des habitants. Après d'âpres discussions, il est décidé de continuer les travaux de fortification.

Le nombre des prisonniers anglais retenus dans la colonie atteint 250 au début d'octobre 1746. Beauharnois et Hocquart comptent renvoyer en France «ceux qui sont de l'ancienne Angleterre et encore ceux de la Nouvelle qui sont garçons pour être échangés».

Il faut fortifier la colonie

Le 17 septembre 1747 arrive à Québec le nouveau gouverneur général, Roland-Michel Barrin de La Galissonière. Il se rend compte que la colonie a besoin de plus d'argent pour pouvoir résister à l'ennemi. Il affirme le 7 novembre :

> La guerre ne se fait nulle part sans dépense. Je suis à plaindre d'être envoyé dans un pays rempli de braves gens que je ne puis laisser agir. Le roi l'est davantage si on le détourne d'y donner les secours nécessaires et que vous [Maurepas] avez sans doute demandés. [...] L'inaction n'épargnera rien. Si nous n'attaquons pas, on nous attaquera et la dépense de la défensive excèdera celle de l'offensive. Les Sauvages oisifs coûtent plus que ceux qu'on emploie. Les petites incursions où nous nous réduisons irritent l'ennemi sans l'affaiblir. Notre fort est d'attaquer. Si on nous attaque, nous serons abandonnés et peut-être trahis par nos plus affidés Sauvages. Boston se flatte d'un grand armement dans la vieille Angleterre. Mettez-nous en état de porter la guerre chez l'ennemi : c'est le seul moyen de n'avoir rien à craindre ici.

Maurepas recommande les plus grandes mesures d'économie. Mais la colonie doit vivre et se fortifier. La Galissonière charge Chaussegros de Léry, à la fin de mars 1748, de se rendre à Saint-Jean, sur le Richelieu, pour diriger les travaux de construction d'un nouveau fort, dans le but de mieux protéger le fort Saint-Frédéric et d'assurer la surveillance d'une partie de la rivière. Il faut, précise le gouverneur, que le fort en pieux coûte le moins cher possible. La maladie et la mauvaise volonté des ouvriers nuisent aux travaux qui, pourtant, avancent rapidement. L'intendant Bigot accuse l'officier de Léry de malversation dans l'administration des voyages de terre, accusation que réfute le gouverneur.

Même si, à la fin du mois d'avril 1748, les métropoles décident de suspendre les armes, la guerre ne continue pas moins en Amérique où l'on ignore cette nouvelle. Ainsi, le 26 juin, « le parti commandé par le sieur Villiers de Jumonville est de retour à Montréal avec cinq chevelures anglaises; il n'a pas eu le temps d'enlever celles de 9 à 10 Anglais pareillement tués; il a frappé contre trois forts sur un parti ennemi qui a fait bonne résistance; deux de nos Iroquois ont été tués ainsi que le sieur Hertel le jeune».

Le 13 juillet, les navires *Le Brillant* et *L'Heureux* jettent l'ancre devant Québec. Ils amènent avec eux un petit navire anglais à bord duquel il y avait «une vingtaine de filles irlandaises ou écossaises; on les distribue chez différents particuliers où elles ont été engagées de bonne volonté». Le 2 août, les autorités de la colonie apprennent la nouvelle de la suspension d'armes. Dès le lendemain, «on expédie un courrier pour Montréal pour informer de cette suspension, ordre d'avertir toutes les nations de ne plus aller en guerre dans la Nouvelle-Angleterre, qu'on ne leur payera plus ni prisonniers ni chevelures, leur recommander néanmoins d'être toujours sur leurs gardes et de n'avoir aucune liaison avec les Anglais ni avec les Cinq-Nations. Malgré cet avertissement, nos Sauvages, particulièrement les Abénaquis domiciliés, pourront continuer leur hostilité: ils ont perdu des guerriers et n'ont pas eu encore l'occasion de se venger à leur satisfaction. Nous y tiendrons la main autant qu'il sera en notre pouvoir».

«Bête comme la paix»

La guerre de Succession d'Autriche se termine à Aix-la-Chapelle le 28 octobre 1748 par la signature d'un traité de paix aux termes duquel on retourne à la situation existant avant la déclaration de guerre. Les conquêtes sont annulées et Louisbourg doit être remis à la France. Tout le monde est insatisfait et, en France, naît l'expression «Bête comme la paix».

En Amérique du Nord, la situation est trop détériorée pour que la paix signifie la fin de l'hostilité et des revendications. Le gouverneur La Galissonière évalue la vraie situation à sa juste mesure: «Tandis que la paix paraît avoir assoupi la jalousie des Anglais en Europe, affirme-t-il, elle éclate de toute sa force en Amérique; et si on n'y oppose dès à présent des barrières capables d'en arrêter les effets, cette nation se mettra en état d'envahir entièrement les colonies françaises au commencement de la première guerre.»

Il faut, de toute urgence, préciser les frontières de l'Acadie et celles des Grands Lacs. Une commission bipartite est mise sur pied. La Galissonière et le ministre français Étienne de Silhouette représentent la France, alors que William Shirley et William Mildmay sont les commissaires anglais. Selon ces derniers, toute la région de la rivière Saint-Jean comprise entre Canseau et Gaspé est territoire anglais, «ce qui, selon La Galissonière, leur donnerait, contre tous les traités, plusieurs postes dans le golfe Saint-Laurent, mais encore les rendrait souverains de tout le pays occupé par les Abénaquis catholiques et sujets du roi, nation qui n'a jamais reconnu ni dû reconnaître leur domination et qui est la plus fidèle que nous ayons en Canada».

Si la France accepte de céder ce territoire aux Anglais, elle n'aura plus de communication par terre avec l'Acadie. «Par cet abandon, ajoute le gouverneur de la Nouvelle-France, on mettra les Acadiens au désespoir; les Anglais n'auront plus nulle raison de les ménager: ils y détruiront à leur aise la religion et n'y souffriront plus de missionnaires, enfin ils empêcheront la communication de l'Acadie avec Louisbourg dont la subsistance dépendra absolument d'eux.»

Louisbourg, forteresse française

Charles Des Herbiers de La Ralière quitte le port de Rochefort au mois de mai 1749 avec la mission de reprendre possession de Louisbourg au nom du roi de France. Le 28 juin, étant à la vue de la terre, il envoie une lettre à Peregrine Thomas Hopson, gouverneur de la place, l'avertissant de son arrivée. À midi, le lendemain, le navire français va mouiller dans le port. Les négociations commencent le même jour et se poursuivent jusqu'au 23 juillet, date de la remise officielle de la forteresse entre les mains des Français. Il faut alors remettre l'île Royale en état de défense et restaurer la pêche à la morue. Des Herbiers cherche à attirer les Acadiens sur les îles Royale et Saint-Jean. Quant aux Anglais qui occupaient Louisbourg, ils vont, pour la plupart, s'installer dans la nouvelle colonie établie dans la baie de Chibouctou devenue Halifax.

C'est là que va se modifier d'abord la politique anglaise vis-à-vis des Acadiens dont la majorité persiste à ne pas vouloir prêter le serment de fidélité au roi d'Angleterre.

L'abbé Jean-Louis Le Loutre, missionnaire auprès des Amérindiens de l'Acadie, est chargé par le gouvernement français de maintenir la fidélité des Acadiens pour leur ancienne mère patrie. Il écrit au ministre, le 4 octobre 1749 :

> Le général Cornwallis, envoyé de la part du roi d'Angleterre pour l'établissement de Chibouctou, prétend que les Acadiens ne peuvent plus sortir de l'Acadie, que ceux qui en sortent sont et doivent être regardés comme des déserteurs et punis comme tels ; en conséquence, le général a fait défense aux Acadiens de sortir sous de graves peines. Il fait passer dans les Mines [près de Grand-Pré] 700 à 800 hommes et il fait travailler à construire un fort pour contenir et soumettre l'habitant à

> sa volonté et il y a continuellement deux bâtiments armés dans l'entrée des Mines pour empêcher les habitants d'en sortir avec leurs petites voitures. La raison de ce général est que, par le traité d'Utrecht, les Acadiens avaient un an pour délibérer et choisir de demeurer ou sortir de l'Acadie avec leurs effets mobiliers, que les Acadiens ayant choisi d'y demeurer, il ne doit plus être dans le pouvoir d'en sortir, vu que, depuis 1714, ils sont devenus sujets du roi d'Angleterre.

Selon les dires de Le Loutre, de nombreux Acadiens songeraient à émigrer dans la région de la rivière Saint-Jean s'ils sont assurés que ce territoire restera français ou si Cornwallis veut encore les forcer à prêter le serment de fidélité au roi d'Angleterre. Les Acadiens seront bientôt obligés de prendre position.

À l'ouest, du nouveau

L'Ouest, et en particulier la vallée de l'Ohio, bien que considérée comme territoire français, fait l'objet de la convoitise des habitants de la Virginie et de la Pennsylvanie qui ont déjà établi les compagnies de colonisation de l'Ohio. La Galissonière sait qu'il doit défendre ce territoire réunissant la Louisiane et le Canada. Pierre-Joseph Céloron de Blainville reçoit donc la mission d'en prendre officiellement possession au nom du roi de France et de « dresser une carte du parcours et chasser les trafiquants anglais ». L'expédition, forte de 213 hommes, quitte Montréal, le 15 juin 1749. Près de la rivière Allegheny, Céloron enfouit en terre une première plaque de plomb dont le texte revendique le territoire « comme propriété de la France. » Tout au long de sa route, il répète ce geste. D'autres plaques sont clouées à des arbres. Céloron rencontre des trafiquants anglais et leur enjoint de quitter le territoire. L'officier des troupes de la Marine constate que plusieurs tribus amérindiennes que l'on croyait sympathiques aux Français ont épousé la cause anglaise.

Après avoir parcouru la vallée de l'Ohio, l'expédition revient à Montréal, le 9 novembre. La Galissonière vient de réaliser une partie de son plan de conservation de la Nouvelle-France au sein des colonies françaises. Selon lui, il faut coloniser la région de Détroit, détruire le fort Oswego, fortifier le fort Niagara, s'emparer de la baie d'Hudson et empêcher les Anglais de déborder l'Acadie.

De nouveaux forts

La Jonquière débarque à Québec le 14 août 1749 : il vient occuper le poste de gouverneur général de la Nouvelle-France en remplacement de La Galissonière, rappelé en France. Poursuivant la politique élaborée par son prédécesseur, il décide de faire construire un fort à Toronto. Le 9 octobre, conjointement avec l'intendant Bigot, il écrit au ministre Antoine-Louis Rouillé de Jouy qui vient de succéder à Maurepas : « Les nations sauvages du Nord passent ordinairement à Toronto sur la côte ouest du lac Ontario, à vingt-cinq lieues de Niagara et à soixante lieues du fort Frontenac pour aller à Chouaguen [Oswego] porter leurs pelleteries. Il est très à propos d'établir un poste dans cet endroit et d'y envoyer un officier, quinze soldats et quelques ouvriers pour y construire un petit fort de pieux. On ne saurait prendre trop de précautions pour empêcher lesdits Sauvages de continuer leur commerce avec les Anglais ; ils trouveront dans ce poste ce dont ils pourront avoir besoin à aussi bon marché qu'à Chouaguen. »

Le 20 mai 1750, Pierre Robinau de Portneuf entreprend le voyage à Toronto où il arrive quelque temps plus tard.

Il se met immédiatement à construire un petit fort de pieux et une maison «pour mettre les effets du roi en sûreté». La traite s'avère si profitable que La Jonquière décide de faire édifier un fort plus important non loin de là. Dès l'hiver, on commence les nouveaux travaux. Le gouverneur peut écrire, le 6 octobre 1751 : «Le fort est de pièces sur pièces, tout de chêne. Il est entièrement fermé et le garde-magasin logé; les autres bâtiments ne sont point finis, la plus grande partie des ouvriers n'ayant pu travailler avec assiduité à cause des maladies qu'ils ont eues.» Avec l'accord du ministre, le fort de Toronto prend le nom de fort Rouillé.

Pendant ce temps, la région de l'Acadie doit, elle aussi, se fortifier. À la fin de 1749, on commence à bâtir un fort au fond de la baie de Fundy, non loin du village de Beaubassin. Louis de La Corne est chargé de la direction des travaux de construction. Le fort Beauséjour sera terminé l'année suivante.

Les Anglais établis à Halifax craignent cette présence française à la limite de leur territoire, et peut-être même sur leur territoire, car la commission territoriale n'a pas encore présenté ses conclusions. Le major Charles Lawrence, à la tête d'un détachement anglais, se rend à Beaubassin au début de mai 1750.

> À l'instigation de l'abbé Le Loutre, écrit l'historien Jean Bruchési, les Sauvages mettent le feu aux maisons des Acadiens qui se réfugient sur le territoire réclamé par la France. À Lawrence qui le somme de se retirer plus au nord, le chevalier de La Corne répond qu'il restera, au besoin par la force des armes, sur la rivière Mésagouèche, à Beauséjour. Et c'est Lawrence qui s'en va; mais pas pour longtemps, puisqu'au mois de septembre de l'année suivante, les Anglais reviennent à Beaubassin et y construisent, sur les ruines de l'ancien village, un fort qui prend le nom de Lawrence.

Un autre fort s'ajoute aux deux premiers : le fort Gaspareau, érigé en 1751 près de l'embouchure de la rivière du même nom, sur l'isthme de Chignecto.

À coups de lettres et de fusil

À l'autre extrémité de la colonie, la situation est tout aussi explosive. Au cours de l'année 1753, on construit trois forts dans la vallée de l'Ohio : Venango, Le Bœuf et Presqu'Île. Le commandant du fort Le Bœuf, Paul Marin de La Malgue, y meurt à la fin d'octobre de la même année. Jacques Legardeur de Saint-Pierre, nommé pour lui succéder, se rend donc à la hâte pour prendre la relève. La Virginie accepte mal cette présence militaire française sur un territoire qu'elle considère sien. Le gouverneur de cette colonie, Robert Dinwiddie, charge un jeune officier de 21 ans, George Washington, de sommer les Français de quitter la place. Ce dernier, accompagné de sept hommes, arrive au fort Le Bœuf le 11 décembre et remet à Legardeur la note du gouverneur.

Le commandant du fort accorde trois jours d'hospitalité au Virginien puis lui remet la lettre suivante à l'intention de Dinwiddie :

> Monsieur, comme j'ai l'honneur de commander ici en chef, M. Washington m'a remis la lettre que vous avez écrite au commandant des forces françaises. J'aurais souhaité que vous lui eussiez donné ordre ou qu'il eût été disposé à aller jusqu'en Canada pour y voir notre général, à qui appartiendra plus qu'à moi de mettre en évidence les droits incontestables du roi, mon maître, sur les terres situées le long de l'Ohio, et de réfuter les prétentions du roi de la Grande-Bretagne sur icelles. Je ferai passer votre lettre à M. le marquis Duquesne. Sa réponse sera ma loi et, s'il m'ordonne de vous la communiquer, vous ne devez pas douter, monsieur, que je ne vous la fasse

parvenir en diligence. Pour la réquisition que vous faites de me retirer, je ne crois pas devoir y obéir. Quelles que soient vos instructions, les miennes sont d'être ici par ordre de mon général, et je vous prie, monsieur, d'être persuadé que je tâcherai de m'y conformer avec toute l'exactitude et la résolution qu'on doit attendre d'un bon officier.

Le gouverneur Dinwiddie décide d'affirmer le droit de possession de son pays en envoyant, au mois de mars 1754, le capitaine Trent au confluent de l'Ohio et de la Monongahela pour construire un fort. Les Français, au nombre d'un millier, arrivent et chassent facilement la quarantaine de Virginiens. Claude-Pierre Pécaudy de Contrecœur ordonne la poursuite des travaux et le fort, une fois achevé, prend le nom de Duquesne.

À la fin du mois d'avril, Washington, à la tête de 120 miliciens, reprend le chemin de la vallée de l'Ohio, « pour renforcer, dit-on, Trent ». Contrecœur, mis au courant de cette marche, demande à Joseph Coulon de Villiers de Jumonville, enseigne dans les troupes de la Marine, de prendre la tête d'une trentaine d'hommes et d'aller vérifier « si Washington avait réellement envahi le territoire que la France réclamait pour sien ». L'officier est porteur d'une sommation rédigée par Contrecœur. La petite troupe quitte le fort Duquesne le 23 mai. Elle passe la nuit du 27 au 28 dans un vallon. Vers les huit heures du matin, les Virginiens attaquent le camp français sans aucun avertissement. « Washington, écrit l'historien W. J. Eccles, donna l'ordre de tirer. Les Canadiens qui réussirent à échapper à la rafale se jetèrent sur leurs armes mais ils furent rapidement réduits à l'impuissance. Les Français soutinrent par la suite que Jumonville fut abattu pendant qu'il signifiait sa mise en demeure officielle. Dix Canadiens furent tués, un fut blessé et les autres, à l'exception d'un nommé

Monceau, faits prisonniers. Washington et ses hommes se retirèrent, abandonnant aux loups les cadavres de leurs victimes. » À part Jumonville, les Canadiens qui trouvent la mort sont : Deroussel et Caron, de Québec ; Charles Bois, de Pointe-Claire ; Jérôme, de Laprairie ; L'Enfant, de Montréal ; Paris, de Mille-Isles ; Languedoc, de Boucherville ; Martin, de Boucherville, et LaBatterie, tambour.

Quelques jours après l'attaque, Washington et ses hommes commencent à construire un petit fort avec palissade auquel il donne le nom de Necessity. Le 26 juin, arrive au fort Duquesne Louis Coulon de Villiers, le frère de Jumonville. Contrecœur avait déjà mis sur pied un corps expéditionnaire de 500 hommes dont il avait confié la direction à François-Marc-Antoine Le Mercier. Coulon de Villiers note dans son journal : « Comme j'étais l'ancien de cet officier, que je commandais les Nations et que mon frère avait été assassiné, M. de Contrecœur m'honora de ce commandement. »

Le lendemain, les principaux officiers du fort se réunissent pour préciser la bonne marche de l'entreprise. Le résultat de cette conférence est ainsi résumé : « Qu'il était convenable de marcher avec le plus de Sauvages et de Français qu'il serait possible pour aller à la rencontre des Anglais pour nous venger et les châtier d'avoir violé les lois les plus sacrées des nations policées ; que l'action qu'ils ont faite mérite de n'avoir nul égard à la dernière paix [...] »

Les 600 Français et Canadiens, accompagnés d'une centaine d'Amérindiens, se mettent en marche, le 28 juin, vers les dix heures du matin. « Le 1er juillet, note Coulon de Villiers, nous fîmes mettre nos pirogues en sûreté ; nous arrangeâmes nos effets et tout ce dont nous pouvions nous passer. Dans le hangar [près de la Monongahela], j'y laissai un bon sergent avec vingt hommes et quelques soldats malades; on donna de la munition et on se mit en marche vers les onze heures. Nous trouvâmes des chemins si pénibles que, dès la première pause, l'aumônier n'était pas en état de continuer le voyage. Il nous donna l'absolution générale et retourna au hangar. Nous aperçûmes des pistes, ce qui nous fit suspecter d'être découverts.»

Le 3 juillet, Coulon de Villiers arrive à l'endroit où son frère a été assassiné et il voit encore des cadavres. Les Virginiens découvrent les troupes françaises et se préparent à les attaquer. La présence d'Amérindiens aux côtés des Français et le cri de guerre que les deux groupes lancent en même temps impressionnent les Anglais qui se replient «dans un retranchement qui tenait à leur fort».

> Le feu des ennemis, raconte le commandant français, se ralluma vers les six heures du soir avec plus de vigueur que jamais et dura jusqu'à huit heures; comme nous avions essuyé toute la journée la pluie, que le détachement était très fatigué, que les Sauvages me faisaient annoncer leur départ pour le lendemain et qu'on débitait entendre au loin la caisse et tirer du canon, je proposai à M. Le Mercier d'offrir aux Anglais de parler. Il fut de mon avis et nous fîmes crier que, s'ils voulaient nous parler, nous ferions cesser le feu. Ils acceptèrent la proposition. Il vint un capitaine à l'attaque où j'étais. Je détachai M. Le Mercier pour le recevoir et me rendis dans la prairie où nous leur dîmes que, n'étant pas en guerre, nous voulions bien leur éviter les cruautés où ils s'exposaient de la part des Sauvages, s'ils s'obstinaient à une résistance plus opiniâtre; que, dès cette nuit, nous leur ôterions toute espérance de pouvoir s'évader, que nous consentions maintenant à leur faire grâce, n'étant venus que pour venger l'assassinat qu'ils avaient fait de mon frère en violant les lois les plus sacrées et les obliger à déguerpir de dessus les terres du domaine du roi.

À huit heures du soir, le même jour, George Washington, le futur président des États-Unis d'Amérique, signe la capitulation dans laquelle il reconnaît être responsable de l'assassinat de Jumonville, ce qu'il réfutera par la suite. Le préambule, qui fait partie intégrante du texte, précise que le but poursuivi par Coulon de Villiers et ses hommes était « seulement de venger l'assassinat qui a été fait sur un de nos officiers porteur d'une sommation et sur son escorte, comme aussi d'empêcher aucun établissement sur les terres du domaine du roi, mon maître ».

Les sept articles de la capitulation accordent aux Virginiens le droit de se retirer dans leur pays, d'emporter leurs effets à l'exception de l'artillerie et des munitions de guerre et d'avoir les honneurs de la guerre. De plus, ils laisseront deux otages entre les mains des Français jusqu'à la remise en liberté des prisonniers faits lors du coup contre Jumonville. Enfin, ils pourront laisser une partie de leurs bagages jusqu'à ce qu'ils puissent venir les chercher plus tard, « aux conditions qu'ils donneront paroles d'honneur de ne plus travailler à aucun établissement dans ce lieu-ci ni en-deçà de la hauteur des terres pendant une année à compter de ce jour ».

Le 4 juillet 1754, un détachement de Français et de Canadiens prend possession du fort Necessity. « La garnison défila, écrit Coulon de Villiers dans son journal, et le nombre de leurs morts et de leurs blessés m'excita à la pitié, malgré le ressentiment que j'avais de la façon dont ils avaient fait périr mon frère. Nos Sauvages qui avaient en tout adhéré à mes volontés prétendirent au pillage. Je m'y opposai, mais les Anglais, encore pétris d'effroi, prirent la fuite et laissèrent jusqu'à leur pavillon et un de leurs drapeaux. Je démolis leur fort et M. Le Mercier fit casser leurs canons, ainsi que celui qui était accordé par la capitulation, les Anglais n'ayant pu l'emporter. »

La défaite du fort Necessity a un grand retentissement dans la presse de la Nouvelle-Angleterre. *The New York Mercury*, dans son édition du 5 août, rapporte les propos du gouverneur du Maryland : « Les intentions des Français doivent maintenant être bien claires aux yeux de chacun de nous. » L'affaire Jumonville n'a pas fini de diviser les historiens et à juste titre. D'une part, il y a le personnage que devient Washington et de l'autre, le grand nombre de témoignages recueillis par la suite.

Maintenant, puisque chacun est à sa place, la vraie guerre peut commencer !

La déportation

En Nouvelle-Angleterre, on respire l'odeur de la poudre. Les plans de conquête et les appels aux armes se multiplient. James Glen, gouverneur de la Caroline du Sud, fait écho à l'état d'esprit qui règne dans les colonies anglaises dans un discours prononcé le 11 janvier 1755. «Nous préparer à la guerre, déclare-t-il, c'est le moyen le plus efficace de conserver la paix.»

Le major-général Edward Braddock, récemment nommé généralissime britannique en Amérique, débarque à Hampton, en Virginie, au mois de février, à la tête de deux régiments venus se joindre aux autres soldats et miliciens des colonies. À la mi-avril, à la suite d'une réunion regroupant tous les gouverneurs des colonies, le plan de conquête de la Nouvelle-France se précise: Braddock doit s'emparer du fort Duquesne et de la vallée de l'Ohio; William Shirley, le gouverneur du Massachusetts, attaquera le fort Niagara, alors que le superintendant des Affaires indiennes William Johnson, à la tête de miliciens et d'Amérindiens, délogera les Français du fort Saint-Frédéric, ouvrant ainsi le chemin à une invasion qui s'effectuera par la vallée du Richelieu. Charles Lawrence, gouverneur de la Nouvelle-Écosse, avec l'appui de renforts venant de la Nouvelle-Angleterre, chassera les garnisons des forts Beauséjour et Gaspareau. Pendant ce temps, en France, on prépare l'envoi en Nouvelle-France de 3 000 hommes placés sous la direction de Jean-Armand Dieskau agissant comme «commandant des troupes régulières françaises au Canada».

Tous ces projets et ces préparatifs s'élaborent alors que la paix existe toujours entre la France et l'Angleterre. Cette dernière justifie ses prises de position en faisant valoir qu'elle veut tout simplement chasser les Français établis sur des territoires appartenant au roi de la Grande-Bretagne.

Malgré la disproportion numérique qui existe entre les colonies anglaises et les colonies françaises en Amérique du Nord, le sort de la Nouvelle-France est loin d'être réglé. Avec ses 85000 habitants, elle en impose toujours aux 1500000 de la Nouvelle-Angleterre!

Une première attaque

Le colonel Robert Monckton quitte le port de Boston, le 19 mai 1755, ayant pour mission de s'emparer des forts Beauséjour et Gaspareau. À la trentaine de voiles qu'il commande s'en ajoutent une dizaine d'autres qui le rejoignent à Halifax. Le 2 juin à cinq heures du matin, les habitants du fort Beauséjour apprennent par un habitant du Cap-Maringouin l'arrivée de la petite flotte. Le commandant du fort français, Louis Du Pont Duchambon de Vergor, envoie des courriers à Québec, à Louisbourg, à l'île Saint-Jean, dans la région de la rivière Saint-Jean et dans les villages avoisinants demander du secours. Il donne ordre aux habitants des alentours «de prendre les armes et de faire feu sur les Anglais au moment qu'ils tenteraient de passer sur les terres du roi ou d'attaquer le fort».

Deux jours après l'arrivée des assaillants, l'officier Alexander Murray, cantonné au fort Edward, donne aux Acadiens l'ordre de remettre entre ses mains pistolets et fusils; il fait également saisir les canots et les embarcations. Des habitants des Mines, de Piziquid et de la Rivière-aux-Canards signent, le 10 juin, une pétition au gouverneur Lawrence dans laquelle ils font valoir les embarras que leur cause une telle décision.

> Sous prétexte, écrivent-ils, que nous transportons notre blé à la pointe de Beauséjour et à la Rivière Saint-Jean, il ne nous est plus permis de faire le moindre transport de blé par eau d'un endroit à un autre; nous supplions votre Excellence de croire que nous n'avons jamais transporté aucune provision de vivre ni à la pointe ni à la Rivière Saint-Jean. [...] Quant à nous, monseigneur, nous n'avons jamais délinqué sur ces sortes de matières; par conséquent, nous devrions, ce qui nous semble, ne pas être punis; au contraire, nous espérons qu'il plaira à son Excellence nous rendre la même liberté que nous avions ci-devant en nous rendant l'usage de nos canots...
>
> Les pétitionnaires insistent ensuite sur les dangers qu'ils devront affronter sans leurs armes.
>
> De plus, ajoutent-ils, nos fusils, que nous regardons comme nos propres meubles, nous ont été enlevés, malgré qu'ils nous sont d'une dernière nécessité, soit pour défendre nos bestiaux qui sont attaqués par les bêtes sauvages, soit pour la conservation de nos enfants et de nous-mêmes; tel habitant qui a ses bœufs dans les bois et qui en a besoin pour ses travaux n'oserait s'exposer à aller les chercher sans être en état de se défendre et de se conserver. Il est certain, monseigneur, que depuis que les Sauvages ne fréquentent plus nos quartiers, les bêtes féroces ont extrêmement augmenté et que nos bestiaux en sont dévorés presque tous les jours. D'ailleurs les armes que l'on nous enlève sont un faible garant de notre fidélité. Ce n'est pas ce fusil que possède un habitant qui le portera à la révolte, ni la privation de ce même fusil qui le rendra plus fidèle, mais sa conscience seule le doit engager à maintenir son serment.

Les Acadiens font enfin valoir un dernier argument pour tenter de convaincre les autorités anglaises de ne pas les désarmer : s'ils remettent leurs fusils, les Amérindiens qui ont épousé la cause française les accuseront de fournir des armes à leurs ennemis pour les tuer, alors, disent-ils, « les Sauvages peuvent venir nous menacer et nous saccager ».

Pendant ce temps, les soldats et miliciens anglais, au nombre d'environ 2250, assiègent le fort Beauséjour. Les Français ne peuvent compter que sur l'appui de 220 Acadiens. « On envoya M. de Boucherville avec huit habitants pour faire venir ceux qui étaient dans leurs maisons. Il revint au fort seulement avec deux hommes et rendit compte au commandant que les habitants, qu'il avait été chercher, n'avaient pas voulu venir ; qu'ils avaient mis les armes bas et jeté leurs munitions, disant qu'ils ne voulaient pas courir le risque d'être pendus, comme les Anglais les en avaient menacés s'ils prenaient les armes contre eux et, à la réserve de quelques bons sujets qui demeurèrent sur les ouvrages, tout le reste disparut comme fumée. »

Le missionnaire Jean-Louis Le Loutre excite « les habitants au travail et les Sauvages à inquiéter les ennemis et à tâcher de faire quelques prisonniers ».

Le 13 juin, les assiégeants commencent à tirer des bombes de sept ou huit pouces. Le lendemain, Vergor apprend que Louisbourg ne peut lui faire parvenir aucun secours. Le 15, la situation se détériore. Un soldat que l'on venait de faire sortir de prison où il séjournait pour viol déserte.

> Les Acadiens ne s'occupaient plus qu'à prendre des précautions pour se garantir des bombes et se fourrer dans les casemates, quoiqu'il n'y en eût qu'un des leurs tué dans cette journée. Cela occasionna du tumulte parmi eux, note l'officier Louis-Thomas Jacau de

> Fiedmont. Les principaux et les plus considérés portèrent la parole pour tous les autres et représentèrent que, puisqu'ils n'avaient point d'espoir de secours, il n'y avait plus moyen de résister à tant de forces, et qu'ils ne voulaient pas se sacrifier inutilement.

Le 16 juin, à la suite d'un bombardement violent qui tue quatre ou six personnes, dont le prisonnier anglais Alexander May, les Acadiens supplient le commandant du fort de capituler. Si Vergor ne se rend pas à leur demande, «ils ne respecteraient plus la garnison dont ils ne craignaient point les menaces, [...] ils tourneraient leurs armes contre les officiers et les troupes et livreraient le fort aux Anglais».

Face à une telle détérioration de la situation, un officier français se rend au camp anglais pour négocier les termes d'une capitulation. Les officiers anglais acceptent les conditions suivantes: la garnison a droit aux honneurs de guerre et sera envoyée à Louisbourg; elle s'engage à ne pas servir en Amérique pour une durée de six mois. Enfin, les Acadiens «comme ils ont été forcés de prendre les armes sous peine de vie, [...] seront pardonnés pour le parti qu'ils viennent de prendre».

Monckton offre au commandant du fort Gaspareau, Benjamin Rouer de Villeray, de se rendre aux mêmes conditions que celles acceptées au fort Beauséjour. L'officier français capitule le 17 juin, sans combattre et sans détruire son fort, ce qui le conduira devant un conseil de guerre au mois d'octobre 1757. Tout comme Vergor, Villeray s'en tirera facilement.

La chasse est ouverte

Depuis quelques décennies, la présence acadienne en Nouvelle-Écosse pose des problèmes aux autorités coloniales. En 1729-1730, plusieurs Acadiens de la rivière Annapolis, des Mines, de Piziquid et du district de Beaubassin ont prêté le serment suivant : « Je promets et jure sincèrement en foi de chrétien que je serai entièrement fidèle et obéirai vraiment à Sa Majesté le roi George le Second, que je reconnais pour le souverain seigneur de la Nouvelle-Écosse ou de l'Acadie. »

Par contre, des centaines d'Acadiens ont refusé de prêter les serments demandés. Ils se considèrent tous comme n'étant pas liés à la cause anglaise et ont demandé à ne pas prendre les armes contre les Français advenant une guerre. Le fait de ne pas prêter serment ou de le faire avec des réserves « inhabituelles » a pour conséquence que les Acadiens ne sont pas considérés comme sujets britanniques. Les lords du Commerce de Londres, dans une lettre au gouverneur Lawrence, le 4 avril 1754, sont clairs sur cette question. « En loi, de par le traité d'Utrecht et de par les instructions de Sa Majesté, écrivent-ils, ils n'ont en fait aucun droit sur leurs propriétés qu'à la condition de prêter un serment d'allégeance absolue et sans aucune réserve que ce soit. » La question de la propriété des terres est importante, puisque les Acadiens occupent les sols les plus producteurs et qu'ils acheminent bien peu de leurs produits vers les marchés anglais.

Comme quelques centaines d'Acadiens ont combattu aux côtés des Français au fort Beauséjour, Lawrence décide de régler leur sort. Puisque la guerre est inévitable, il est convaincu que, non seulement il ne peut compter sur l'appui des Acadiens, mais surtout que ces derniers risquent de prêter à nouveau main-forte aux Français et aux Canadiens. Le 28 juin, le gouverneur écrit aux lords du Commerce qu'il a donné ordre à Monckton de chasser les Acadiens « du pays ». Le 3 juillet, Lawrence rencontre des délégués du bassin des Mines. Il leur lance un ultimatum : prêter un serment inconditionnel ou subir les conséquences de leur refus. Les députés acadiens se disent prêts à prononcer le serment demandé à la condition de n'être pas obligés de prendre les armes contre les Français. Ils sont alors emprisonnés sur l'île George, non loin d'Halifax. Lorsqu'ils seront prêts, une dizaine de jours plus tard, à se soumettre au désir du gouverneur, ce dernier leur fait savoir qu'il est trop tard!

C'est légal!

Le 28 juillet 1755, le juge en chef de la Nouvelle-Écosse, Jonathan Belcher, lit devant le gouverneur et les membres du Conseil son avis juridique sur la déportation des Acadiens de cette colonie.

> Je crois, dit-il, qu'il est de mon devoir de faire connaître les raisons qui me persuadent que nous ne devons pas permettre aux habitants français de prêter le serment ni les tolérer dans la province. 1° Depuis le traité d'Utrecht jusqu'à cette date, ils se sont conduits comme des rebelles envers Sa Majesté dont ils sont devenus les sujets par la cession de la province. En outre, en vertu du traité, ils devinrent des habitants de ladite province. 2° Pour ces raisons, les tolérer dans cette province serait contraire à la lettre et à l'esprit des instructions de Sa Majesté au gouverneur Cornwallis et, à mon humble avis, encourrait le déplaisir de la Couronne et du Parlement, et de plus, 3° cela rendrait stériles les résultats qu'on attendait de l'expédition de Beauséjour; 4° et entraverait d'une manière déplorable le progrès de la colonisation et empêcherait la réalisation des projets que la Grande-Bretagne avait en vue lorsqu'elle a fait des dépenses considérables dans cette province. 5° Lorsque ces habitants auront de nouveau recours à la perfidie et à la trahison, procédés dont ils se serviront certainement et avec plus de haine que par le passé, la province, après

> le départ de la flotte et des troupes, se trouvera dans l'impossibilité de les chasser de leurs possessions.

Le juge Belcher analyse ensuite, une à une, les cinq raisons qui, selon lui, justifient la déportation. Il rappelle qu'en 1749 le gouverneur Edward Cornwallis avait reçu instruction de faire prêter aux Acadiens un serment inconditionnel. « Cette instruction, précise-t-il, fut transmise à une époque où le gouvernement n'était pas assez puissant pour affirmer ses droits contre les habitants français qui encouraient la confiscation de leurs biens. »

Selon les évaluations du juriste, la population de la Nouvelle-Écosse est de 13 000 habitants, dont 5 000 Anglais, soit une supériorité de 3 000 pour les Acadiens. « Ces chiffres ne sont pas exacts, affirme l'historien Guy Frégault, mais la proportion de l'un à l'autre semble exprimer assez bien l'écart qui existe entre les deux populations. »

« Une telle supériorité du côté de ceux qui ont juré de ne pas devenir sujets du roi, conclut Belcher, est propre à inquiéter les colons actuels et à décourager ceux qui auraient l'intention de venir s'établir dans cette province, car il est bien connu que, s'ils prêtent serment, ils ne se croiront pas engagés après en avoir obtenu dispense. »

Les derniers mots du juge en chef de la Nouvelle-Écosse scellent le sort des Acadiens : « À ces causes, je crois que ces raisons et la nécessité impérieuse – qui est la loi du moment – de protéger les intérêts de Sa Majesté dans la province, m'obligent à conseiller humblement la déportation de tous les habitants français. »

La séance du Conseil de la colonie tenue chez le gouverneur à Halifax, le lundi 28 juillet 1755, se termine par cette dernière décision :

> Comme il avait été décidé antécédemment d'expulser les habitants français de la province s'ils refusaient

de prêter le serment, il n'y avait plus par conséquent qu'à prendre les mesures nécessaires pour opérer leur expulsion et à décider à quels endroits les déporter. Après mûre délibération, il fut convenu à l'unanimité que, pour prévenir le retour des habitants français dans la province et les empêcher de molester les colons qui pourraient s'être établis sur leurs terres, il est urgent de les disperser dans les diverses colonies sur le continent et de noliser immédiatement un nombre de vaisseaux pour les y transporter.

Les Anglais de la Nouvelle-Écosse convoitent les terres ainsi que le bétail des Acadiens. Le 31 juillet, Lawrence écrit à Monckton :

> Afin de les empêcher de s'enfuir avec leurs bestiaux, il faudra avoir grand soin que ce projet ne transpire pas ; et le moyen le plus sûr pour cela me paraît d'avoir recours à quelque stratagème qui fera tomber les hommes, jeunes et vieux (surtout les chefs de famille) en notre pouvoir. Vous les détiendrez ensuite jusqu'à l'arrivée des transports afin qu'ils soient prêts pour l'embarquement. Une fois les hommes détenus, il n'est pas à craindre que les femmes et les enfants ne s'enfuient avec les bestiaux. Toutefois, il serait très prudent, pour prévenir leur fuite, non seulement de vous emparer de leurs chaloupes, de leurs bateaux, de leurs canots et de tous les autres vaisseaux qui vous tomberont sous la main, mais en même temps de charger des détachements de surveiller les villages et les routes. Tous leurs bestiaux et leurs céréales étant confisqués au profit de la Couronne, par suite de leur rébellion et devant être appliqués au remboursement des dépenses que le gouvernement devra faire pour les déporter de ce pays, il faudra que personne n'en fasse l'acquisition sous aucun prétexte. Tout marché de ce genre serait de nul effet, parce que, depuis l'arrêté du Conseil, les habitants français sont dépourvus de leurs titres de propriété et il ne leur sera

permis de rien emporter, à l'exception de leurs mobiliers et de l'argent qu'ils possèdent présentement.

Le Grand Dérangement

Les Acadiens de l'isthme de Chignecto où se trouvait le fort Beauséjour, que l'on accuse d'avoir trahi, « ne méritent aucune faveur » et seront les premiers à devoir s'embarquer.

Les autorités se rendent compte des problèmes qu'il y aura à regrouper toute la population acadienne. Le 8 août, Lawrence indique l'attitude à adopter. Il écrit à Monckton : « Comme il sera peut-être très difficile de s'emparer des habitants, vous devrez, autant que possible, détruire tous les villages des côtés nord et nord-ouest de l'isthme, situés aux environs du fort Beauséjour et faire tous les efforts possibles pour réduire à la famine ceux qui tenteraient de se cacher dans les bois. Il faudra prendre grand soin de sauver les animaux et la récolte sur le champ, que vous pourrez faire rentrer sans exposer vos hommes au danger ; vous devrez aussi, autant que possible, empêcher les Français fugitifs et les Sauvages d'enlever ou de détruire les bestiaux. »

La population acadienne ignore encore ce qui se trame contre elle. Le 9 août, note le lieutenant-colonel John Winslow, « les habitants de la baie Verte et des villages circonvoisins ont été sommés de comparaître pour entendre la lecture des ordres de Son Excellence le gouverneur Lawrence ; mais n'ayant pas réussi à convoquer une assemblée générale des habitants, ceux qui se sont présentés ont été renvoyés avec instruction de revenir demain matin ».

Le 10 août, un certain nombre d'Acadiens se présentent et on les retient pendant toute la nuit « sous la gueule du canon de la garnison ». Le lendemain, les habitants de Tintamare, de Wescoak, d'Olake, de la baie Verte et de Beauséjour sont rassemblés au fort Cumberland (le nouveau nom du fort Beauséjour) où ils apprennent qu'ils seront déportés.

Winslow arrive à Grand-Pré le 19 août. Il décide d'installer ses hommes près de l'église. «J'ai envoyé chercher les vieillards pour leur faire enlever les choses sacrées afin qu'elles ne soient pas souillées par les hérétiques», note-t-il ironiquement dans son journal. Il écrit à Shirley trois jours plus tard: «Nous détenons prisonniers actuellement dans les forts Lawrence et Cumberland, 400 des principaux d'entre eux; les femmes et les enfants ont la permission de rester dans leurs maisons. Il est probable que les habitants de toute la province, bien que coupables à un degré moindre que ceux de Chignectou et de la baie Verte qui ont commis des actes de violence, subiront le même sort.»

Comme on craint quelque représailles de la part des Acadiens, Winslow fait construire une palissade autour du campement militaire. Le 28 août, elle est terminée et le lieutenant-colonel se dit prêt à s'atteler à l'ouvrage: «Nous avons entrepris de nous débarrasser de l'une des plaies d'Égypte.»

Le même jour, Winslow reçoit des ordres concernant la façon de procéder pour expulser la population acadienne. Des navires en nombre suffisant pour transporter mille personnes doivent bientôt arriver de Boston. Ils transporteront les habitants dans les colonies de la Nouvelle-Angleterre.

Les soldats anglais sont autorisés à employer la manière forte, si nécessaire, lors de l'embarquement. «Si les moyens de douceur ne réussissent pas, déclare Lawrence, vous aurez recours aux mesures les plus énergiques pour les embarquer et pour enlever à ceux qui prendront la fuite toute possibilité de se mettre à l'abri, en brûlant leurs maisons et en détruisant dans le pays tout ce qui pourrait leur servir de subsistance. »

Comme on prévoit manquer d'espace sur 25 navires, Lawrence revient à la charge et il écrit à Winslow, le 11 août : « Bien qu'il soit permis aux habitants d'emporter avec eux leurs effets, il faudra cependant ne pas les laisser encombrer les vaisseaux de choses inutiles. Après avoir embarqué les habitants et leurs lits, s'il reste de l'espace pour autre chose, vous pourrez leur permettre d'emporter des objets qui ne causeront pas trop d'embarras. »

À la fin d'août, c'est le temps des récoltes. Les Acadiens ont eu le temps de couper leur blé, mais le mauvais temps les a empêchés de l'engranger. On retarde donc de quelques jours l'annonce de la déportation, le temps de mettre la récolte à l'abri !

La grande battue

À Annapolis Royal, le 31 août, le major John Handfield envoie un détachement s'emparer d'une centaine de chefs de famille et de jeunes gens, car un des transports vient d'arriver. « Tous les chefs de famille se sauvèrent dans les bois, emportant avec eux leurs literies, etc., et nos hommes n'en trouvèrent aucun dans les villages. Je désire, écrit-il à Winslow, que vous m'envoyiez aussitôt que vous pourrez en disposer un renfort de quelques hommes, afin que je puisse leur faire entendre raison. »

Le 1er septembre, les habitants de Grand-Pré commencent à s'inquiéter, car trois navires sont à l'ancre. Quelques Acadiens sont montés à bord s'informer du pourquoi de leur présence. Les capitaines répondent, comme ils en ont reçu l'ordre, « que ces transports avaient été envoyés pour l'utilité des troupes ».

Le 4 septembre, les habitants du district de Grand-Pré, de la rivière des Mines, de la rivière aux Canards et autres endroits adjacents prennent connaissance d'une sommation enjoignant aux hommes de se réunir le lendemain à l'église. Le vendredi, 5 septembre 1755, à trois heures de l'après-midi, 418 des principaux habitants de Grand-Pré sont entassés dans la petite église du village.

Winslow a fait apporter une table au centre de l'église et là, assisté de ses officiers, il fait traduire le texte de sa déclaration par René Leblanc ou François Landry :

> Messieurs, j'ai reçu de Son Excellence le gouverneur Lawrence, les instructions du roi que j'ai entre les mains. [...] Le devoir que j'ai à accomplir, quoique nécessaire, m'est très désagréable et contraire à ma nature et à mon caractère, car je sais que cela vous affligera puisque vous possédez comme moi la faculté de sentir. Mais il ne m'appartient pas de m'élever contre les ordres que j'ai reçus ; je dois m'y conformer. Ainsi, sans autre hésitation, je vais vous faire connaître les instructions et les ordres de Sa Majesté, qui sont que vos terres et vos maisons et votre bétail et vos troupeaux de toutes sortes sont confisqués au profit de la Couronne, avec tous vos autres effets, excepté votre argent et vos mobiliers, et que vous-mêmes vous devez être transportés hors de cette province. Les ordres péremptoires de Sa Majesté sont que tous les habitants français de ces districts soient déportés. [...] J'espère que, quelles que soient les parties du monde où le sort va vous jeter, vous serez des sujets fidèles et un peuple heureux et paisible. Je dois aussi vous informer que c'est le plaisir de Sa Majesté que vous soyez retenus sous la garde et la surveillance des troupes que j'ai l'honneur de commander.

Les Acadiens doivent rester prisonniers, sauf les vingt d'entre eux désignés pour aller annoncer la nouvelle de la déportation aux femmes et aux enfants. Comme tous les navires ne sont pas encore arrivés, Winslow informe ses prisonniers qu'il appartiendra à la famille de chacun de les nourrir. Les habitants de la région de Grand-Pré semblent se résigner au sort qui les attend. Quelques jeunes gens veulent s'enfuir, mais le fils de René Leblanc les en dissuade.

À Annapolis Royal, la situation semble plus tendue. Le capitaine Alexander Murray ne cache pas le sentiment de ses hommes. « Quand je pense à ceux d'Annapolis, écrit-il à Winslow le 8 septembre, je me réjouis de les avoir sommés de venir au rendez-vous. Je crains qu'il y ait des pertes de vie avant que nous ayons terminé le rassemblement ; vous savez que nos soldats les détestent et qu'ils profiteront de tout prétexte pour les tuer. »

Les Acadiens de la région du fort Edward montrent plus de docilité. « Je suis grandement surpris, note Murray, de constater l'indifférence des femmes qui sont réellement ou paraissent indifférentes à leur sort. »

L'embarquement

Après cinq jours de détention, les prisonniers de Grand-Pré commencent à s'agiter. Winslow, après avoir consulté ses officiers, ordonne de faire monter cinquante Acadiens à bord de chacun des cinq navires mouillés en rade, à commencer par les jeunes gens. Toute la garnison est appelée sous les armes « et placée derrière le presbytère, entre l'église et les deux portes de l'enceinte palissadée ». Le capitaine Adams ordonne à 141 jeunes gens de sortir des rangs des hommes placés en rangée de six.

> J'ordonnai aux prisonniers de marcher, écrit Winslow. Tous répondirent qu'ils ne partiraient pas sans leurs pères. Je leur répondis que c'était une parole que je ne comprenais pas, car l'ordre du roi était pour moi absolu

> et devait être exécuté impérieusement; que je n'aimais pas les mesures de rigueur et que le temps n'admettait pas de pourparlers ou de délais. J'ordonnai à toutes les troupes de mettre la baïonnette au canon et de s'avancer sur les Français. Je commandai moi-même aux quatre rangées de droite des prisonniers, composées de 24 hommes, de se séparer du reste; je saisis l'un d'entre eux qui empêchait les autres d'avancer et je lui ordonnai de marcher. Il obéit et les autres le suivirent, mais lentement. Ils s'avançaient en priant, en chantant et en se lamentant, et sur tout le parcours [un mille et demi], les femmes et les enfants à genoux priaient et faisaient entendre leurs lamentations. J'ordonnai ensuite à ceux qui restaient de choisir parmi eux 109 hommes mariés qui devaient être embarqués après les jeunes gens. La glace était rompue et le nombre indiqué fut rassemblé sous la surveillance du capitaine Adams.

Les vivres nécessaires pour la traversée n'arrivent toujours pas. Les officiers anglais commencent à s'impatienter. «Je suis fatigué d'entendre des lamentations», déclare Winslow, le 11 septembre. On profite des jours d'attente pour faire des razzias dans les villages avoisinants. Le 17, Winslow croit avoir en sa possession tous les habitants mâles «à l'exception de 30 vieillards invalides dont je me soucie guère de m'embarrasser avant le départ de la population». Le 19, au camp de Grand-Pré, on dénombre 2000 Acadiens prêts à partir. Les troupes ont saisi 6000 bêtes à cornes, 8000 moutons, 4000 cochons et 50 chevaux.

Après un mois d'attente, quelques Acadiens commencent à douter de leur déportation. Le 6 octobre, Winslow note dans son journal: «Suivant l'entente que j'ai eue avec mes capitaines, il a été décidé que les familles ne devaient pas être séparées et que les habitants d'un même village devaient être placés sur le même navire autant que les circonstances le permettaient. Je leur donnai ordre de se tenir prêts à embarquer avec leurs effets, etc. Malgré les dispositions que je venais de prendre à leur égard, je n'ai pu les convaincre que j'étais sérieux.»

Le lendemain, 24 jeunes gens réussissent à s'enfuir d'un navire. Ceux qui doutent encore du sort que les Anglais leur réservent doivent se rendre à l'évidence, le 8 octobre 1755.

> Nous avons commencé à embarquer les habitants qui abandonnèrent leurs domiciles à regret et malgré eux, note toujours Winslow; les femmes très affligées portaient leurs nouveau-nés dans leurs bras, d'autres traînaient dans des charrettes leurs parents infirmes et leurs effets. Ce fut une scène où la confusion se mêlait au désespoir et à la désolation. Environ 80 familles ont été mises à bord des transports des capitaines Church et Milburry. Je fis faire l'enquête la plus rigoureuse afin de savoir comment ces jeunes gens s'étaient évadés hier et, après avoir pris connaissance des faits, je constatai qu'un nommé François Hébert qui se trouvait à bord du navire et y embarquait ce jour-là ses effets en avait été l'auteur ou l'instigateur. Je le fis venir à terre et le conduisit devant sa propre maison et là, en sa présence, je fis brûler sa maison et sa grange. Je donnai ensuite avis à tous les Français que, si les fugitifs ne se rendaient pas dans l'intervalle de deux jours, tous les amis des déserteurs subiraient le même sort; que de plus je confisquerais tous leurs effets et que, si jamais ces déserteurs tombaient entre les mains des Anglais, il ne leur serait accordé aucun quartier.

Le 12, une patrouille rencontre un des déserteurs qui fuit à cheval. On tire au-dessus de sa tête, mais comme il continue sa course, «l'un de nos hommes le renversa mort d'un coup de fusil». Le lendemain, 22 déserteurs reviennent se rendre et sont embarqués de nuit sur un des navires.

À la fin d'octobre, les navires ont déjà fait voile en direction de la Nouvelle-Angleterre. Six d'entre eux arrivent à Boston, le 5 novembre. Pendant ce temps, en Nouvelle-Écosse, les soldats anglais brûlent les maisons, les granges et les moulins des Acadiens. Entre le 2 et le 7, dans la seule région du bassin des Mines, 698 bâtiments sont rasés par les flammes. La déportation des Acadiens ne se terminera qu'en 1762. Les autorités de la Nouvelle-Angleterre essaieront de se faire rembourser par le gouvernement anglais les frais encourus pour loger et nourrir les Acadiens dénués de tout. On les laissera partir pour l'Angleterre, d'où plusieurs gagneront la France puis, plus tard, la Louisiane. «Aux Canadiens que menaçaient, en ces terribles années 1755, la conquête et ses suites inévitables, conclut l'historien Guy Frégault, l'exemple acadien pouvait enseigner ce que signifie nécessairement la défaite.»

Partie nulle

Pendant qu'en 1755 les autorités anglaises déportent entre 6000 et 7000 Acadiens, les autres parties de la Nouvelle-France connaissent quelques combats importants. La France et l'Angleterre décident, au début de 1755, d'envoyer des renforts dans leurs colonies respectives. Le 4 février, Edward Boscawen est nommé vice-amiral de l'escadre bleue. Il doit se rendre avec une escadre dans les eaux nord-américaines «pour intercepter tous les renforts français qui pouvaient gêner ou compromettre la sécurité des colonies anglaises».

Le 1er mars, Jean-Armand Dieskau reçoit le commandement des troupes formant l'escadre française, composée de 18 vaisseaux et de 4 frégates. Elle quitte le port de Brest, le 3 mai 1755, après plusieurs semaines d'attente d'un vent favorable. Les équipages représentent 9450 hommes. Les six bataillons destinés à la Nouvelle-France sont ceux de La Reine, d'Artois, de Bourgogne, du Languedoc, de Guyenne et du Béarn, comptant, en tout, 3300 hommes.

Les derniers jours de mai, alors que l'escadre approche des côtes de Terre-Neuve, sont marqués par la présence d'épais bancs de brume qui compliquent la navigation. Le *Lys*, l'*Alcide* et le *Dauphin royal* se retrouvent seuls. Le 8 juin, à la pointe du jour, ils font la rencontre de navires anglais commandés par le vice-amiral Boscawen. Le commandant de l'*Alcide* fait mettre le pavillon et la flamme qu'il assure d'un coup de canon à poudre et au vent. « L'ennemi mit le sien sans l'assurer. »

> La mer était unie comme une glace et il ventait très peu, raconte le commandant Hocquart; et quoique je ne pusse douter à la manœuvre de l'ennemi qu'il ne m'attaquât, je voulus attendre qu'il commençât les hostilités. Lorsque j'étais parti d'Europe, il n'y avait point de guerre déclarée et je sentais toute la conséquence de paraître l'agresseur. J'étais sûr que l'ennemi s'en prévaudrait pour m'accuser d'avoir le premier commencé la guerre et pour me donner le tort dans toute l'Europe. Ces réflexions et ces considérations ne tardèrent pas à m'être très nuisibles.

Le *Dunkirk*, du port de 60 canons, commandé par l'amiral Howe, s'approche de l'*Alcide* « à la demi-portée de la voix ».

> Je fis donc, continue Hocquart, crier trois fois en anglais : Sommes-nous en paix ou en guerre ? On répondit : Nous n'entendons pas. La même question fut alors faite en français, même réponse. Je pris alors le porte-voix et demandai encore deux fois : Sommes-nous en paix ou en guerre ? Le capitaine me répondit lui-même par deux fois bien distinctement et en très bon français : La paix, la paix. Cependant le signal de commencer le combat

avait été [donné] quelque temps auparavant à bord de l'amiral par un pavillon rouge au petit mât de hune. Je demandai encore comment s'appelait l'amiral. On me répondit : l'amiral Boscawen. Je le connais, dis-je ; il est de mes amis. Et vous, monsieur, votre nom ? reprit-on. Hocquart, répondis-je. La conversation ne fut pas plus longue. Le temps de prononcer mon nom et l'ennemi, le mot de paix, fut immédiatement suivi de la bordée haute et basse à bout touchant avec la mousquetterie qui nous a ainsi déclaré la guerre.

Encore une fois, l'attaque a lieu en pleine paix. Les navires anglais lancent des doubles boulets ramés. L'*Alcide* est entouré de vaisseaux qui le canonnent. En peu de temps, une centaine d'hommes sont tués ou blessés. « Les manœuvres étaient hachées, les voiles criblées, le grand mât percé de deux boulets au milieu à côté l'un de l'autre ; le petit mât de hune percé et prêt à tomber, les vergues coupées, toute la mâture offensée, plusieurs canons démontés. »

L'*Alcide* doit se rendre. Quant au *Lys*, après un court combat, il fait de même. Seul le *Dauphin royal* réussit à s'échapper. À l'annonce de ce combat, Louis XV ordonne à son ambassadeur à Londres de quitter l'Angleterre. *The Maryland Gazette*, dans son édition du 17 juillet, écrit : « Ce combat inaugure sans aucun doute une guerre générale. »

Le lundi 23 juin, le reste de l'escadre de Dieskau arrive à Québec. Une quinzaine de jours auparavant, l'Hôtel-Dieu venait d'être détruit par un incendie criminel qui avait également dévasté la principale partie des casernes. Les soldats sont logés chez les habitants, sauf un bataillon qui trouve à s'abriter dans ce qui reste des casernes. Québec revêt l'aspect d'une ville militaire.

Le 10 juillet, les premières compagnies se mettent en route pour Montréal. « Les officiers auront des calèches et des chevaux avec des couvertures, les habitants n'ayant point de selles, stipule l'ordre du jour; il s'y trouvera aussi quelques charrettes pour mener le petit bagage des officiers et, s'il y en a assez, on y mettra les havresacs des soldats. On marchera à la légère; le soldat ne pourra avoir dans son havresac que deux chemises et une paire de souliers. Il portera aussi sa couverture.»

Les soldats effectuent le trajet à pied et sont logés et nourris par les habitants. La durée du voyage est fixée à 13 jours. Lors de son passage à Trois-Rivières, la première division du bataillon de Béarn cause du désordre. Pour y mettre fin, on adopte un nouvel ordre: «Il est défendu sous peine de cachot pour la première fois de boire avec les Sauvages et de leur vendre de l'eau-de-vie et, à la récidive, de passer par les verges.»

Pendant que la majeure partie des nouvelles troupes se dirige vers le fort Frontenac, la situation se corse dans la région de l'Ohio.

Le général meurt!

Edward Braddock, à la tête de 3000 soldats anglais et américains, marche vers le fort Duquesne qu'il doit détruire. Ne voulant courir aucun risque, l'officier anglais apporte avec lui une dizaine de canons de 18 livres. Il faut traîner ces lourdes pièces dans un pays sauvage. Les soldats doivent abattre des arbres, aplanir un chemin, construire des radeaux. L'armée avance à pas de tortue. Claude-Pierre Pécaudy de Contrecœur, commandant du fort Duquesne, veut absolument arrêter la marche de l'ennemi avant que ce dernier n'atteigne le fort.

Le 9 juillet 1755, à huit heures du matin, Daniel-Hyacinthe-Marie Liénard de Beaujeu, à la tête de 108 officiers et soldats des troupes réglées de la Marine, de 146 miliciens canadiens et de 637 Amérindiens, va au devant de l'armée de Braddock. Cette dernière s'avance sur un chemin allant du fort Necessity, à trois lieues du fort Duquesne, formée en une colonne. Quelques régiments de grenadiers ouvrent la marche, avec quinze hommes de front; l'artillerie occupe le centre et deux petits corps de cavalerie légère forment l'arrière. Beaujeu divise les Amérindiens en deux groupes qu'il installe de chaque côté du chemin, non loin de la rivière Monongahela. Canadiens et Amérindiens, cachés derrière les arbres, tirent continuellement sur les soldats anglais et américains. Braddock tente d'encercler les assaillants.

Beaujeu est tué à la troisième décharge et Jean-Daniel Dumas prend la relève. Braddock a cinq chevaux tués sous lui. Le combat qui débute vers les onze heures et demie du matin ne prend fin que vers les quatre à cinq heures du soir. Les pertes anglaises se chiffrent à 977 hommes tués ou blessés. «La maîtresse du général Braddock, belle comme l'Amour, habillée en amazone et montée sur un superbe cheval, a été tuée combattant à côté de son amant, malgré toute l'envie qu'on avait de la conserver», écrit l'officier Michel Le Courtois de Surlaville. Son amant lui-même a été mortellement blessé, mais les Anglais l'ont emporté. Les effets et bijoux, trouvés sur la maîtresse de Braddock, ont été estimés à 10000 livres. Parmi les prisonniers, on compte sept femmes et plusieurs autres se trouvent parmi les morts.

Le butin qui tombe aux mains des Français, des Canadiens et des Amérindiens est considérable: 21 pièces d'artillerie, 1940 cartouches à mousquet, 1700 livres de poudre, des bombes et des grenades, plusieurs chariots, 500 chevaux, 100 bœufs ou vaches et «beaucoup de moutons». Les pertes françaises sont minimes : 23 morts et 16 blessés. Mais le plus grand butin est sans nul doute les papiers de Braddock, parmi lesquels se trouve une lettre de l'espion Stobo et surtout des instructions secrètes comportant un plan d'invasion de la Nouvelle-France. Elles allumeront le feu à Versailles.

Une défaite française

La défaite anglaise à la Monongahela jette l'inquiétude dans les colonies de la Nouvelle-Angleterre. On songe à la vengeance, mais le colonel Thomas Dunbar, qui prend la succession de Braddock, ne semble pas pressé de marcher contre le fort Duquesne. Le lieutenant-gouverneur de la colonie de New York recommande d'envahir immédiatement le Canada. Il déclare le 6 août : « Nous avons, sous l'œil de Dieu, les moyens en mains. Mettons donc en œuvre avec unanimité, courage et résolution ces moyens que le Ciel nous a donnés ; servons-nous en pour défendre notre religion contre le papisme, nos personnes contre l'esclavage et nos biens contre un pouvoir arbitraire. La sécurité, l'existence même des colonies britanniques évoluent vers une crise. »

Alors que le gouverneur Vaudreuil croit que les Anglais vont attaquer les forts Frontenac et Niagara, une armée anglaise se dirige vers le fort Saint-Frédéric, dans la région du lac Champlain. Le 15 août, alors que depuis quelques jours des détachements français marchent vers le fort Saint-Frédéric, Vaudreuil signe une feuille d'instructions au baron Dieskau. Il faut empêcher les soldats du colonel William Johnson de s'emparer du fort dont la sûreté « décide en partie de cette colonie », affirme le gouverneur de la Nouvelle-France. « Pour remplir une mission essentielle, ajoute-t-il, nous avons remis à M. le baron de Dieskau une armée de 3000 hommes ou environ composée d'un bataillon de la Reine et de Languedoc, des troupes détachées de la marine, des milices de la colonie et des Sauvages de différentes nations. »

Voulant protéger une retraite possible, Johnson fait construire un fort à 14 milles du lac Saint-Sacrement qu'on rebaptise lac George. Le fort Edward, connu aussi sous le nom de fort Lydius, sera complété par un autre qu'on songe à construire sur les bords mêmes du lac, et qui, celui-là, recevra le nom de fort William-Henry.

Le 7 septembre, l'armée de Dieskau n'est plus qu'à quelques milles du fort Edward. L'ordre de la veille avait précisé : « Il est défendu de tirer, de crier dans la marche et de faire feu dans le camp de demain, attendu que nous approchons de l'ennemi et qu'il est question de le surprendre ; on partira du camp sans battre. Chacun tiendra son arme en état, mais personne ne déchargera son fusil qu'avec le tireboure. »

Les Amérindiens qui accompagnent les Canadiens et les Français refusent d'attaquer le fort Edward, par crainte du canon. Dieskau décide alors de se rendre au fort William-Henry dont la construction est peu avancée. Comme Johnson avait décidé d'envoyer du renfort au fort Edward, les deux armées se rencontreront à mi-chemin. Les Anglais sont surpris de se voir tirer dessus de presque tous les côtés. La panique s'empare d'eux et la fuite vers le fort William-Henry s'engage.

Les Amérindiens s'occupent plus de surveiller leurs prisonniers que de poursuivre les survivants. Les Canadiens sont épuisés et le baron de Dieskau ordonne d'assiéger le camp de William-Henry. L'armée française se regroupe mais, entre-temps, Johnson a réussi à dresser quelques fortifications, rudimentaires mais suffisantes pour arrêter l'attaque des hommes de

Dieskau. Après quelque six heures d'engagement, les assaillants se retirent. Le commandant Dieskau, blessé d'abord à la jambe puis plus gravement au bas du ventre, refuse de se laisser évacuer. Fait prisonnier, il sera envoyé à New York, puis à Londres.

Le gouverneur Vaudreuil est déçu de l'issue de l'engagement et, à l'instar des Canadiens, juge sévèrement Dieskau. Dans une lettre au ministre Rouillé de Jouy, le 25 septembre 1755, il ne peut s'empêcher d'écrire: «Je n'ai garde, monseigneur, de penser à censurer la conduite de M. Dieskau. On ne saurait être plus pénétré que je le suis de son malheur. Mais je ne puis me dispenser d'avoir l'honneur de vous représenter que si, suivant et conformément à mes instructions, il eût marché avec toute son armée, il aurait été en état non seulement de forcer l'ennemi dans son retranchement au lac Saint-Sacrement, mais même de réduire le fort Lydius.»

L'annonce de la défaite

Lorsque débute l'année 1756, la paix subsiste encore en Europe occidentale, mais la guerre est de plus en plus imminente. Le ministre français de la Marine, Jean-Baptiste de Machault d'Arnouville, en est convaincu. « Quoiqu'il n'y ait point encore de déclaration de guerre, écrit-il le 17 janvier à Vaudreuil, il faut s'attendre que les Anglais feront de nouveaux efforts pour avoir, cette année, plus de succès qu'ils n'en ont eu l'année dernière dans l'exécution de leurs projets contre le Canada. »

Pour avoir les mains plus libres en Amérique, l'Angleterre signe un traité d'alliance avec la Prusse, forçant ainsi la France à multiplier ses zones de combat. Le 17 mai, le roi d'Angleterre George II déclare officiellement la guerre à la France qui vient d'envahir l'île de Minorque. Le souverain britannique justifie sa décision au moyen des diverses agressions françaises. « La conduite injustifiable des Français dans les Indes occidentales et en Amérique du Nord depuis le traité d'Aix-la-Chapelle, déclare-t-il, les usurpations et les empiétements qu'ils ont commis sur nos territoires et sur les établissements de nos sujets dans ces contrées, en particulier dans notre province de la Nouvelle-Écosse, ont été si flagrants et si répétés qu'il est impossible de n'y pas voir la preuve évidente de la résolution et du dessein, mûris à leur Cour, d'adopter systématiquement toutes les mesures propres à promouvoir leurs vues ambitieuses, sans le moindre égard aux traités et aux engagements les plus solennels.»

Le 9 juin, c'est au tour de Louis XV d'énumérer tous les motifs justifiant la France à entrer en guerre contre l'Angleterre. «Tandis que les ministres anglais, sous l'apparence de la bonne foi, en imposaient à l'ambassadeur du roi par de fausses protestations, on exécutait déjà dans toutes les parties de l'Amérique septentrionale des ordres directement contraires aux assurances trompeuses qu'ils donnaient d'une prochaine réconciliation.»

Les autorités de la Nouvelle-France et de la Nouvelle-Angleterre n'avaient pas attendu la décision officielle de leurs autorités métropolitaines respectives pour se faire la guerre. Tout au cours de l'hiver 1755-1756, de part et d'autre, des bandes d'Amérindiens attaquent des individus ou des petits groupes. Les colonies limitrophes du Canada vivent dans un état de panique continuel. Elles ignorent quand elles seront victimes des sévices des alliés des Français. Le gouverneur de la Nouvelle-France encourage la petite guerre, car rien n'est plus propice «à dégoûter les peuples de ces colonies et leur faire désirer le retour à la paix».

Français et Anglais utilisent les Amérindiens comme espions, éclaireurs ou guides. La manière de combattre des Canadiens se rapproche de celle des Amérindiens. «On peut considérer les Canadiens comme troupes légères, note encore Parsacau du Plessis; ils font la guerre à la manière des Sauvages, étant plus propres pour surprendre l'ennemi et en embuscade qu'à attaquer à découvert. Ils sont robustes et habitués, dès leur bas âge, à courir les bois et à supporter les fatigues de la chasse. Les Anglais qui ne sont ni aussi alertes ni aussi braves se laissent toujours surprendre parce qu'ils ne s'exercent pas comme nos Canadiens à faire la guerre dans les bois, ce qui nous donnera toujours la supériorité, puisqu'on ne peut se battre que dans les bois qui couvrent toute l'étendue de ce pays, à moins de se tenir enfermés dans les forts, ainsi que les Anglais le font. »

Mais les Américains, c'est-à-dire les Anglais nés dans les colonies nord-américaines, apprendront rapidement les techniques amérindiennes.

Pour le gouverneur Vaudreuil, le fort Oswego symbolise l'envahissement de la région des Grands Lacs par les Anglais. Il est donc impérieux de s'emparer de cette place forte. Au mois de février 1756, Gaspard-Joseph Chaussegros de Léry reçoit le commandement d'un détachement de 400 hommes, dont 86 Amérindiens, pour aller détruire deux fortins servant d'entrepôts aux munitions de guerre et aux vivres destinés à Oswego. Les deux établissements « gardés par environ 140 hommes logés dans des cabanes d'écorce ou sous les tentes, sont situés sur le portage reliant Corlaer [Schenectady] à Oswego ». Le détachement quitte Pointe-Claire le 26 février au matin. Trois jours plus tard, alors que les 76 soldats réguliers prennent les devants, Léry s'arrête pour permettre aux Amérindiens de célébrer le début de la guerre.

Le froid rend la marche pénible. Les hommes transportent sur des traînes à éclisses les bateaux et les vivres. Arrivé au fort La Présentation, le commandant passe ses troupes en revue et il voit à la distribution des munitions et des vivres pour le voyage. Chaque homme reçoit quinze livres de biscuits, dix livres de farine, quinze livres de lard, six livres de farine de blé d'Inde et du sucre. Le 24 mars, les troupes n'ont plus de vivres.

Le Bull tombe

Le 27, la petite armée arrive au chemin du Portage entre les deux forts. On attend avec impatience que passent les premières voitures de vivres. « À 9 heures 15, mes découvreurs arrivent avec deux Anglais du fort le plus près de Chouaguen [Oswego]. Pour intimider ces prisonniers, continue Léry, je les préviens que je n'ignore rien et que je les livrerai aux Sauvages du moment que je m'apercevrai qu'ils déguisent la vérité ; mais qu'aussi, s'ils sont de bonne foi, je les délivrerai des mains des Sauvages. Ils répondent à mes interrogations. »

Dix autres prisonniers faits par les Amérindiens trois quarts d'heure plus tard viennent confirmer les dires des deux premiers : le fort Bull, gardé par 70 soldats, est construit en forme d'étoile ; il n'y a pas de canon, mais beaucoup de grenades. Il est « en très gros pieux de 15 à 18 pieds hors de terre, rendoublés en dedans jusqu'à hauteur d'homme ».

Comme les Anglais attendent du renfort, Léry décide de lancer ses hommes immédiatement à l'attaque du fort Bull. « À 15 arpents du fort, raconte l'officier, je fais laisser les paquets. L'aumônier donne l'absolution générale, après quoi je fais mettre la baïonnette au bout du fusil aux troupes et je les exhorte à entrer sans tirer un seul coup dans le fort, que je compte surprendre et dont j'espère trouver la porte ouverte, et de s'emparer des corps de gardes. »

Malgré les ordres, à cinq arpents du fort, les Amérindiens lancent leur cri de mort. Canadiens et Français doivent courir pour tenter de pénétrer à l'intérieur de la place. Les Anglais ont le temps de fermer la porte que les assaillants tentent d'enfoncer à coups de hache.

> La porte du fort est plus forte que je n'aurais pensé ; je ne puis la mettre bas que par morceaux. Je ranime la

> troupe et les Canadiens par des cris de *Vive le roi.* Je somme les Anglais de se rendre, que je leur accorderai la vie. Ma sommation n'opère rien. Le feu de l'ennemi n'en est que plus vif et plus opiniâtre. Enfin, je mets la porte bas, ayant été bûchée sans relâche pendant une heure. L'ennemi fait son dernier effort. Je ne lui donne pas le temps de reprendre des grenades, j'entre dans le fort avec mon détachement, criant : *Vive le roi.* Je ne puis modérer l'ardeur du soldat et du Canadien. Ils tuent tout ce qui se présente à eux. Quelques soldats se retranchent dans les casernes, ils y sont forcés.

On jette la poudre à l'eau. Tout à coup, le feu se déclare dans une maison. Un des assaillants s'était attaqué à la femme du commandant. Comme elle se défend opiniâtrement, il la jette dans le feu de la cheminée. Sa jupe s'enflamme. Dans sa fuite, elle met le feu à la maison située au-dessus de la réserve de poudre. Les hommes de Léry s'enfuient. Ils n'ont pas franchi quatre arpents que le fort, les entrepôts et les maisons sont soufflés par une explosion.

Les Anglais dénombrent une soixantaine de morts et une quarantaine de prisonniers et les Français, seulement trois, dont deux Amérindiens. Vingt-trois prisonniers sont ramenés à Montréal. Vaudreuil continue à faire harceler Oswego. « À compter du mois d'avril, écrit l'historien Guy Frégault, la forteresse britannique est progressivement isolée du reste des établissements anglais. Canadiens et Sauvages viennent scalper des travailleurs et capturer des soldats sous les murs mêmes de la place. Le 24 mai, des Indiens font incursion jusque dans une rue de « la ville ». La forêt environnante retentit sans cesse de coups de feu. »

En juin, les raids se multiplient. Le 6 du même mois, les autorités du Maryland acceptent de verser la somme de 50 livres « à quiconque remettra un scalp indigène à un magistrat». La *New York Gazette* ne cesse de rapporter des cas d'attaque de Canadiens ou d'Amérindiens affiliés. Les habitants de quelques colonies anglaises se réfugient dans les villes.

Un nouveau général

À Versailles, au début de l'année 1756, les autorités songent à envoyer des renforts en Nouvelle-France. Le gouverneur Vaudreuil avait demandé l'envoi d'artillerie lourde et de soldats. La capture de Dieskau rend vacant le poste de commandant des troupes régulières. Le 25 janvier, à minuit, le ministre de la Guerre, Marc-Pierre de Voyer, comte d'Argenson, écrit au marquis Louis-Joseph de Montcalm: «Le roi a donc déterminé sur vous le choix pour vous charger du commandement de ses troupes dans l'Amérique septentrionale et il vous honorera à votre départ du grade de maréchal de camp.»

Le 14 mars suivant, le roi signe un mémoire d'instruction qui décrit la mission de Montcalm et les limites de son autorité.

> [...] le sieur marquis de Montcalm ne peut exercer le commandement que Sa Majesté lui a confié que sous l'autorité de ce gouverneur auquel il doit être subordonné en tout, et que les dispositions qu'il pourra y avoir à faire, soit pour faire échouer les projets des Anglais, soit pour faire réussir ceux qui pourront être formés pour le bien du service de Sa Majesté et la gloire de ses armes, doivent dépendre des circonstances et être combinées avec toutes les forces de la colonie et avec la situation où elle pourra se trouver dans toutes les parties, le sieur marquis de Montcalm n'aura qu'à exécuter et à faire exécuter par les troupes qu'il aura sous son commandement tout ce qui lui sera ordonné par le gouverneur général.

Pour qu'il n'y ait aucun équivoque, le roi revient plusieurs fois sur le sujet et de façon on ne peut plus explicite : « En un mot, ce sera au gouverneur général à tout régler et à tout ordonner pour les opérations militaires. Le sieur marquis de Montcalm sera tenu de les exécuter telles qu'il les aura ordonnées. Il pourra cependant lui faire les représentations qui lui paraîtront convenables sur les projets dont l'exécution sera ordonnée. Mais si le gouverneur général croit avoir des raisons pour n'y pas déférer et pour persister dans les dispositions, le sieur marquis de Montcalm s'y conformera sans difficulté ni retardement. »

Montcalm arrive à Québec le 12 mai. Le lendemain, débarquent les 450 soldats réguliers qui constituent les renforts fournis par la France. L'intendant Bigot s'empresse d'inviter le général à dîner avec 40 autres personnes. « La magnificence et la bonne chère, note le marquis dans son journal, annoncent que la place est bonne, qu'il s'en fait honneur et un habitant de Paris aurait été surpris de la profusion de bonnes choses en tout genre. »

Samedi le 22 mai, Montcalm se rend à Montréal en chaise, alors que son aide de camp Louis-Antoine de Bougainville effectue le voyage en canot. Le général français rencontre à Montréal le gouverneur, Canadien de naissance. Assez rapidement, une certaine opposition, pour ne pas dire davantage, naît entre les deux hommes.

Pendant ce temps, à Carillon, on s'affaire à construire un fort. Les travaux progressent lentement. Le 3 juillet, Montcalm et son commandant en second François-Gaston de Lévis se rendent inspecter la place. Le fort a la forme d'un parallélogramme « flanqué de quatre bastions et entouré de fossés ». « L'enceinte, ajoute l'historien Henri-Raymond Casgrain, moitié en pierre moitié en bois, était un assemblage de troncs d'arbres reliés ensemble par des pièces transversales, dont les interstices étaient remplis de cailloux et de gravier. »

Le général veut que les travaux soient exécutés plus rapidement. Il se couche à minuit, se lève à quatre heures et en plus il tient parfois un conseil de guerre avec les Amérindiens pendant cinq à six heures.

À la mi-juillet, Montcalm se rend au fort Frontenac préparer l'attaque contre le fort Oswego dont les environs n'ont pas été aménagés. Au début du mois, Louis Coulon de Villiers, à la tête de 400 hommes, avait attaqué un convoi de 300 à 400 bateaux transportant sur la rivière Chouaguen des vivres et des munitions. Selon Bougainville, « il a fait 24 chevelures, 61 prisonniers et tué ou blessé dans la déroute, suivant son estime, environ 300 hommes ».

Une chute pénible

Au fort Frontenac, Montcalm tient, le 30 juillet, un grand conseil de guerre avec des Amérindiens de différentes nations dans le but de les convaincre de participer à l'attaque de la forteresse anglaise.

Montcalm éprouve quelques réticences à attaquer Oswego qui se compose en fait de trois forts : le fort Ontario, placé à la droite de la rivière, entouré de pieux de 18 pouces de diamètre, le vieux fort Chouaguen, sur la rive gauche, constitué d'une maison en pierre à mâchicoulis de bois entourée d'une muraille de trois pieds d'épaisseur et de dix de hauteur ; et enfin, le fort George, situé à 300 toises du vieux fort Chouaguen qu'il domine. Ce dernier « était fait de pieux très faibles et mal retranchés en terre, sur les deux faces qui regardaient les bois ».

Le 11 août, un groupe de Canadiens et d'Amérindiens commandé par Pierre de Rigaud de Vaudreuil va s'établir à un quart de lieue du fort Ontario. Le lendemain, on commence à creuser une tranchée. Le 13 au soir, on s'aperçoit que la garnison anglaise vient d'abandonner le fort et s'est retranchée au Vieux Chouaguen. Le 14, un peu après minuit, les canons de Chouaguen commencent à tirer sur le fort Ontario. Vers les huit heures, la garnison du fort George se replie sur Chouaguen. Une heure plus tard, James Mercer, le commandant de la place, est tué d'un coup de canon. Un conseil d'officiers, dirigé par le lieutenant Littlehales, décide de capituler. On arbore un pavillon blanc. Bougainville, qui parle l'anglais, va lui-même négocier les articles de la capitulation qui seront rédigés par le chevalier Jean-Guillaume de Lapause. La garnison anglaise voulait sortir avec les honneurs de la guerre, mais Montcalm n'accepte pas et les vaincus doivent quitter Chouaguen sans armes. Plus de 1650 Anglais se constituent prisonniers de guerre.

Le soir du 14 juin, à huit heures, Coulon de Villiers «part pour aller porter à M. le marquis de Vaudreuil les cinq drapeaux que les Anglais avaient dans la place». Deux de ces drapeaux seront déposés à la cathédrale de Québec, deux autres à l'église de Montréal et le dernier à celle de Trois-Rivières.

Dès le 16 août 1756, les Français et les Canadiens entreprennent de démolir les trois forts et de combler les fossés. Le 21, les troupes allant vers Montréal emportent avec elles l'artillerie de fonte des forts anglais. Les prisonniers anglais complètent le cortège. Canadiens et Français se vantent, chacun de leur côté, d'avoir remporté la victoire. Montcalm revendique pour lui les honneurs du succès, alors que Vaudreuil est convaincu que, sans l'apport des Canadiens et des Amérindiens, le commandant des troupes régulières n'aurait pas osé attaquer.

Un mal nécessaire

L'annonce de la chute d'Oswego est soulignée à Québec par quelques processions et chants d'action de grâces. En Nouvelle-Angleterre, par contre, la crainte grandit. On peut lire dans le *New York Gazette* du 13 septembre : « Nous avons jusqu'ici gaspillé notre force à vouloir ébrancher l'arbre, alors qu'il eût fallu porter la hache à la racine. Le Canada, c'est le Canada qui doit être détruit. *Delenda est Carthago*, ou c'en est fait de nous. »

Oswego n'est pas la seule défaite que subissent les Anglais en 1756. Au début du mois d'août, le chevalier de Villiers s'était emparé du fort Granville, en Pennsylvanie, et l'avait détruit.

Comme on craint une attaque anglaise du côté des forts Carillon et Saint-Frédéric, une partie des troupes françaises et canadiennes y établit un camp. L'engagement appréhendé n'a pas lieu et les Amérindiens, accompagnés de quelques Canadiens, font la petite guerre. Pour Bougainville, la participation des Amérindiens à la guerre constitue un mal nécessaire. Ainsi écrit-il dans son journal le 20 octobre : « Je ne crois pas que ce soit une bonne politique, dans le cas d'une défensive telle que celle sur laquelle nous sommes aujourd'hui, d'envoyer à la fois à l'armée une aussi grande quantité de Sauvages que celle que M. de Vaudreuil nous avait envoyée à la fin du mois dernier. Ils s'ameutent, délibèrent entre eux et délibèrent lentement, veulent aller faire coup tous ensemble et du même côté parce qu'ils aiment des gros bataillons. »

Malgré ce point de vue tout à fait français et métropolitain de l'apport des Amérindiens, Bougainville sait reconnaître que, sans ces derniers, la poursuite de la guerre contre les Anglais serait quasi impossible.

À la fin d'octobre, les différents bataillons commencent à prendre leurs quartiers d'hiver chez l'habitant. Beaupré, Beauport, Québec, Chambly, Laprairie, Longueuil, Boucherville, Pointe-aux-Trembles et Montréal donnent le gîte et le couvert aux soldats de l'armée régulière. Quant aux Canadiens, ils ont regagné leurs logis à temps pour effectuer la récolte des grains.

La colonie éprouve des problèmes d'approvisionnement. Le 13 novembre 1756, Bougainville écrit: «La récolte a été mauvaise et, dès à présent, on est obligé de mêler de l'avoine avec de la farine dans le pain.» Le 22, il revient sur le même sujet: «Comme l'année a été fort mauvaise, on mêle des pois avec la farine pour faire du pain, quart de pois sur quart de farine. On avait voulu d'abord y mêler de l'avoine; le mélange s'en faisait mieux et le pain était meilleur; mais l'avoine ne produit presque pas de farine, elle ne donne que du son.»

La mauvaise récolte n'est pas seule responsable du manque de nourriture. Les malversations de Bigot et de sa bande, ainsi que la monopolisation qu'ils pratiquent, commencent à produire de mauvais effets. Toute une série d'ordonnances adoptées au cours de 1756 avaient permis à l'intendant de monopoliser plusieurs secteurs de l'économie. Le 22 avril, défense avait été faite aux forgerons et aux serruriers de la ville de Québec «d'acheter de qui que ce soit des ferrailles ou ustensiles qui puissent avoir rapport aux ferrures de l'artillerie ou autres choses appartenant au roi sans au préalable avoir obtenu la permission de l'intendant». Le 30 juin, interdiction est faite à qui que ce soit d'exporter du bois sans la permission de l'intendant. Le 18 septembre, interdiction aux bouchers de Québec «d'acheter sous quelque prétexte que ce soit, dans les campagnes ou en ville des veaux ou moutons vifs ou morts pour les vendre ensuite au public». Le 26 octobre, interdiction «à tous particuliers qui auraient dessein de faire fabriquer des farines ou biscuits ou de faire des achats de légumes non seulement pour les faire sortir de la colonie pour le compte de l'année prochaine, mais encore de les vendre à d'autres particuliers ou capitaines de navires qui seront dans le cas de les en faire sortir eux-mêmes». Le 16 novembre, interdiction aux tonneliers de fabriquer ou vendre des quarts à farine. Le même jour, l'intendant fixe le prix de vente des minots de blé. Le 30 novembre, les sieurs Chalou, Pascaud et de Linel sont les seuls qui auront le droit de fabriquer à Québec du pain et du biscuit pour la vente au public. Le 9 décembre, Dupont et Dolbec obtiennent le monopole de la vente du bœuf au public pour la ville de Québec. Ainsi, presque à chaque fois, Bigot étend son contrôle et multiplie ses gains ainsi que ceux de ses associés.

Au mois de décembre 1756, William Pitt devient premier ministre de la Grande-Bretagne. C'est un homme déterminé face à l'avenir des colonies américaines dont le peuple a été «trop longtemps insulté, trop longtemps négligé, trop longtemps oublié». Celui-ci devra faire sa part et Pitt prendra les moyens pour en mobiliser les ressources. L'homme politique est convaincu d'une chose: la guerre se gagnera en Amérique et non seulement en Europe. Charles-Louis-Auguste Fouquet de Belle-Isle, le ministre français de la Guerre, écrit à son sujet, le 13 janvier 1757: «J'ai deux correspondants en Angleterre dont un très parfaitement instruit. Ils me confirment tous les deux la résolution prise par le nouveau ministre de faire les principaux efforts du côté de l'Amérique. Monsieur Pitt veut, à quelque prix que ce soit, y reprendre la supériorité et satisfaire la faction anglaise intéressée au commerce de l'Amérique, laquelle faction est aujourd'hui la plus puissante, et dans la ville de Londres et dans la Chambre des Communes.»

Le plan de Pitt est simple : s'emparer de Louisbourg, puis de Québec. Selon le premier ministre, une fois ces deux places tombées, le reste de la colonie suivra. C'était un peu court comme plan, mais sa détermination était, elle, bien réelle.

Mais avant que l'Angleterre puisse envoyer en Amérique les renforts nécessaires, Canadiens et Amérindiens continuent à semer la panique et à lever des chevelures. À Québec, plusieurs centaines de prisonniers de guerre anglais, libres sur parole, vivent avec la population. Ils sont au courant de tout ce qui se passe, de tous les mouvements et préparatifs. « Ils peuvent savoir avec les dernières précisions, constate Bougainville, le nombre des troupes, le temps du départ, le lieu de rendez-vous. » Sans doute, savent-ils qu'un raid se prépare contre le fort Lydius. Au mois de mars, un détachement se rend dans le voisinage du fort dont on somme le commandant de se rendre. Sur son refus et, considérant l'issue du siège incertaine, on se contente de brûler 300 bateaux, 4 barques et deux hangars avant de revenir sans plus tarder à Carillon et à Saint-Frédéric.

La chute de William-Henry

Au mois de juin 1757, Québec affronte la famine. « On meurt de famine à Québec, note Bougainville dans son journal. Tout le monde y est à la ration pour le pain. » Le manque de vivres n'empêche pas le gouverneur de songer à attaquer le fort William-Henry. Le 29 juillet, plus de 8 000 hommes marchent contre l'établissement anglais, soit 2 570 hommes de troupes de terre, 3 470 hommes de troupes de la marine ou de la milice, 180 canonniers et 1 799 Amérindiens. Le 2 août, l'armée est à la portée des découvreurs ennemis. Au cours de la nuit du 2 au 3, l'armée française s'approche du fort.

À trois heures de l'après-midi, Montcalm demande à Fontbrune, aide de camp de Lévis, de porter au lieutenant-colonel George Monro, commandant du fort, la lettre suivante :

> J'ai investi ce matin votre place avec des forces nombreuses et une artillerie supérieure et grand nombre de Sauvages d'en Haut, dont un détachement de votre garnison ne vient que de trop éprouver les cruautés. Je dois à l'humanité de vous sommer de rendre votre place. Je serais encore maître de contenir les Sauvages et de faire observer une capitulation, n'y en ayant eu jusques à présent aucun de tué. Je pourrais n'en être pas le maître dans d'autre circonstance et votre opiniâtreté à défendre votre place ne peut en retarder la perte que de quelques jours et exposer nécessairement une malheureuse garnison qui ne peut être secourue, attendu la position que j'ai prise. Je demande une réponse décisive sur l'heure.

Monro refuse de rendre le fort. Montcalm fait alors creuser une tranchée pour que les canons puissent tirer de plus près sur le fort. Le 5 août, plus de 1000 hommes travaillent à la tranchée et y installent deux batteries. Deux jours plus tard, Bougainville, accompagné d'un tambour et de 15 grenadiers, se rend au fort William-Henry remettre au commandant George Monro une lettre du général Webb saisie deux jours auparavant et demandant des secours pour le fort Lydius.

Le 8 août au matin, les soldats français réussissent à construire un boyau les conduisant à 600 pieds du fort anglais. Les canons des assaillants bombardent déjà la place depuis quarante-huit heures. Le 9, à sept heures du matin, on hisse le drapeau blanc au fort William-Henry. Les articles de la capitulation stipulent que les 2000 hommes restés à l'intérieur du fort en sortiront avec les honneurs de la guerre et qu'ils seront conduits, sous bonne garde, au fort Lydius, à la condition de demeurer dix-huit mois sans servir et que tous les Français, Canadiens et Amérindiens faits prisonniers depuis le début de la guerre soient remis en liberté en moins de trois mois.

« À midi, rapporte Bougainville, le fort fut livré aux troupes de la tranchée et, la garnison en étant sortie avec ses bagages, il fallut y laisser entrer les Sauvages et les Canadiens pour piller tous les effets restants. À grande peine, put-on conserver les vivres et les munitions de guerre. »

La crainte de Montcalm et de ses officiers est que les Amérindiens massacrent les prisonniers. Le général lui-même rappelle tout le monde à l'ordre.

> On avait d'abord résolu de faire partir les Anglais dans le milieu de la nuit en silence, pour mieux échapper aux Sauvages, raconte le capitaine Jean-Nicolas Desandrouins. On espérait, leur coutume n'étant pas de rôder la nuit, qu'ils n'auraient aucune connaissance du départ et que les Anglais seraient rendus à l'armée de Webb, qui était au fort Lydius, à cinq ou six lieues de là, avant d'avoir été rejoints par ces barbares. Aussi, hors d'inquiétude à leur sujet, on n'assigna, pour les escorter, que deux cents hommes. [...] On paraissait en pleine sécurité et on attendait minuit pour partir, lorsqu'un bruit se répandit et obtint croyance trop légèrement que les Sauvages, instruits qu'on se préparait à s'évader furtivement, s'étaient embusqués dans les bois, le long du chemin.

À cause de cette alarme, le départ des prisonniers est reporté au lendemain. Pendant la nuit, femmes et enfants les accompagnant ne dorment pas, inquiétés par les cris des Amérindiens. Le 11 août au matin, la colonne se met en marche. Une cinquantaine d'Amérindiens s'approchent du groupe dont une partie, abandonnant les bagages, tente de s'enfuir.

> Les Sauvages, continue Desandrouins, trouvèrent, dans la plupart de ces paquets, du rhum et autres

> liqueurs fortes dont ils s'enivrèrent. Alors ce furent de véritables tigres en fureur. Le casse-tête à la main, ils tombèrent impitoyablement sur les Anglais qui, remplis d'effroi, achevèrent de se disperser, se croyant à la fin véritablement sacrifiés par les Français. Aucun d'entre eux ne songea à chercher son salut ailleurs que dans la fuite. Notre escorte, trop peu nombreuse, protégea autant qu'elle put, principalement les officiers. Mais forcée de garder les rangs pour se faire respecter, il ne lui fut plus possible que de mettre à l'abri ceux qui se trouvaient à sa portée. Les Sauvages s'attachèrent aux fuyards. Ceux qui, les premiers, étaient revenus dans leur campement, fort contents des dépouilles prises d'abord, retournèrent à toute course faire des prisonniers ou des chevelures : chacun voulait en avoir. Tout autre trophée n'est rien à leurs yeux en comparaison d'une chevelure. Les femmes, les enfants, rien ne fut épargné. Ceux auxquels ils conservaient la vie furent mis nus comme la main et outragés à leur manière. Étant entrés à l'hôpital où étaient nombre de malades et de blessés trop impotents pour avoir pu suivre la colonne, ils les massacrèrent tous inhumainement pour profiter de leurs chevelures.

Montcalm, les officiers, des Canadiens et quelques missionnaires accourent et tentent de ramener le calme ; mais rien n'y fait. Montcalm crie alors aux Amérindiens en découvrant sa poitrine : « Puisque vous êtes des enfants rebelles, qui manquez à la promesse que vous avez faite à votre père et qui ne voulez plus écouter sa voix, tuez-le le premier. »

Dans le *New York Mercury* du 22 août, on retrouve, avec quelques exagérations, le récit de ce que l'on appellera *le massacre de William-Henry*. « Les assaillants, y lit-on, coupèrent la gorge à la plupart des femmes sinon à toutes, leur ouvrirent le ventre, leur arrachèrent les entrailles et les jetèrent en tas sur la face de leur cadavre. [...] Ils prenaient les jeunes enfants par les talons et leur écrasaient la tête contre les arbres et les pierres; pas un ne fut sauvé.»

Certains évaluent à une cinquantaine le nombre de victimes. Quelques centaines d'Anglais furent emmenés prisonniers dans les villages amérindiens, après que les Français eurent réussi à en racheter environ 400. La Nouvelle-Angleterre est fortement secouée par le récit des événements de William-Henry. L'agressivité contre la Nouvelle-France atteint presque son point culminant. Le vent vient de tourner.

Du 11 au 15 août, les soldats français et quelques miliciens canadiens travaillent à la démolition du fort. À la fin du mois d'août, lors d'une grande réunion à Montréal, les Amérindiens, en échange de généreux présents, remettent entre les mains des autorités de la colonie presque tous les Anglais faits prisonniers à William-Henry.

Une fin d'année de faim

L'année 1757 est surtout marquée par la défaite anglaise de William-Henry. Le projet d'attaque contre Louisbourg ne se réalise pas. Prévoyant une nouvelle offensive contre l'île Royale, la France y avait envoyé une flotte de 11 vaisseaux de guerre commandée par l'amiral Emmanuel-Auguste de Cahideuc, comte Dubois de La Motte. Douze autres navires provenant de Saint-Domingue et de Toulon viennent compléter l'escadre à Louisbourg. Le 25 septembre, la flotte anglaise, sous le commandement du vice-amiral Francis Holburne, est dispersée par une tempête, alors qu'elle est encore au large de Louisbourg.

Alors qu'en Nouvelle-Angleterre, on croit la saison des attaques et des combats terminée, le gouverneur

Vaudreuil confie à François-Marie Picoté de Belestre 300 hommes avec mission d'aller attaquer le village de German Flatts, situé sur la rive nord de la rivière Mohawk. L'endroit comprend une soixantaine de maisons habitées par des familles allemandes originaires du Palatinat. Vaudreuil a cru que ces immigrants se rallieraient à la cause française. Mais, face à leur refus, il décide de les punir. Le 13 novembre, à trois heures du matin, une centaine de Canadiens et deux cents Amérindiens poussent dans la nuit leurs cris de guerre dans le village où tous les habitants dorment. Trente-deux Allemands sont tués et scalpés et 150 autres se constituent prisonniers, dont le maire de l'endroit, Jean Pétrie. Le village pillé est ensuite incendié; puis les prisonniers et le butin, ramenés à Montréal.

Au Canada, la récolte a été mauvaise et les vivres commencent, encore une fois, à se faire rares. Le 14 septembre 1757, le marquis de Montcalm écrit à Lévis :

> On espère que les habitants nourriront les bataillons qui seront dans les côtes; ainsi il n'y a rien à prescrire à cet égard, que d'exhorter les soldats à se contenter du genre de nourriture de son habitant. Pour dans les villes, à compter du 1er novembre, suivant ce qui vient d'être arrêté après un examen du peu de ressources que nous avons dans le pays, la ration du soldat sera de une demi-livre de pain et un quarteron de pois par jour; six livres de bœuf frais et deux livres de morue par huit jours. Et il est à craindre que nous ne puissions soutenir ce taux et qu'on ne soit obligé, avec le temps, de donner un peu de cheval. On ne donnera pas de lard actuellement, parce que cette ressource ne peut manquer, que les bœufs sont actuellement dans le temps de l'année où ils sont les meilleurs et rendent plus.

Un mois plus tard, soit le 14 octobre, il est ordonné qu'il n'y aura plus, lors des repas, qu'un seul service.

«J'ai été d'avis, écrit Montcalm, qu'il ne fallait de tout l'hiver ni bals, ni violons, ni fêtes, ni assemblées. J'ai donné hier mon dernier grand repas, où j'avais nos puissances et cinq dames.»

Il n'y a bien entendu que les officiers qui sont soumis à une telle réglementation. Mais la disette, ou le bon exemple, force quelques particuliers à pratiquer l'économie. Le 22 octobre, Bigot supprime à sa table les pâtisseries, à cause du manque de farine. Les «gens du peuple» commencent à protester, car ils sont convaincus que la famine est artificiellement provoquée par ce que l'on appelle la Grande Société, c'est-à-dire la clique ou la bande à Bigot. Montcalm note, le 7 novembre: «J'ai été d'autant plus content du ton des soldats d'ici, entre nous, qu'ils ont été sollicités par le peuple à se mutiner; et cela vient de ce que ce même peuple n'a point confiance dans le gouvernement. Il croit, quoique cela ne soit pas vrai, que c'est une famine artificielle pour contenter l'avidité d'aucuns. Il a tort, mais l'exemple du passé et du présent l'autorise à cette opinion.»

À la fin de novembre, la garnison de Québec est contrainte à manger du cheval. Quelques semaines plus tard, on veut imposer le même régime aux soldats de Montréal qui logent chez l'habitant. La population civile est plus récalcitrante à manger du cheval. Des femmes manifestent devant la résidence du gouverneur Vaudreuil. Quatre d'entre elles obtiennent la permission de rencontrer le représentant du roi pour faire valoir leur grief.

Des soldats du régiment de Béarn protestent contre le menu chevalin mais, comme Lévis les menace de la potence, le calme revient. Pendant que le petit peuple ne mange pas à sa faim, chez les grands on fait bombance et Bigot continue d'étendre ses contrôles.

Le 24 décembre, il émet une ordonnance «pour sceller la plupart des moulins, pour empêcher de moudre le blé des habitants et les obliger par là à faire une moindre consommation de blé, étant par là réduits à un demi-minot par mois pour chaque personne; et les empêcher de manger le blé nécessaire pour les semailles du printemps prochain». Seules quelques personnes dévouées aux intérêts de l'intendant ont la permission de continuer à moudre.

Au cours de l'hiver 1757-1758, à Québec, la grande, la belle société, se concentre sur le pharaon, un jeu de cartes où certains misent des sommes énormes. Le 26 janvier 1758, Bigot perd 80000 francs au jeu; le lendemain ses pertes se chiffrent à 91000 livres. Le 3 février, en trois quarts d'heure, il débourse au jeu 1500 louis et, le même jour, Montcalm se plaint de la rareté des grains à Québec!

La guerre continue

Le premier ministre de l'Angleterre, William Pitt, croit le moment venu de frapper le grand coup en Amérique. En 1758, la Nouvelle-Angleterre dispose de 33000 hommes pour envahir la Nouvelle-France, soit 12000 soldats réguliers et 21000 miliciens. Alors que, du côté français, les plans de campagne sont encore imprécis, l'ennemi décide d'attaquer presque simultanément Louisbourg, le fort Duquesne et le cœur de la colonie. Il est vrai que le Canada est replié sur lui-même, plus préoccupé par la famine que par la menace anglaise.

Au début du mois d'avril 1758, la ration quotidienne de pain consentie à la population de Québec est réduite à deux onces. Dans les campagnes, beaucoup doivent «vivre d'herbe», selon Bougainville. Dans la capitale, des femmes manifestent devant la maison de François

Daine, lieutenant général civil et criminel de la Prévôté de Québec. Le 15 mai de la même année, Montcalm note dans son journal : « La colonie est à deux doigts de sa perte. » Pour permettre à quelques régiments d'avoir à manger, on les expédie à Carillon où il y a des réserves de nourriture.

Enfin, le 22 mai, arrivent les premiers navires de la saison avec, à leur bord, de la farine, du lard et du bœuf. « La joie fut si grande, raconte l'annaliste des ursulines, qu'on montait sur les toits et sur les cheminées des maisons pour s'en assurer et l'annoncer à tout le monde. » Mais le peuple profitera peu de l'arrivée de nourriture. La situation s'améliore si peu qu'à Montréal, le 17 juin, des femmes manifestent et demandent du pain aux autorités de la place.

Comme on prévoit une attaque du côté de Carillon, Montcalm se rend à ce fort à la fin du mois de juin. Dès son arrivée, François-Charles de Bourlamaque lui déclare : « Mon général, dans quelques heures, nous aurons les Anglais sur les bras. D'Hébécourt, que j'ai envoyé à la découverte, et tous nos éclaireurs s'accordent à dire qu'il y a vingt-cinq mille hommes à la tête du lac Saint-Sacrement. Ils ont mille chevaux et une quantité de bœufs employés à faire les transports et ils sont à la veille de lever leur camp. »

Effectivement, une armée d'environ 15 000 hommes commandée par James Abercromby avance vers Carillon. Le 1er juillet, on bat la générale du côté français ; Montcalm, accompagné de quelques officiers et ingénieurs, va « reconnaître les environs du fort Carillon pour déterminer un champ de bataille et la position d'un camp retranché ». Le lendemain, « il a été décidé d'occuper les hauteurs qui dominent Carillon par un camp retranché, avec des redoutes et des abattis, la gauche appuyée à la rivière de la Chute et la droite, à celle qui va à Saint-Frédéric; de faire de plus un retranchement en arrière appuyé par la gauche à Carillon, par la droite à une grosse redoute qui flanquera un abattis prolongé jusqu'à la rivière.» Comme les miliciens canadiens et les troupes de la colonie ne sont pas encore arrivés, les travaux avancent lentement.

Le 5 juillet, au petit matin, l'armée anglaise se met en route. Sur le lac Saint-Sacrement, s'avancent 900 bateaux, 135 berges et plusieurs bateaux plats pour le transport de l'artillerie. «Chaque régiment avait ses drapeaux et sa fanfare qui remplissait l'air d'une musique martiale.» Le soir même, il y a échange de coups de feu entre les patrouilles françaises et les éclaireurs anglais qui viennent par voie de terre. Le 6, lors d'un engagement au portage reliant le lac Saint-Sacrement au lac Champlain, le brigadier George Augustus Howe trouve la mort. Comme il est commandant en second de l'armée d'invasion, sa disparition retarde de vingt-quatre heures l'attaque contre Carillon. Ce contretemps permet à Montcalm de terminer le travail des abattis.

Au cours de la nuit du 7 au 8 juillet, Lévis arrive au camp accompagné de 400 hommes: 250 miliciens canadiens et 150 membres des troupes de la Marine. Lorsqu'on appelle les troupes au lever du jour, Montcalm dispose de 3526 hommes, dont 15 Amérindiens. Vers les dix heures trente, les Amérindiens accompagnant William Johnson commencent à tirer sur l'armée française installée sur les hauteurs de Carillon. Leur feu ne cause aucun dommage et n'empêche pas les soldats d'achever les travaux de retranchement. Deux heures plus tard, le gros de l'armée anglaise débouche devant les fortifications et le combat s'engage. La fusillade se termine à sept heures du soir. Abercromby donne à ses hommes l'ordre de se replier. Les assiégés ne songent même pas à poursuivre l'armée anglaise.

> L'obscurité de la nuit, l'épuisement et le petit nombre de nos troupes, les forces de l'ennemi qui, malgré sa défaite, était encore infiniment supérieur à nous, écrit Bougainville; la nature de ces bois dans lesquels on ne pouvait sans Sauvages s'engager contre une armée qui en avait 4 ou 500, plusieurs retranchements que les ennemis avaient élevés les uns derrière les autres depuis le champ de bataille jusqu'à leur camp; voilà les obstacles qui nous ont empêchés de les suivre dans leur retraite.

Du côté anglais, les pertes s'élèvent à 550 morts, 1355 blessés et 27 disparus; quant à l'armée de Montcalm, elle ne déplore que 106 tués et 266 blessés. Montcalm vient de remporter la dernière grande victoire française en terre d'Amérique!

Une dernière chute

À Carillon, le 12 juillet, l'armée reprend les armes pour chanter un *Te Deum*. Au même moment, Louisbourg subit son dernier assaut. L'amiral Edward Boscawen commande une escadre de 39 bâtiments de guerre et dispose de 14 000 hommes, alors qu'une armée de terre de 13 000 soldats avance, sous le commandement du général Jeffery Amherst. Le gouverneur de Louisbourg, Augustin de Boschenry de Drucour, ne dispose que de 6 000 soldats, matelots ou miliciens.

Le 8 juin, les soldats anglais débarquent dans la baie de Gabarus, située à quatre milles de Louisbourg. On sait que la forteresse peut difficilement se défendre contre une attaque par voie de terre. Le 19, James Wolfe et ses hommes canonnent la batterie de l'îlot et les navires français encore amarrés dans la rade. Le bombardement de la ville et de la forteresse est quasi incessant. Le 21 juillet, trois navires brûlent dans le port. Les assiégés tentent bien quelques sorties, mais aucune n'est fructueuse. Le 26, à dix heures du matin, on hisse le drapeau blanc. Les officiers de la garnison avaient, lors d'un conseil de guerre, décidé de continuer le combat, mais les habitants venaient de présenter au gouverneur une requête demandant de capituler. Ce qui, enfin, est accepté. Amherst refuse d'accorder les honneurs militaires aux soldats français. Alors « les hommes du régiment de Cambis brisèrent leurs mousquets et brûlèrent leurs drapeaux ». Louisbourg avait vécu. Deux ans après la capitulation, la forteresse sera rasée.

Wolfe veut immédiatement se rendre dans le Saint-Laurent soit pour attaquer Québec, ou pour prêter main-forte à Abercromby au cas où celui-ci songerait à attaquer à nouveau le fort Carillon. Wolfe écrit à Amherst le 8 août : « Je ne peux regarder de sang-froid les incursions sanglantes de cette meute infernale, les Canadiens ; et si nous ne pouvons accomplir rien de plus je dois exprimer le désir de quitter l'armée. »

Amherst, par la suite, donne ordre à Robert Monckton de détruire les établissements français de la rivière Saint-Jean. Andrew Rollo, pour sa part, reçoit l'ordre d'aller prendre possession de l'île Saint-Jean, remise aux Anglais lors de la capitulation de Louisbourg. Quant à Wolfe, il ravale son dépit et se lance à la destruction des établissements de pêche du golfe du Saint-Laurent.

Wolfe met le feu

Le 29 août, quelques navires anglais quittent le port de Louisbourg à destination de Gaspé où ils jettent l'ancre, le 4 septembre. Wolfe envoie son aide de camp Thomas Bell porter une lettre à Pierre Révol, principal négociant et citoyen de la place. Mais ce dernier est mort depuis le mois de février. Les habitants, à la vue des navires anglais, s'étaient enfuis dans les bois. Bell ne rencontre que Pierre Arbour, sa femme et cinq autres habitants. Les sept personnes se rallient à la cause anglaise. Le lendemain, les Anglais débarquent à la pointe Penouille, s'emparent du bétail et du poisson et détruisent chaloupes et gréments. Le 10 et le 11 septembre, tous les bâtiments de la région sont brûlés, dont un moulin à scie. Les deux jours suivants, Miramichi, Grande-Rivière et Mont-Louis sont ravagés. Pabos n'échappe pas à la destruction. Bell note dans son journal: «On a brûlé 27 maisons dont 17 indifférentes; environ 3500 quintaux de poissons, une très bonne goélette remplie de poisson, une très grande quantité de sel. Le magasin qui était très grand contenait toutes les réserves d'hiver, en habits, boisson, nourriture. [...] Tout fut brûlé, y compris une grande quantité de bois de construction et environ 40 chaloupes.»

Enfin, le 27 septembre, les navires anglais reprennent le chemin de Louisbourg. «Nous avons fait beaucoup de dommage, écrit Wolfe, répandu la terreur des armes de Sa Majesté par tout le golfe; mais nous n'avons rien fait pour en grandir la renommée.» Moment de lucidité!

La famine: ennemi numéro un

Au mois d'août 1758, selon le gouverneur Vaudreuil, l'ennemi que la colonie doit craindre le plus n'est pas l'Anglais, mais la famine. En conséquence, il ordonne aux miliciens cantonnés au fort Frontenac de réintégrer leurs villages pour y faire les récoltes. La garnison du fort, commandée par Pierre-Jacques Payen de Noyan et de Chavoy, ne comprend plus que 80 hommes. Le 24 août, une armée d'environ 3000 soldats, sous les ordres du lieutenant-colonel John Bradstreet, commence à débarquer et à construire des tranchées. Le 26, on commence à se canonner réciproquement. Le lendemain, comme les Anglais ont ouvert une brèche, Noyan décide de capituler. «Après la capitulation faite, lit-on en appendice aux articles accordés, le colonel Bradstreet a permis à tous les Français qui étaient dans le fort Frontenac de partir pour Montréal, en Canada, sous la promesse que M. de Noyan a faite de faire rendre pareil nombre de personnes et qualité le plus tôt que faire se pourra et les faire rendre au fort George.»

Dans la vallée de l'Ohio, le fort Duquesne est encore à conquérir. Aux mois de septembre et octobre, quelques engagements mineurs ont pour principale conséquence du côté français l'épuisement des vivres et des munitions. Le colonel John Forbes, à la tête de 7000 hommes, s'avance vers le fort Duquesne. Le 24 novembre, alors que l'armée anglaise n'est plus qu'à six milles du fort, le commandant François-Marie Le Marchand de Lignery fait sauter le fort avant de se replier sur le fort Machault. Le lendemain, note l'historien Ian K. Steele, «Forbes prit possession d'un emplacement en cendres et le renomma Pittsburg».

Montcalm, le vainqueur de Carillon, demande son rappel quelques jours à peine après sa victoire. L'animosité qui règne entre lui et le gouverneur Vaudreuil justifie, croit-il, son retour en France. Cette faveur lui étant refusée, Montcalm devra diriger les opérations militaires de 1759 sous l'autorité de Vaudreuil.

Le siège de Québec

À L'AUTOMNE DE 1758, la situation de la colonie est presque désespérée. Le gouverneur Vaudreuil envoie deux émissaires à la Cour demander du renfort et des vivres. André Doreil, le commissaire ordonnateur des guerres en Nouvelle-France, s'embarque, le 11 novembre, sur l'*Outarde*, alors que Bougainville voyage à bord de la *Victoire*. À la fin du mois de décembre, Bougainville rencontre Nicolas-René Berryer, ministre de la Marine, et lui remet une série de mémoires concernant le Canada.

> Il me paraît donc que la Cour doit traiter aujourd'hui le Canada comme un malade qu'on soutient par des cordiaux, c'est-à-dire n'y envoyer que l'absolu nécessaire à une défense plus longue. Si nous sautons la crise de cette année, on est en droit d'espérer des lumières, des intentions du ministre actuel de la Marine, de sa constance à suivre un projet, d'espérer, dis-je, que le pays sera sauvé pour toujours.

Le même mémoire, daté du 29 décembre, demande 400 000 à 500 000 livres de poudre « et des cornes à poudre immensément ». Pour pallier le manque de vivres, l'auteur du mémoire écrit : « Je ne sais pas aussi pourquoi on n'enverrait pas en Canada cette poudre alimentaire des Invalides ; personne ne serait plus dans le cas de s'en servir que des troupes exposées à faire dans des bois impraticables des marches longues où il faut tout porter sur le dos.»

Quant au renfort en hommes, on se contente d'en demander mille. Dans un mémoire de janvier 1759, on avance l'idée que des Canadiens ne seraient peut-être pas fâchés de changer d'allégeance.

> Les peuples du Canada, doivent naturellement être bien ennuyés de la guerre; plusieurs y ont péri; ils sont chargés des travaux les plus pénibles; ils n'ont point le temps d'augmenter leurs biens et même de rétablir leurs maisons; on leur a enlevé une partie de leur subsistance; plusieurs ont été sans pain pendant trois mois; ils logent des troupes qui les incommodent; ils ne sont pas nourris pendant toute l'année, autant qu'ils croient en avoir besoin. On leur débite que les Anglais leur laisseraient la liberté de religion, qu'ils leur fourniraient à meilleurs marchés les marchandises, qu'ils paieraient largement le moindre travail. Ces idées se répandent; quelques personnes au-dessus du peuple ne rougissent pas de parler sur le même ton. Il est naturel que les peuples murmurent et qu'ils se laissent séduire. Les habitants des villes le seront plus facilement.

Même si le ministre de la Marine accueille bien Bougainville, il ne juge pas nécessaire de recommander au roi l'envoi de renfort important. «Ce ministre, raconte Bougainville, aimait les paraboles et me dit fort pertinemment qu'on ne cherchait point à sauver les écuries quand le feu était à la maison. Je ne puis donc obtenir, pour ces pauvres écuries, que 400 hommes de recrue et quelques munitions de guerre.»

Le 10 février 1759, Berryer rédige une lettre à l'intention de Vaudreuil et de Montcalm. Il y envisage même la perte du Canada. «L'objet principal que vous ne devez pas perdre de vue, écrit-il, doit être de conserver du moins une portion suffisante de cette colonie et de vous y maintenir pour pouvoir se promettre d'en recouvrer la totalité à la paix.» En conséquence, il faut, selon le ministre, utiliser au maximum les Canadiens. «Les besoins de la guerre et la culture des terres doivent déterminer les arrangements que vous prendrez à cet égard, et vous ne devez pas hésiter, si le cas l'exige, de faire marcher tous les hommes en état de porter les armes, en laissant aux vieillards, aux femmes et aux enfants le soin de continuer les travaux de la terre. Je suis persuadé qu'ils s'y porteront avec zèle et avec fidélité pour le service de Sa Majesté et la conservation de leur pays.»

Les Canadiens, entre les mains desquels on semble remettre le sort de la colonie, ont faim. Le 2 janvier 1759, l'intendant Bigot réduit la ration de pain à un quart de livre par jour par personne. Plus de 400 femmes vont manifester devant le palais de l'intendant et elles obtiennent que cette ration soit portée à une demi-livre. Pendant ce temps, la Grande Société regroupant l'entourage du gouverneur et de l'intendant organise avec les officiers supérieurs des pique-niques, des soirées, des grands repas et des bals. Montcalm écrit dans son journal: «Les plaisirs, malgré la misère et la perte prochaine de la colonie, ont été des plus vifs à Québec. Il n'y a jamais eu autant de bals ni de jeux de hasard aussi considérables.»

Au cours de janvier 1759, Vaudreuil fait effectuer un recensement des hommes âgés de 16 à 60 ans capables de porter les armes, soit 15229 miliciens possibles; 7511 pour le gouvernement de Québec; 6405 pour celui de Montréal et 1313 pour celui de Trois-Rivières. En tenant compte des soldats réguliers, c'est bien peu comparé aux 60000 soldats et miliciens que les Anglais, croit-on, peuvent aligner.

Un trident menaçant

En Angleterre, Pitt prépare la campagne de 1759. Son plan est clair : attaquer Québec avec 12000 hommes commandés par Wolfe ; envahir le Canada par le Richelieu avec une armée dirigée par Amherst et s'emparer de Niagara pour « couper toute communication entre le Canada et les établissements français du Sud ». Le 12 janvier, Pitt écrit à l'amiral Charles Saunders pour lui confier la direction d'une flotte devant transporter 10000 hommes à New York en vue d'une attaque contre Québec. Le lendemain, il expédie une autre missive, cette fois au major général Amherst, lui demandant de se procurer la quantité de mélasse nécessaire à la fabrication de la bière d'épinette ainsi que du rhum pour les troupes que doit commander Wolfe. Ce dernier reçoit, le 5 février, les ordres secrets de George II concernant l'attaque de Québec. Le départ a lieu le 16 février. L'escadre n'arrive à Halifax que le 30 avril.

Pertes sans combat

Pendant que la flotte anglaise s'apprête à remonter le fleuve Saint-Laurent, le gouverneur Vaudreuil envoie au fort Carillon trois bataillons et environ 1000 miliciens canadiens sous le commandement de Bourlamaque.

> Cet officier, écrit le major Armand Joannès, avait ordre de le mettre dans le meilleur état possible et de travailler à la réparation des retranchements qu'on avait élevés l'année d'auparavant, quoiqu'il eût un ordre secret pour évacuer et faire sauter ce fort, ainsi que Saint-Frédéric, à l'approche de l'ennemi, et se retirer à l'île-aux-Noix, à l'entrée du lac Champlain, position reconnue dès le printemps par M. le chevalier de Lévis, laquelle assurait la communication des vivres pour cette frontière et mettait cette partie en état d'être secourue plus efficacement, si

l'ennemi s'y présentait en forces, puisqu'elle était plus rapprochée de l'intérieur de la colonie.

Alors que Montcalm préconise la réduction des garnisons des forts Carillon et Saint-Frédéric, Vaudreuil juge ces places comme étant presque essentielles au système défensif de la colonie. Comme le gouverneur a le dernier mot, il ordonne l'envoi de 2500 hommes à ces endroits.

Avant même que l'armée ennemie ne paraisse, l'on commence à vider le fort Carillon. Le 26 juin, l'officier ingénieur Jean-Nicolas Desandrouins note dans son journal: « Ce déblaiement, quoique fait le plus secrètement possible, n'en est que plus remarqué du soldat qui est surpris qu'on attende la nuit pour embarquer des effets. » Des éclaireurs signalent la présence d'une armée de 11000 hommes. Elle avance très lentement, car Amherst fait élever une série de petits postes fortifiés destinés à protéger une retraite possible.

Le 21 juillet, l'armée anglaise monte sur des centaines de berges. Le lendemain, elle débarque non loin du fort Carillon. Bourlamaque envoie un détachement pour retarder la marche de l'ennemi. Au cours de la nuit du 22 au 23, Canadiens et Français, soit environ 3600 personnes, quittent le fort. Seule y demeure une arrière-garde de 400 hommes, qui s'affaire à mettre le feu aux deux hôpitaux, aux hangars et aux baraques. Pendant quatre jours, du 23 au 26 juillet, les canons ennemis bombardent le fort où sont retranchés les hommes du capitaine d'Hébécourt. Le 26, vers les dix heures du soir, après avoir miné le fort et chargé tous les canons, la garnison quitte tout doucement la place forte. Vers minuit, l'explosion démolit une bonne partie du fort.

Le 31 juillet, les garnisons de Carillon et de Saint-Frédéric quittent ce dernier fort qui explose à son tour! Tous se replient sur l'île-aux-Noix que l'on fortifie. Amherst ne se lance pas à la poursuite des Français et des Canadiens. Il occupe ses hommes à reconstruire le fort Carillon auquel il donne le nom de Ticonderoga. Quant à Saint-Frédéric, il devient Crown Point. Tranquillement, la toponymie de la Nouvelle-France prend un autre visage, un autre accent…

Pour réaliser la deuxième partie du plan Pitt, une armée composée de 5000 réguliers et miliciens et de 943 Amérindiens, sous les ordres du général John Prideaux, marche contre le fort Niagara. La garnison du poste se compose de 500 hommes commandés par Pierre Pouchot. Le 7 juillet, l'officier français envoie un courrier à François-Marie Le Marchand de Lignery qui, à la tête d'une petite armée, marche contre le fort Pitt, dans la vallée de l'Ohio. L'armée anglaise s'affaire à creuser des tranchées et à établir des batteries. Le bombardement du fort commence le 13 juillet. Le 18, Prideaux est tué par l'éclat d'une bombe d'un de ses mortiers. William Johnson prend la relève. Six jours plus tard, l'armée de Lignery tombe dans une embuscade, au moment même où elle arrivait au fort. Sentant la situation désespérée, Pouchot capitule, le 25 juillet, avec les honneurs de la guerre. Les prisonniers seront conduits à New York. «La chute du fort Niagara, que beaucoup croyaient imprenable, écrit l'historien Peter N. Moogk, signifiait pour les Français la perte du contrôle vital de la route de portage qui reliait le lac Ontario aux postes des lacs Huron, Michigan et Supérieur et de la vallée du Mississipi. Les voies de canot vers le nord étaient inutilisables pour le transport lourd.»

Branle-bas à Québec

Depuis le début du mois de mai, le Canada sait qu'il ne peut compter sur des renforts importants. La nouvelle s'est vite répandue avec l'arrivée de Bougainville à Québec, le 10 mai au soir. Heureusement, la population apprend la venue prochaine d'une flotte de 17 vaisseaux « venant de Bordeaux chargés de munitions de guerre et de bouche ». Un témoin note dans son journal : « Jamais joie ne fut plus générale ; elle ranima le cœur de tout un peuple qui, pendant le cours d'un hiver des plus durs, avait été réduit à un quarteron de pain et demi-livre de cheval. »

Faisant preuve d'une grande prudence, l'évêque de Québec, Henri-Marie Dubreil de Pontbriand, expédie à Montréal et à Trois-Rivières les archives et divers effets de l'évêché. À Québec, on sait déjà que la ville sera assiégée. Montcalm est de retour dans la capitale le 22 mai au soir. Dès le lendemain, un conseil de guerre évalue les moyens à prendre pour fortifier la ville. « Il fut décidé, selon Foligné, que l'on armerait en brûlots plusieurs des bâtiments de la flotte de [Jacques] Kanon et que l'on construirait nombre de cageux, des chaloupes carcassières armées chacune d'un canon de 24 et nombre de bateaux armés chacun d'une pièce de 12. Il fut aussi déterminé d'échouer à l'entrée de la rivière Saint-Charles deux bâtiments dunquerquois sur lesquels on construirait des batteries pour la défense du fleuve dans cette partie. »

Depuis plusieurs années déjà, un système de communication par feux existait sur la rive sud, entre Lévis et la rivière du Loup. En cas d'alerte, on allumait un bûcher de proche en proche pour avertir Québec de l'imminence d'un danger. Dans la nuit du 24 au 25 mai, « les feux destinés à annoncer les ennemis furent allumés à la pointe de Lévis et le canon de la ville en répéta le signal ». On apprendra, quelques heures plus tard, que 14 navires anglais ont été aperçus à la hauteur de Saint-Barnabé, non loin de Rimouski. Ces bâtiments forment l'avant-garde de la flotte d'invasion. Philip Durell la commande et James Cook, qui deviendra célèbre comme explorateur, agit comme maître du *Pembroke*. Montcalm ordonne l'évacuation des habitations de la Côte Sud : les femmes, les enfants et les bestiaux sont repoussés à l'intérieur des terres, alors que tous les hommes valides doivent se rendre à Québec. Les miliciens et une partie des troupes régulières descendent à Québec le plus rapidement possible. On les établit sur la rive droite de la rivière Saint-Charles où ils travaillent aussitôt aux fortifications de la ville.

Le 25 mai, Bigot écrit au munitionnaire Joseph-Michel Cadet « de faire faire une provision de biscuits et de prendre ses arrangements pour fournir la subsistance à ration d'habitants à un corps de dix à douze mille hommes et peut-être plus, qui vont se rendre et camper aux environs de Québec pour s'opposer aux entreprises des ennemis, ainsi que pour les officiers qui auront la ration comme dans les forts ». Le lendemain, le munitionnaire des vivres en Canada répond à l'intendant qu'il n'est pas obligé, par son contrat, de fournir des vivres en dehors de Québec, Montréal et Trois-Rivières ou pour les forts et postes de Sa Majesté. Mais, si on consent à y mettre le prix, il est prêt à ravitailler le nouveau campement. Bigot rétorque que le ministre de la Marine décidera du bien-fondé de la revendication.

Tous les jours de nouveaux renforts arrivent à Québec. « On vit arriver au camp des vieillards de quatre-vingts ans et des enfants de douze à treize ans, raconte un témoin, qui ne voulurent jamais profiter de l'exemption accordée à leur âge. »

Les Anglais devant Québec

L'amiral Durell s'établit à l'île aux Coudres que ses habitants ont désertée. Au début de juin, quelques Canadiens campés à la rivière du Gouffre, à Baie-Saint-Paul, font un raid sur l'île aux Coudres. Ils s'embusquent dans les bois et, sous la direction de François Savard, réussissent à faire trois prisonniers, dont le petit-fils de Durell qui «polissonnait sur l'île aux Coudres», selon Bourlamaque.

Le 4 juin, la flotte commandée par l'amiral Saunders quitte Louisbourg. Le point de ralliement sera Gaspé. Le même jour, à Québec, Montcalm «fit battre un ban par lequel il faisait exhorter tous ceux et celles qui seraient inutiles au service de notre armée ou qui seraient dans le cas d'avoir peur de se retirer dans les gouvernements des Trois-Rivières ou de Montréal».

La ville de Québec se prépare fébrilement au siège. Depuis le 27 mai, les 28 étudiants du Séminaire de Québec sont en vacances forcées, car normalement leur année scolaire ne se termine qu'en août. Il en va de même pour les cinq prêtres qui s'en occupent. Le 5 juin, l'évêque de Québec émet une lettre circulaire à l'intention de son clergé. «Si par hasard, y lit-on, l'ennemi descendait dans une paroisse et s'en rendait le maître, le curé lui fera toutes les politesses possibles, le priera d'épargner le sang et les églises. Il ne sera point armé, non plus que les aumôniers des camps.» Plusieurs curés ne suivront pourtant pas les ordres de monseigneur de Pontbriand.

L'île d'Orléans est vidée de ses habitants et du bétail. À Québec, La Rochebaucourt, aide de camp de Montcalm, forme un corps de cavalerie de 200 hommes «pour être en état de se porter en peu de temps aux endroits qui pourraient être attaqués; tous les selliers de la ville sont occupés à faire des selles». Le 13 juin, les hommes de la cavalerie défilent pour la première fois dans les rues de Québec et vont présenter les armes au gouverneur. «Leur costume est bleu avec parements et collet rouges et croise sur l'estomac.»

Pendant ce temps, la flotte anglaise remonte le fleuve moins rapidement que ne le désire Wolfe. Le 18 juin, elle jette l'ancre en face du Bic, non loin de Rimouski. Les vaisseaux de Durell attendent le reste des navires non loin de l'île d'Orléans, où il y a depuis quelques jours des escarmouches avec des détachements français ou canadiens.

À Québec, note Montcalm, «les voitures manquent pour les fortifications, mais non pour voiturer les matériaux nécessaires pour faire une casemate chez Madame Péan». En effet, Bigot, pour protéger sa belle, a décidé de lui faire construire un abri antibombes! Les habitants de la basse-ville «envoient leurs effets chez ceux de la haute et ces derniers envoient les leurs à la campagne, preuve qu'ils ne se croient pas en sûreté chez eux».

Le 24 juin, les premiers navires de Saunders arrivent à la hauteur de l'île d'Orléans. L'officier anglais John Knox est surpris de l'aspect du pays. Le 25 juin, il note: «À l'île d'Orléans, nous avons devant nous une contrée claire et ouverte parsemée de villages et d'églises innombrables. Vues de nos navires, les maisons blanchies à la chaux ont un air propret et élégant.» L'île n'est pas aussi enchanteresse que pourraient le croire les arrivants. Dans la nuit du 26 au 27, un groupe d'Amérindiens va faire le coup contre les soldats anglais qui ont mis pied à terre. Un de ces derniers est tué et scalpé.

Le 27 juin au matin, les troupes anglaises débarquent sur l'île d'Orléans et occupent la paroisse de Saint-Laurent. James Wolfe rédige alors son premier placard où il établit ses positions et ses propositions.

Le roi mon maître, justement irrité contre la France, dit-il, a résolu d'en rabattre la fierté et de venger les insultes faites aux colonies anglaises; s'est aussi déterminé à envoyer un armement formidable de mer et de terre que les habitants voient avancer jusque dans le centre de leur pays. Il a pour but de priver la couronne de France des établissements les plus considérables dont elle jouit dans le Nord de l'Amérique. C'est à cet effet qu'il lui a plu de m'envoyer dans ce pays à la tête de l'armée redoutable actuellement sous mes ordres. Les laboureurs, colons et paysans, les femmes, les enfants, ni les ministres sacrés de la religion ne sont point l'objet du ressentiment du roi de la Grande-Bretagne; ce n'est pas contre eux qu'il élève son bras; il prévoit leur calamité, plaint leur sort et leur tend une main secourable. Il est permis aux habitants de venir dans leurs familles, dans leurs habitations. Je leur promets ma protection et je les assure qu'ils pourront, sans craindre les moindres molestations, y jouir de leurs biens, suivre le culte de leurs religions; en un mot, jouir au milieu de la guerre de toutes les douceurs de la paix, pourvu qu'ils s'engagent à ne prendre directement ni indirectement aucune part à une dispute qui ne regarde que les deux couronnes. [...] Si la folle espérance de nous repousser avec succès porte les Canadiens à refuser la neutralité que je leur propose et leur donne la présomption de paraître les armes à la main, ils n'auront sujet de s'en prendre qu'à eux-mêmes lorsqu'ils gémiront sous le poids de la misère à laquelle ils se seront exposés par leur propre choix. [...] Quant à moi, je n'aurai rien à me reprocher. Les droits de la guerre sont connus et l'entêtement d'un ennemi fournit les moyens dont on se sert pour le mettre à la raison.

Dans ce texte affiché à la porte de l'église de Saint-Laurent, Wolfe met en parallèle la France qui a abandonné sa colonie et «l'Angleterre qui leur tend une main puissante et secourable». «Que les Canadiens consultent leur prudence, conclut-il; leur sort dépend de leur choix.» Un placard semblable est cloué sur la porte de l'église de Beaumont, le 29 juin, au moment où les soldats de Robert Monckton envahissent le village. À cet endroit, les Anglais tuent trois Canadiens qu'ils scalpent. Ils incendient une maison où, dans la cave, se sont réfugiés quelques femmes et enfants. Le lendemain, quelques centaines de soldats anglais prennent pied à la pointe de Lévis. Un groupe de Canadiens et d'Amérindiens tente en vain de les en chasser. On réussit quand même à faire un prisonnier et à lever quelques chevelures. Les Rangers, des coloniaux américains, pratiqueront eux aussi le scalp. Wolfe interdira cette pratique «excepté quand les ennemis seraient des Indiens ou des Canadiens habillés en indien».

Québec, ville fermée

Le 30 juin, note le curé Jean-Félix Récher, «les portes de la ville ferment pour la première fois». Depuis la veille, les cloches des églises ne sonnent plus pour aucun office, baptême ou enterrement. On les entendra seulement le soir à dix heures. Les sonneries sont réservées aux alertes pour avertir les troupes campées à l'extérieur de la ville. De plus, on fait mettre deux pavillons dans le haut du clocher.

Début juillet, les soldats anglais installent l'artillerie près de l'église de Lévis. De cet endroit, ils se proposent de bombarder la ville de Québec. À l'île d'Orléans, ils construisent un hôpital.

Les escarmouches se multiplient entre les belligérants. Les Canadiens, les Rangers américains et les Amérindiens ont des mœurs plus rudes que celles des Français ou des Anglais. Ces derniers, au cours des mois qui suivent, suspendront à plusieurs reprises les hostilités pour des missions parlementaires. La première a lieu le 4 juillet.

«À une heure après-midi, raconte le curé Récher, une berge anglaise se détache des vaisseaux, ayant son pavillon derrière et pavillon français devant, ce qui fait juger qu'elle vient pour sommer la ville de se rendre.»

L'adjudant général en second Isaac Barré, fils d'un réfugié calviniste de La Rochelle, déclare avoir une lettre de Wolfe pour le gouverneur Vaudreuil dans laquelle il annonce son intention d'attaquer Québec. Il désire que la guerre se déroule avec humanité et que l'on abandonne la pratique du scalp. Il offre de libérer une vingtaine de dames françaises ou acadiennes faites prisonnières en cours de route. Il demande des nouvelles des trois Anglais faits prisonniers à l'île aux Coudres.

Vers les cinq heures du soir, François Le Mercier se rend à bord du navire de Wolfe porter les différentes réponses. L'officier français passe presque toute la nuit à bord du *Trent* à discuter amicalement avec Wolfe et quelques autres officiers. Le général s'amuse à taquiner Le Mercier sur l'aventure des brûlots, c'est-à-dire les embarcations enflammées qui devaient mettre le feu à la flotte anglaise, vers le 28 juin, mais qui n'ont causé aucun dommage. L'officier français revient à Québec avec une lettre de la sœur de Bigot, lettre que l'on avait saisie en cours de route, ainsi que quelques bouteilles de liqueur que le capitaine Charles Douglas destine à l'intendant. Le lendemain, les 23 prisonnières retrouvent la liberté et Bigot remercie Douglas en lui faisant parvenir «4 à 5 panerées d'herbes». La trêve est de courte durée, car, dès le 6 juillet, une batterie flottante et les canons installés à Lévis échangent des coups. Au même moment, la basse-ville de Québec et les faubourgs adjacents sont évacués.

Régulièrement, Wolfe émet des ordres concernant divers points. Celui du 5 juillet précise que «l'objet de la campagne est de compléter la conquête du Canada et de terminer la guerre en Amérique». Il y est aussi précisé qu'«aucune église, maison ou édifice de quelque nature ne sera incendié ou détruit sans un ordre exprès». «Les paysans demeurant encore dans leur maison, leurs femmes et leurs enfants seront traités avec humanité; si une femme est victime de violence, le coupable sera puni de mort. Si quelqu'un est accusé de vol dans une tente des officiers ou des soldats, il sera certainement exécuté, s'il est jugé coupable.» Du côté français, les règlements sont à peu près les mêmes. Au début du mois, un soldat qui s'était enfui a la tête cassée.

Les Anglais débarquent sur la rive gauche de la chute Montmorency. Le 9 juillet, au cours de la nuit, des bombes incendiaires mettent le feu à plusieurs maisons de la basse-ville et à l'église de Notre-Dame-des-Victoires. Le même jour, les Anglais occupent la paroisse de l'Ange-Gardien. La situation s'aggrave.

Les installations anglaises, à Lévis, préoccupent à juste titre les habitants de Québec. Le 10 juillet, les bourgeois de la capitale rédigent un placet demandant au gouverneur d'organiser une expédition pour aller démolir les batteries anglaises avant qu'elles ne commencent à bombarder la ville, «à faute de quoi les trois quarts sortiraient de la ville pour mettre leur vie en sûreté, voyant qu'on ne voulait rien faire pour y mettre leurs biens». Le document est remis à Vaudreuil, le 11 à huit heures du matin. Une expédition est formée, regroupant environ 1500 personnes, dont quelques étudiants du Séminaire de Québec, formant ce que l'on a appelé le Royal-Syntaxe. Le groupe, commandé par Dumas, le major général des troupes, se met en marche le 12 au soir. L'aventure tourne à la débandade avant même que la petite armée ait réussi à traverser le fleuve.

Québec sous les bombes

À partir du 12 juillet et pendant deux mois, Québec est bombardée presque tous les jours. La sarabande débute le 12 à neuf heures du soir. «Cinq mortiers et quatre gros canons tirent de 25 en 25 minutes jusqu'au 13 à midi sans interruption, ce qui remplit la ville d'effroi et endommage considérablement plusieurs maisons et églises, spécialement la cathédrale, les jésuites et la congrégation, note le curé Récher. Notre presbytère a été percé de deux boulets de 32 livres.» En moins d'une semaine, au moins 240 des plus belles maisons sont incendiées ou démolies. Les ursulines et les religieuses de l'Hôtel-Dieu de Québec se réfugient à l'Hôpital Général.

Du côté des chutes Montmorency, les camps français et anglais échangent régulièrement quelques coups et les Amérindiens vont lever des chevelures dans le camp ennemi. Mais ce n'est pas suffisant pour un Montcalm réaliste qui écrit à son aide de camp Bougainville le 15 juillet: «Je ne suis plus surpris de ce qui arrive et arrivera. Je crois bien que 400 ou 500 Canadiens voyageurs choisis sont capables de bien faire, mais la moitié de cette milice sont des vieillards ou des enfants, qui ne sont pas en état de marcher et qui n'avaient jamais été ni en détachement ni à la guerre; ainsi je commence à croire qu'ils font encore plus qu'il ne faudrait espérer. Je suis persuadé que Wolfe sagement ne nous attaquera ni ne se compromettra pas et attendra l'événement des pays d'En Haut, et je compte le Canada pris en entier par cette campagne.»

Les Anglais établis à Lévis bombardent toujours Québec. Plusieurs habitants sont tués. Le 16 juillet, neuf maisons de la Côte de la Montagne sont incendiées. Deux jours plus tard, sept navires anglais remontent le fleuve au-dessus de Québec. On craint un débarquement à l'ouest de la ville et d'avoir ainsi à faire face à trois camps anglais.

Le 20 juillet, un détachement commandé par James Murray occupe le village de Lotbinière dont les habitants acceptent de se soumettre, après avoir pris connaissance d'un manifeste affiché à la porte de l'église paroissiale. Le lendemain, environ 400 grenadiers débarquent à la Pointe-aux-Trembles, près de Neuville, encerclent les maisons situées autour de l'église et s'emparent de 200 femmes et enfants, dont quelques dames qui avaient fui Québec. Les assaillants s'emparent aussi de trois miliciens. Tous sont embarqués sur les navires, ainsi que le père Jean-Baptiste de La Brosse, la sœur Sainte-Agnès, de la Congrégation, et ses huit pensionnaires. Après une nuit passée à bord où les passagères sont très bien traitées, quelques-unes dînant même à la table de Wolfe, il y a trêve parlementaire. Tout le monde est remis en liberté, sauf les trois miliciens.

« Chaque officier a donné son nom aux belles prisonnières qu'il avait faites. Les Anglais avaient promis de ne pas canonner ni bombarder jusqu'à neuf heures du soir, pour donner aux dames le temps de se retirer où elles jugeraient à propos. » En échange de cette libération, les autorités françaises laissent passer devant Québec quelques barques transportant des blessés anglais. Du 23 au 26 juillet, par quatre fois, on suspend les bombardements, pour permettre des échanges diplomatiques qui sont les prétextes d'incursions d'espionnage.

Le 24 juillet, on évalue à 15 000 le nombre de bombes lancées contre Québec.

Finie la bonté !

Le camp anglais de Lévis est continuellement soumis à une guerre d'escarmouches nourrie par Canadiens et

Amérindiens. Le 25 juillet, le major John Dalling et le colonel Fraser dirigent des opérations de nettoyage entre Beaumont et Lévis. Plusieurs centaines de Canadiens sont arrêtés, dont, entre autres, le curé de la Pointe-Lévis, Charles Marie-Madeleine d'Youville, le fils de mère d'Youville.

Le même jour, Wolfe émet une proclamation, qui sera affichée à la porte de l'église Saint-Henri de Lauzon :

> Son Excellence, piqué du peu d'égards que les habitants du Canada ont eus à son placard du 27e du mois dernier, a résolu de ne plus écouter les sentiments d'humanité qui le portaient à soulager des gens aveuglés dans leur propre misère. Les Canadiens se montrent par leur conduite indignes des offres avantageuses qu'il leur faisait. C'est pourquoi il a donné ordre au commandant de ses troupes légères et à d'autres officiers de s'avancer dans le pays pour y saisir et amener les habitants et leurs troupeaux, et y détruire et renverser ce qu'ils jugeront à propos. Au reste, comme il se trouve fâché d'en venir aux barbares extrémités dont les Canadiens et les Indiens leurs alliés lui montrent l'exemple, il se propose de différer jusqu'au premier août prochain à décider du sort des prisonniers qui peuvent être faits, avec lesquels il usera de représailles ; à moins que pendant cet intervalle les Canadiens ne viennent se soumettre aux termes qu'il leur a proposés dans son placard et, par leur soumission, toucher sa clémence et le porter à la douceur.

Le 30 juillet, Montcalm écrit à Amherst et il lui fait quelques remarques sur les déclarations de Wolfe.

> Il paraît surpris que nous nous servions d'Indiens, comme si les gouverneurs et généraux de Sa Majesté britannique n'en avaient jamais employés. Ses billets et déclarations, tour à tour mêlés de douceur et de menaces pour débaucher les troupes provinciales dont Sa Majesté très chrétienne se sert ainsi que le fait Sa Majesté britannique, ne produiront aucun effet. Nos

armées sont on ne saurait plus près. Il faut espérer que nous pourrons nous mesurer et mériter réciproquement l'estime que nos nations, quoiqu'en guerre, sont faites pour s'accorder. Personne n'est plus pénétré que moi de ces sentiments pour la nation anglaise et pour ses généraux.

Montcalm n'est pas autant assuré de la fidélité des Canadiens qu'il l'écrit à Amherst, car il vient justement de déclarer à Lévis: «Je crains que les gens de l'Ange-Gardien et de la côte de Beaupré ne fassent leur paix particulière. [...] Il faudrait quelques gros détachements de Sauvages et de Canadiens pour les corriger.»

Depuis plus de cinq semaines, les Anglais sont campés dans les environs de Québec et aucun engagement sérieux n'a eu lieu. L'impatience gagne une partie des troupes. De part et d'autre, on reproche aux généraux leur inertie. Le 31 juillet, Wolfe se décide enfin à attaquer. Il ordonne un débarquement à la rivière Montmorency qui se solde par une défaite anglaise et la perte d'environ 400 hommes. Lévis venait de remporter une fort belle victoire. Wolfe est déprimé. Les désertions, depuis quelques jours, sont plus nombreuses dans les deux armées. Les informations que l'on tire des déserteurs sont rarement véridiques. Plus utiles sont celles recueillies par les parlementaires que l'on s'échange les 2 et 4 août. À Québec, on profite de la trêve pour nettoyer la ville. De 300 à 400 ouvriers nettoient «les rues des débris dont le canon les avait comblées et où personne n'osait aller travailler pendant que l'ennemi tirait».

La Côte-du-Sud: à feu et à sang

Le 6 août, Wolfe enjoint à Monckton de tout détruire, de Beaumont à la rivière Chaudière. George Scott, à la tête d'un fort détachement, ravage la rive sud du fleuve

Saint-Laurent. Le 19 septembre, l'officier anglais dresse le bilan suivant : « En somme, nous avons marché sur une distance de 52 milles et, sur le parcours, nous avons brûlé 998 bons bâtiments, deux sloops, deux schooners, dix chaloupes, plusieurs bateaux plats et petites embarcations, nous avons capturé quinze prisonniers (parmi eux, six femmes et cinq enfants) et fait cinq prisonniers chez l'ennemi ; il y a eu un blessé parmi nos réguliers et, chez les Rangers, deux morts et quatre blessés. »

Scott avait conduit ses hommes jusqu'à Kamouraska. La décision de Wolfe de dévaster le pays avait été prise lors de la traversée de l'Atlantique. « Si nous nous apercevons que Québec ne semble pas devoir tomber entre nos mains (tout en persévérant jusqu'au dernier moment), écrit-il à Amherst, je propose de mettre la ville à feu avec nos obus, de détruire les moissons, les maisons et le bétail tant en haut qu'en bas [de Québec] et d'expédier le plus de Canadiens possible en Europe et de ne laisser derrière moi que famine et désolation ; belle résolution et très chrétienne ! ; mais nous devons montrer à ces scélérats à faire la guerre comme des gentilshommes. »

Le 13 août, des Canadiens attaquent un détachement de 400 hommes du major Dalling et en blessent quatre. Le village de Sainte-Croix de Lotbinière où avait eu lieu l'attaque et celui de Saint-Antoine-de-Tilly sont incendiés en guise de représailles. L'attitude anglaise se durcit, car il se passe peu de jours sans que quelques soldats ne soient scalpés. Le 14, on découvre quatre cadavres de marins scalpés sur l'île d'Orléans. Le lendemain, les Rangers de Joseph Goreham incendient une quarantaine de maisons à Baie-Saint-Paul.

Le dimanche 19 août, un millier de soldats anglais débarquent à Deschambault et se rendent à la maison du capitaine de milice Perrault où se trouvent « les effets les plus précieux et même l'argenterie et l'argent des troupes, tant des officiers que des soldats ». « Quelqu'un a dit, rapporte Récher, qu'il y avait 1 800 000 livres en espèces. » Cette maison et deux autres sont incendiées. Les soldats rassemblent une centaine de bêtes à cornes dans l'église.

Dès qu'il connaît la nouvelle du débarquement anglais, Bougainville court à Deschambault. Les assaillants quittent la place après avoir échangé quelques coups de fusil et perdu une vingtaine d'hommes. Montcalm arrive aussitôt après le départ des Anglais.

La mort d'un curé

Vers le 22 août, on commence à brûler les villages de la côte de Beaupré. Philippe-René Robinau de Portneuf, curé de Saint-Joachim, tente d'empêcher l'ennemi de s'attaquer à sa paroisse. Selon John Knox, qui n'assiste pas aux événements, mais les rapporte en se basant sur des ouï-dire, le prêtre envoie « un billet à l'un de nos officiers qui commande un poste dans les environs, le priant de lui faire l'honneur d'aller dîner avec lui en compagnie de quelques-uns de ses lieutenants, l'assurant que lui-même et ceux qui seraient assez bons de l'accompagner s'en retourneraient en toute sûreté. Il ajoute que l'officier anglais se battant pour son roi et pour la gloire l'excusera, il l'espère, de se battre lui-même avec ses pauvres paroissiens pour la défense de leur pays. Notre officier a répondu qu'il regrette de ne pouvoir pas se rendre à cette invitation, mais qu'il espère dîner bientôt dans le camp anglais, avec le galant prêtre et ses adhérents. »

Le lendemain, Portneuf et une vingtaine de ses paroissiens tombent dans une embuscade et la majeure partie sont tués et scalpés. Les Rangers qui ont fait le coup affirmeront avoir fait la chevelure des Canadiens parce qu'ils étaient déguisés en Indiens!

Montcalm notera dans son journal, le 1er septembre: «Les Anglais, fidèles imitateurs de la férocité de nos Sauvages, ont fait la chevelure à quelques habitants de la côte du Sud. Croirait-on qu'une nation policée s'acharne de sang-froid à mutiler des cadavres? Cette barbarie aurait été abolie parmi les Sauvages, s'il était possible de les corriger.» Et pourtant, les Amérindiens qui se battent aux côtés de Français ne se cachent pas pour scalper.

Une trop longue attente

Wolfe se remet à peine du mauvais état de sa santé qui l'a obligé à s'aliter depuis près d'une dizaine de jours. Le 27 août, il se convainc qu'il est temps de frapper le grand coup, avant que la température automnale ne soit une source de problèmes. Il demande donc aux trois généraux de brigade quel est le meilleur plan d'attaque. Selon lui, il faut déloger Montcalm et ses hommes de leur camp de Beauport avant d'investir la ville. Le 20, les trois officiers supérieurs se réunissent «dans le but de trouver les mesures les plus efficaces pour le bon ordre du service».

> Nous sommes, par conséquent, d'opinion que la stratégie la plus susceptible de porter un coup définitif, serait d'amener les troupes [de Montmorency] sur la rive sud et de porter les opérations en amont de la ville; lorsque nous serons établis sur la rive nord, nous imposerons au général français nos propres conditions de combat; nous nous placerons entre lui et ses approvisionnements, entre lui et l'armée qui fait face au général Amherst.

Le plan est simple: couper Québec de Montréal et empêcher les convois de vivres qui empruntent la rive nord de se rendre dans la capitale. Il faut que les Anglais aient l'initiative du combat!

Pendant ce temps, Montcalm est toujours convaincu que l'attaque viendra du côté de Beauport et que c'est là que doit demeurer le gros des troupes. Bougainville est installé dans la région de Saint-Augustin avec les troupes nécessaires pour protéger les convois; près de 3000 hommes campent à l'île-aux-Noix au cas où l'armée d'Amherst, campée à Crown Point, déciderait de marcher sur Montréal.

Le 31 août, Wolfe écrit à sa mère que l'ennemi ne veut courir aucun risque et qu'il ne peut en conscience mettre son armée en état de péril. «Le marquis de Montcalm, affirme-t-il, est à la tête d'un grand nombre de mauvais soldats et moi, je suis à la tête d'un petit nombre de bons.»

Au moment où il écrit, la nouvelle stratégie commence déjà à se concrétiser: on abandonne le camp de Montmorency et un groupe s'installe à l'île d'Orléans pendant que la majeure partie gagne Lévis. Vers le 9 septembre, Wolfe modifie le plan original: ses hommes débarqueront le plus près possible de Québec et non dans la région de Neuville tel que prévu. Ainsi, les Anglais prendront position entre la ville et l'armée de Bougainville, empêchant si possible cette dernière de se porter à la défense de Québec.

L'impossible se réalise

Les mouvements de navires deviennent de plus en plus fréquents. Jean-Baptiste-Claude-Roch de Ramezay, commandant de Québec, écrit le 10 septembre: «Les ennemis parurent construire un nouveau retranchement au-dessus de leurs batteries de la Pointe de Lévis; nous ne comprîmes pas quel en pouvait être le véritable objet.

Leur petite flotte s'étendait depuis le Cap-Rouge jusqu'à la Pointe-aux-Trembles.»

Montcalm n'est pas trop inquiet, car il est convaincu que les Anglais ne peuvent effectuer une descente entre Sillery et Québec. Il avait d'ailleurs écrit à Vaudreuil le 29 juillet: «Il n'y a que Dieu qui sache, monsieur, faire des choses impossibles. [...] Et il ne me faut pas croire que les ennemis aient des ailes pour, la même nuit, traverser, débarquer, monter des rampes rompues et escalader: d'autant que, pour la dernière opération, il faut des échelles.»

Le lieutenant général des armées en Nouvelle-France est tellement convaincu de son point de vue qu'il croit avoir percé les visées de Wolfe. Il écrit à Bourlamaque le 2 septembre: «Je crois que Wolfe fera comme un joueur de tope et tingue qui, après avoir topé à la gauche du tope [c'est-à-dire Montmorency], et à la droite [Pointe-aux-Trembles], tope au milieu [Beauport].»

Le 12, Wolfe avertit ses officiers que le débarquement est prévu pour le lendemain. Monckton, Townshend et Murray sentent le besoin d'écrire au général pour se plaindre de leur manque d'informations «sur la ou les places que nous devons attaquer». Comme ils ne veulent pas commettre de fautes, ils demandent des ordres particuliers sur l'opération projetée. Wolfe confie alors à son état-major personnel «que les généraux de brigade l'avaient conduit en amont de fleuve et que maintenant ils reculaient». Il en accuse deux d'être des lâches et le troisième, un scélérat!

Les soldats anglais apprennent par une proclamation de Wolfe l'ordre du jour du jeudi 13 septembre:

> Les forces de l'ennemi sont divisées; il y a maintenant une grande disette de vivres dans leur camp et un mécontentement universel parmi les Canadiens. Le second officier en commandement [Lévis] est allé à

Montréal ou à Saint-Jean, ce qui nous donne raison de penser que le général Amherst s'avance dans l'intérieur de la colonie. Un coup vigoureux frappé par notre armée, dans cette conjoncture, peut décider du sort du Canada. Nos troupes au-dessous de Québec sont prêtes à se joindre à nous; toute notre artillerie légère et les outils sont embarqués à la Pointe-Lévis et les troupes débarqueront là où les Français s'y attendent le moins. Le premier corps qui débarquera marchera directement à l'ennemi et le chassera de tous les petits postes qu'il peut occuper; les officiers auront soin que les corps qui suivront ne tirent pas par erreur sur ceux qui marcheront en avant. Les bataillons se formeront sur la hauteur avec promptitude et se tiendront prêts à charger tout ce qui se présentera à eux. Quand l'artillerie et les troupes seront débarquées, un détachement sera laissé pour garder le lieu de débarquement, tandis que le reste marchera en avant et tâchera de forcer les Français et les Canadiens à se battre. Les officiers et les troupes doivent se rappeler ce que le pays attend d'eux, et ce qu'un corps de soldats déterminés, endurcis à la guerre, est capable de faire contre cinq faibles bataillons français mêlés à des paysans sans discipline. Les soldats devront être attentifs et obéissants à leurs officiers et résolus à exécuter leur devoir.

Le munitionnaire Joseph-Michel Cadet, installé au camp de Beauport, avertit Bougainville, installé à Cap-Rouge, qu'au cours de la nuit des bateaux chargés de vivres doivent descendre le fleuve vers Québec. Il le prie donc « de bien vouloir faire passer les bateaux ». Les hommes des trois postes de garde entre Sillery et Québec connaissent l'existence du convoi de vivres. Le premier poste comprend six hommes ; le second, situé à l'anse au Foulon, est commandé par Louis Du Pont Duchambon de Vergor. Il devrait y avoir là une centaine de soldats et miliciens, mais le commandant a permis à 70 d'entre eux d'aller faire les récoltes à Lorette. Les commandants des postes de garde ignorent cependant qu'un contre-ordre empêche le convoi de se mettre en marche.

Au cours de la soirée du 12, des navires anglais vont se poster non loin de Beauport et dans les environs de Cap-Rouge, pour faire croire à Bougainville et à Montcalm qu'une attaque est possible contre ces deux points. La ville est bombardée comme à l'accoutumée. Tout donc semble normal.

À partir de neuf heures du soir, l'embarquement des troupes commence à Lévis. À deux heures le 13 au matin, les bateaux plats anglais transportent les soldats à terre sur la rive nord. Une sentinelle française qui avait entendu du bruit demande: «Qui vive?» Et le colonel Fraser ou le capitaine Donald MacDonald répond: «France». Le garde, croyant avoir affaire à un des hommes du convoi de vivres, laisse passer sans rien faire. Lorsque les sentinelles du poste de garde commandé par Vergor se rendent compte de la présence anglaise sur les Plaines d'Abraham, il est déjà trop tard. Après un court échange de coups de feu, la trentaine d'hommes se rend. Vergor est, dit-on, réveillé par le bruit de la fusillade!

Surprise!

Une heure avant le lever du jour, les soldats anglais sont déjà installés sur les Plaines d'Abraham. Répartis sur trois rangées, ils font face à la ville. Les 4800 hommes de Wolfe sont prêts. Quelques-uns occupent déjà la maison Borgia et sa voisine. On a réussi à monter sur les Plaines deux pièces de canons. Les coups de feu ont réveillé les habitants de Québec. Le lieutenant colonel d'infanterie Bernetz, qui commande pendant l'absence de Ramezay, expédie immédiatement une partie de sa garnison et deux piquets du régiment de Guyenne pour tirer sur l'ennemi et l'empêcher de progresser vers la ville.

Au lever du jour, un Canadien arrive à bout de souffle au camp de Beauport, annonçant que les Anglais ont débarqué à l'anse au Foulon. Il faisait partie du poste de garde de Vergor et il a réussi à s'échapper. Montcalm demeure incrédule. Marcel, le secrétaire du général, écrit : « Nous connaissions si bien les difficultés de pénétrer par ce point, pour peu qu'il soit défendu, qu'on ne crut pas un mot du récit d'un homme à qui nous crûmes que la peur avait tourné la tête. J'allai me reposer chez moi, en priant M. Dumas d'envoyer au quartier général pour avoir des nouvelles et de me faire avertir s'il y avait quelque chose à faire. On entendait toujours quelques coups de fusils de loin en loin. »

Un courrier expédié par Bernetz réussit à convaincre Montcalm du bien-fondé de la nouvelle. Vers les six heures, Montcalm se met en route. Un quart d'heure auparavant, le gouverneur Vaudreuil avait appris le débarquement, mais l'événement lui est présenté de telle façon qu'il croit que les Anglais se préparent à quitter la place. Il ne mesure la gravité de la situation qu'une demi-heure après le départ de Montcalm. À sept heures et quart, il envoie un message à Bougainville :

> Il paraît bien certain que l'ennemi a fait un débarquement à l'anse au Foulon. Nous avons mis bien du monde en mouvement. Nous entendons quelques petites fusillades. M. le marquis de Montcalm vient de partir avec 100 hommes du gouvernement des Trois-Rivières pour renforcer ; sitôt que je saurai positivement ce dont il sera question, je vous donnerai avis. Il me tarde bien d'avoir de vos nouvelles et de savoir si l'ennemi a fait quelque tentative de votre côté. [...] Les forces ennemies

> paraissent considérables. Je ne doute pas que vous soyez attentif à ses mouvements et à les suivre. C'est sur quoi je m'en rapporte à vous.

Lorsque Montcalm arrive sur les Plaines, des miliciens canadiens y font déjà le coup de feu contre les troupes anglaises. Celles-ci ripostent peu. Quelques centaines d'Amérindiens, cachés dans des bosquets, tirent également sur les hommes de Wolfe. Le général français place soldats et miliciens en ordre de bataille. Un cavalier d'ordonnance du gouverneur Vaudreuil lui remet un billet où il lit : « L'avantage que les Anglais avaient eu de forcer nos postes, devait naturellement être la source de leur défaite ; mais il était de notre intérêt de ne rien prématurer. Il fallait que les Anglais fussent en même temps attaqués par notre armée, par quinze cents hommes qu'il nous était fort aisé de sortir de la ville, et par le corps de M. de Bougainville, au moyen de quoi ils se trouveraient enveloppés de toutes parts et n'auraient d'autres ressources que leur gauche pour leur retraite, où leur défaite serait encore infaillible. »

La journée des Fautes

Montcalm ne semble pas vouloir suivre le conseil de Vaudreuil. Il n'envoie personne avertir Bougainville. Il dispose d'environ 3 500 hommes, surtout des miliciens peu habitués à une bataille rangée, alors que ceux qui leur font face sont en grande majorité des troupes régulières.

> M. le marquis de Montcalm, raconte Foligné qui se trouvait sur place, n'eut pas reconnu les forces et la situation avantageuse des ennemis qui occupaient la hauteur ordonna qu'on amena cinq pièces de canons de douze, six et quatre de calibres avec poudre et balles. Les

> ordres de M. le marquis s'exécutèrent avec promptitude. Les canons arrivèrent, dont deux furent placés à la gauche de notre colonne, du côté de la porte Saint-Louis, un au centre qui regardait le long du chemin de Sainte-Foy, et un à la droite qui longeait la côte d'Abraham. À mesure que le monde arrivait, il était rangé dans l'ordre de bataille ordonné par M. le marquis de Montcalm qui fit placer sur les ailes de notre colonne sept à huit cents Canadiens et Sauvages qui, par leur fusillade et le feu qu'ils mirent à la maison de Borgia vers les neuf heures, engagèrent le fort de l'action que M. de Montcalm crut devoir soutenir et profiter du moment que la troupe paraissait le mieux disposée pour avancer avec notre colonne jusqu'au bas de la hauteur qu'occupaient les ennemis où à une demi-portée de fusil notre général engagea l'action. Les ennemis après avoir essuyé de pied ferme trois décharges de notre colonne descendirent presque à bond toucher [?]. Jamais action ne fut plus opiniâtre pendant près d'une demi-heure.

Le combat se déroule entre neuf et dix heures, selon les témoins et dure moins d'une demi-heure. Les Canadiens n'ont pas l'habitude de se battre sur un terrain découvert. Ils retardent la marche des troupes régulières. Beaucoup de confusion. Qui, des soldats réguliers ou des miliciens, sont les premiers déroutés? Les témoins ne sont pas d'accord. Un aide de camp français écrit dans son journal:

> Lorsque les troupes et Canadiens du gouvernement de Québec ayant fait demi-tour, pressés par le feu de l'ennemi qui faisait un mouvement pour les envelopper, entraînèrent successivement la retraite de toute l'armée qui se fit avec bien du désordre malgré le zèle, la bonne contenance et les propos de tous les officiers. Rien de tout cela ne fut capable d'arrêter les fuyards qui n'écoutaient plus que les impressions d'une terreur sans égale. Enfin, le désordre fut si grand qu'il ne fut pas possible de rallier

les troupes, dont les tristes débris se retirèrent, les uns jusqu'au bout de la rivière Saint-Charles, et les autres sous la place de Québec qui n'avait du canon que dans ses flancs et, par conséquent, peu utile pour protéger notre retraite si l'ennemi eût profité de son avantage.

L'armée anglaise, malgré son apparente victoire, est un peu désemparée. Wolfe est mortellement blessé et Monckton est atteint d'une balle. Le général de brigade George Townshend tarde à prendre le commandement qui lui revient ; l'hésitation permet aux Français et aux Canadiens de s'enfuir.

Bougainville, qui apprend à neuf heures du matin le débarquement anglais, marche aussitôt vers Québec. « Mais quand j'arrivai à portée de combattre, écrit-il, notre armée était battue et en déroute. Toute l'armée anglaise s'avança pour m'attaquer. Je fis ma retraite devant elle et me postai de façon à couvrir la retraite de notre armée, à me joindre à elle et à remarcher aux ennemis, si on le jugeait à propos. »

« Le 13 septembre, affirme l'historien Guy Frégault, devrait être connu sous le nom de la Journée des Fautes. » Wolfe ne s'était ménagé presque aucune possibilité de retraite. Quant à Montcalm, il aurait dû agir avec moins de précipitation et attendre les renforts de Bougainville qui commandait « la fine fleur de l'armée ». Il aurait pu aussi mieux utiliser les miliciens canadiens. « Il fallait l'attendre et profiter de la nature du terrain pour placer par pelotons dans les bosquets de broussailles dont il était environné, ces mêmes Canadiens qui, arrangés de la sorte, surpassent certainement par l'adresse avec laquelle ils tirent toutes les troupes de l'univers », lit-on dans un mémoire anonyme de l'époque.

Québec capitule

Le jour même de la bataille des Plaines d'Abraham, le gouverneur Vaudreuil réunit un conseil de guerre où l'on retrouve l'intendant Bigot et les principaux officiers.

> Ce gouverneur général, rapporte le compte rendu, y a proposé s'il y avait quelque moyen à pouvoir réattaquer l'ennemi, avis qui a été unanimement rejeté et par la faiblesse, et par la dispersion et par le harassement des troupes. Se replier a paru le seul parti militaire à prendre, la position du camp de Beauport devenant insoutenable et pour n'être pas séparée d'une armée victorieuse et supérieure en force, tant par le nombre que par l'espèce et pour n'avoir devant soi qu'une rivière gayable presque partout à basse mer et retranchée sur laquelle l'ennemi pouvait se porter dès le soir même.

Dès le même soir, on abandonne donc le camp de Beauport. Plusieurs jours avant la bataille, Montcalm avait rédigé un projet de capitulation de Québec. Le jour même de l'engagement, Vaudreuil fait parvenir à Ramezay, le commandant de la ville, un mémoire dans lequel il commente les articles de la capitulation. « Nous prévenons M. de Ramezay, écrit le gouverneur, qu'il ne doit pas attendre que l'ennemi l'emporte d'assaut ; ainsi, sitôt qu'il manquera de vivres, il arborera le drapeau blanc et enverra l'officier de sa garnison le plus capable et le plus intelligent pour proposer la capitulation conformément aux articles ci-après que nous appuyons de nos observations en marge. »

Montcalm est mis au courant de la décision de ses officiers. Agonisant, il venait d'écrire à Townshend un court billet « lui livrant la ville », selon les mots de l'historien Eccles. « Obligé de céder Québec à vos armes, j'ai l'honneur de demander à Votre Excellence ses bontés pour nos malades et blessés et de lui demander l'exécution du traité d'échange qui a été convenu entre Sa Majesté très chrétienne et Sa Majesté britannique. Je la prie d'être persuadée de la haute estime et de la respectueuse considération avec laquelle, j'ai l'honneur d'être, monsieur, votre très humble et très obéissant serviteur, Montcalm. »

Le 15 septembre, Québec n'a plus de vivres, à demi-ration, que pour huit jours. Les bourgeois de Québec présentent une requête au commandant Ramezay et aux officiers majors leur demandant de capituler, car, outre le manque de nourriture, la ville est presque incapable de résister à une attaque anglaise. La même journée, Ramezay réunit un conseil de guerre ; il est décidé de capituler de la façon la plus honorable possible. Seul l'officier Louis-Thomas Jacau de Fiedmont s'y oppose. Il faut, selon lui, « réduire encore la ration et pousser la défense de la place jusqu'à la dernière extrémité ».

Au moment où Lévis et Bougainville s'apprêtent à venir prêter main-forte à la ville assiégée et remettre à la population les vivres dont elle a besoin pour résister, Ramezay demande à Joannès, capitaine aide-major au régiment de Languedoc, major de la place, de hisser le drapeau blanc. L'officier refuse. La journée du 17 septembre se passe en négociations et en discussions entre Ramezay et différents officiers. Pendant ce temps, une partie de la flotte anglaise exécute des manœuvres devant Québec. Le 18, Ramezay capitule.

Québec, ce n'est pas qu'une ville qui se rend. Cette reddition est le prélude à la fin de la Nouvelle-France. Elle ne saurait tarder.

La colonie capitule

Au moment de sa reddition, Québec est à peu près complètement démolie. Pendant deux mois, elle a été bombardée et canonnée quasi sans arrêt. Selon l'évêque, monseigneur de Pontbriand, « 180 maisons ont été incendiées par des pots à feu, toutes les autres criblées par le canon et les bombes. » Même les Anglais sont surpris des effets de leur bombardement. Le capitaine John Knox note dans son journal, le 20 septembre 1759 :

> De fait, le ravage est inconcevable. Les maisons restées debout sont toutes plus ou moins perforées par nos boulets. La ville basse est tellement en ruines qu'il est presque impossible de circuler dans les rues. Les parties de la ville les moins endommagées sont les rues qui conduisent aux portes Saint-Jean, Saint-Louis et du Palais. Cependant, quoique plus éloignées de nos batteries, elles portent les marques d'une destruction presque générale. Les maisons bâties sur le sommet de la montagne, depuis le palais de l'évêque jusqu'au cap Diamant, sont les plus endommagées et doivent subir d'incroyables réparations pour être tant soit peu habitables.

Québec est une ville non seulement démolie, mais aussi désertée. Depuis le début du siège, beaucoup ont fui à la campagne. Au cours des derniers jours, même des soldats et des miliciens ont déserté. Le 15 septembre, il ne reste plus à l'intérieur des murailles que 2600 femmes et enfants et environ 1200 malades ou blessés.

Un nouveau chef

Quelques heures avant que Ramezay décide de capituler, le chevalier de Lévis arrive à la hâte de Montréal, afin de prendre la direction de l'armée française décimée. On lui remet un paquet scellé depuis le 11 mars 1756, paquet qu'il ne devait ouvrir qu'advenant la mort de Montcalm. La lettre qu'il contient est signée de la main du roi.

> Sa Majesté, y lit-on, jugeant à propos de pourvoir à ce que le commandement des troupes de renfort qu'elle envoie en Canada et de celles qui y sont actuellement, sous les ordres du sieur marquis de Montcalm, ne puisse être contesté, s'il venait à vaquer par l'absence, mort, maladie ou autre empêchement dudit sieur marquis de Montcalm, et que celui qui devra lui succéder soit désigné de manière à prévoir toute difficulté, elle a ordonné et ordonne qu'auxdits cas d'absence, mort, maladie ou autres empêchements quelconques dudit sieur marquis de Montcalm, le commandement desdites troupes sera dévolu au sieur chevalier de Lévis.

Le nouveau chef des armées françaises s'apprête à attaquer le camp anglais établi devant Québec; mais il apprend bientôt avec stupeur que l'amiral Charles Saunders et le général de brigade George Townshend ont apposé leur signature au bas des articles de capitulation. Selon ce document, les habitants de la ville conserveront la possession de leurs maisons, biens, effets et privilèges dès qu'ils mettront bas les armes. De plus, le vainqueur s'engage à ne pas toucher « aux effets des officiers et habitants absents, et à ne pas forcer qui que ce soit à quitter sa maison jusqu'à ce qu'un traité définitif entre Sa Majesté très chrétienne et Sa Majesté britannique ait réglé leur état». Enfin, on accorde le «libre exercice de la religion romaine», ainsi que des sauvegardes «à toutes personnes religieuses ainsi qu'à monsieur l'évêque qui pourra venir exercer librement et avec décence les fonctions de son état lorsqu'il le jugera à propos, jusqu'à ce que la possession du Canada ait été décidée entre Sa Majesté britannique et Sa Majesté très chrétienne».

Ramezay a demandé les honneurs de la guerre pour la garnison qui pourra réintégrer les rangs de l'armée française avec «armes, bagages, six pièces de canon de fonte et deux mortiers ou obusiers et douze coups à tirer par pièce». Cette demande n'est acceptée qu'à moitié. Les officiers anglais écrivent en marge du document: «La garnison de la ville, composée des troupes de terre, de marine et matelots, sortira de la ville avec armes et bagages, tambour battant, mèche allumée avec deux pièces de canon de France et douze coups à tirer pour chaque pièce et sera embarquée le plus commodément possible pour être mise en France au premier port.» En apprenant l'arrivée de Lévis, Ramezay a failli faire rappeler l'Acte de capitulation, mais il décide de respecter sa signature. Lévis ne peut cacher son indignation: «Il est inouï que l'on rende une place sans qu'elle soit attaquée ni investie.» On raconte que Ramezay traînera jusqu'à sa mort le boulet de la reddition de Québec.

L'entrée du vainqueur

La journée même de la capitulation, trois compagnies de grenadiers, commandées par le lieutenant colonel James Murray, prennent possession des portes de la ville. L'ordre du jour communiqué à l'armée campée encore devant Québec rappelle que «tout acte de violence ou de rigueur ainsi que le pillage sont strictement défendus. [...] Les soldats, ajoute-t-on, ne devraient pas oublier que Québec, appartenant désormais à Sa Majesté britannique et non pas au roi de France, peut devenir une garnison et qu'elle doit être conservée à cette fin».

Pour prendre possession de la ville elle-même, «50 hommes d'artillerie avec le nombre d'officiers en proportion et une pièce de campagne, suivie d'une mèche allumée, se rendront à la Place d'armes et précéderont le commandant et quelques officiers pour prendre possession de la ville et auxquels seront remises toutes les clefs des forts».

Le 20 septembre, la garnison française est embarquée à bord de quatre vaisseaux de transport pour être conduite en France. La veille, on avait déposé à bord du *Royal William* la dépouille embaumée de Wolfe.

«Je serai fidèle» et affamé

Tranquillement, la vie reprend à Québec. Le 21 septembre, Murray permet aux habitants ayant quitté la ville de revenir prendre possession de leurs biens, à la condition de prêter ce serment de fidélité: «Je promets et jure devant Dieu solennellement que je serai fidèle à Sa Majesté britannique, le roi George Second, que je ne prendrai point les armes contre lui et que je ne donnerai aucun avertissement à ses ennemis qui lui puisse en aucune manière nuire.» Le même jour, le commissaire des guerres Benoît-François Bernier se plaint à Ramezay que les 300 à 400 blessés français et canadiens hospitalisés n'ont plus rien à manger.

Aux dires de Bernier, Murray lui aurait déclaré «que les Anglais n'étaient pas venus pour nourrir le pays». Dans une proclamation rendue publique le 22 septembre, le commandant en chef des troupes de

Sa Majesté britannique dans la rivière de Saint-Laurent, Robert Monckton, précise que les Anglais « ne sont pas venus pour ruiner et détruire les Canadiens, mais pour leur faire goûter les douceurs d'un gouvernement juste et équitable », pourvu que les Canadiens « rendent les armes, prêtent le serment de fidélité et demeurent chez eux en repos ».

En prévision de l'hiver

Les habitants qui ont les matériaux nécessaires ou l'argent pour s'en procurer réparent ou font réparer leurs maisons en prévision de l'hiver. Les soldats réaménagent le couvent des récollets ainsi que le collège des jésuites dont les trois quarts sont convertis en entrepôt. Les troupes entrent en ville le 29 septembre pour prendre leurs quartiers d'hiver. Le soir même, on ferme les portes de la ville. Les soldats s'installent un peu partout, entre autres chez les récollets.

La présence militaire dans Québec cause bien des problèmes. L'ordre du jour du 1er octobre enjoint aux officiers de surveiller de plus près leurs hommes. « Comme on est entré par effraction dans les maisons et dans les caves des habitants pour y commettre des dépravations, le général demande aux officiers commandant les gardes de voir à ce que leurs hommes ne s'enivrent pas et à ce qu'ils ne restent pas seuls ; à cette fin, les officiers feront souvent l'appel et emprisonneront ceux qui ne tiennent pas compte des ordres. En outre, il désire que ceux qui dirigent des équipes de pionniers prennent des mesures pour ne pas laisser leurs hommes inoccupés ; ils devront, au contraire, les astreindre toujours à des travaux, car de nombreux travaux doivent être terminés avant la venue de l'hiver. » Cependant, comme il est impossible que la flotte de l'amiral Saunders hiverne à Québec, la majeure partie des vaisseaux quitte la rade et fait voile vers l'Angleterre, le 18 octobre.

Une coexistence très pacifique

James Murray, maintenant porteur du titre de gouverneur général de Québec et du pays conquis, souhaite que Canadiens et Anglais vivent en harmonie. Le 14 novembre, il émet un manifeste où il reproche au gouverneur Vaudreuil de venir faire de la maraude dans les paroisses conquises pour inciter les Canadiens à se joindre au corps d'armée en formation.

> Comme les généraux des ennemis, affirme Murray, ont jugé à propos de lever des contributions sur les paroisses qui nous sont soumises, les lois de la guerre et de la justice m'obligent d'user de représailles sur celles d'en haut ; en cela, comme pour l'avenir, leur conduite réglera toujours la mienne. Il serait heureux pour les Canadiens, que moins soigneux de leur gloire, ils songeassent uniquement au bien de l'État ; les courses sur les Canadiens seraient réprimées ; l'habitant jouirait du repos ; ouvrez les yeux sur vos propres intérêts : toute communication avec l'océan étant bouchée [...] sans espoir, sans ressource, avec un grand corps des troupes aguerries dans le sein du pays, un autre à ses portes, presque tous les postes d'en haut emportés ou abandonnés. Nous vous exhortons avec empressement d'avoir recours à un peuple libre, sage, généreux, prêt à vous tendre les bras pour vous affranchir d'un despotisme vigoureux et à vous faire goûter avec eux les douceurs d'un gouvernement juste, modéré et équitable ; que, si vous ne profitez pas de cet avis, vous avez à attendre le traitement le plus sévère, qui puisse être permis par le droit de la guerre.

Certains Canadiens n'ont pas attendu l'appel à la bonne entente pour fraterniser avec les troupes anglaises, puisque, dès le 6 octobre, un ordre du jour précise que «le général désire que les commandants des régiments ne permettent pas à leurs hommes d'épouser des Françaises». Les petits bourgeois et les membres des communautés religieuses sont parmi les premiers à nouer de bonnes relations avec l'occupant. À ce sujet, Lévis avait vu juste. Il écrit le 1er novembre: «Les Canadiens, par ce que nous voyons de ceux de Québec, ne seront pas longtemps à s'accoutumer au gouvernement anglais à cause de la facilité qu'ils trouveront dans le commerce.» L'intendant Bigot partage le même avis: «Un chacun à Québec pense à raccommoder ses affaires et peu aux intérêts du roi et à ceux de la colonie. [...] Tous les Français qui sont à Québec cherchent à faire leur cour pour se procurer des aisances. Je le connais, parce que ces négociants me le répètent eux-mêmes.»

L'historien Guy Frégault donne les raisons expliquant l'attitude des négociants de Québec. «Ce sont les petits commerçants qui se trémoussent autour de Murray, non pas les grands négociants, écrit-il; ceux-ci restent avec le gouvernement canadien, sur lequel ils ont d'ailleurs d'énormes créances, dans la capitale provisoire de Montréal.»

Le 26 septembre, la supérieure de l'Hôpital Général de Québec, sœur Saint-Claude Ramezay, sœur du lieutenant-gouverneur de la ville, fait parvenir une lettre à Monckton, dans laquelle elle écrit: «Les dames de l'Hôpital Général sont pleines d'empressement de présenter leur respect à votre excellence et de lui témoigner la vive reconnaissance de la protection dont elle veut bien les honorer; elles la supplient de la leur continuer, font des vœux pour le recouvrement de sa santé et espèrent qu'elle voudra bien agréer les confitures qu'elles prennent la liberté de lui présenter.»

L'évêque de Québec, réfugié à Montréal, recommande aux religieuses de l'Hôtel-Dieu de Québec une attitude semblable. Il écrit donc à la supérieure de l'institution, le 12 octobre : « Il faut se prêter à tout ce qu'il [le nouveau gouvernement] demandera et vous gêner pour tout ce qui peut être utile aux malades. La religion chrétienne exige pour les princes victorieux et qui ont conquis un pays, toute l'obéissance, le respect que l'on doit aux autres, de sorte, mes très chères Filles, que vous et toutes vos sœurs pouvez mériter le même mérite que lorsque vous serviez les Français. »

Tous n'acceptent pas avec autant de rapidité et de principes la présence anglaise dans Québec. Le 17 novembre, un Canadien est pendu pour avoir incité des soldats anglais à déserter. Le lendemain, lors d'un conseil de guerre, il est décidé de sévir contre l'abbé Charles-Louis Beaudoin, accusé lui aussi d'incitation à la désertion. Le capitaine John Knox se présente chez lui et le met aux arrêts au nom de Sa Majesté britannique. « Le pauvre vieillard, note l'officier dans son journal, était grandement terrifié et il me demanda de lui dire honnêtement de quel crime il était coupable. » Le prêtre est aussitôt chassé de la ville.

On promène encore la torche

La garnison anglaise de Québec et les autorités militaires sont aux aguets et nerveuses. On sait que des navires marchands français, sous le commandement de Jacques Kanon, vont essayer de passer devant la ville et tenter de se rendre en France. Dans la nuit du 18 au 19, chacun est à son poste, car on est convaincu que les navires vont profiter de la nuit pour échapper aux canons anglais. « Le clergé et les habitants sont étroitement surveillés. » Le colonel Hunt Walsh et le colonel Hussey viennent d'aller incendier le village de Saint-Joseph, près de Neuville, parce que les habitants de l'endroit n'auraient pas respecté leur serment de fidélité.

Le 24 novembre, entre onze heures et minuit, alors que la nuit est des plus sombres, la petite flotte française profite de la marée descendante pour passer devant Québec. Les canons anglais tirent une centaine d'obus. Un des navires est touché et s'échoue sur la rive. On décide, par la suite, de renforcer la défense de la ville. On établit, « au moyen de barriques remplies de neige une autre ligne de défense à l'intérieur des remparts, à partir de la citadelle jusqu'aux casernes d'Amherst ». « Toutes les ruelles, ajoute l'enseigne John Bruyères, et tous les passages de la basse ville furent fermés. »

Québec prend de plus en plus l'allure d'une ville occupée. L'ordre du jour du 4 novembre réglemente autant la vie du soldat que celle de l'habitant. Le matin et le soir, un coup de canon indique l'heure du lever et du coucher des soldats. Matin et soir aussi, on procède à l'appel nominal des hommes. Il est interdit aux soldats de travailler pour les habitants de la ville. À cause de la rareté du bois de chauffage, il faut chauffer les maisons le moins possible. Il est interdit aux habitants d'acheter divers effets des soldats. Bien plus, les habitants doivent éteindre leurs lumières à dix heures du soir et déclarer au gouverneur les étrangers logeant chez eux. Il leur est interdit de sortir le soir, à moins d'avoir un fanal et, après dix heures, personne ne doit se trouver dans la rue. Ceux qui se hasarderont à l'extérieur après le couvre-feu seront mis sous arrêt. Comme les habitants ont obtenu par la capitulation la liberté de religion, ils pourront faire des processions dans les rues et, lorsque celles-ci auront lieu, les officiers devront « leur payer le compliment du chapeau ».

Les températures, au cours de l'hiver 1759-1760, seront souvent extrêmement froides. Les religieuses prennent en pitié les genoux des soldats du régiment des Highlanders écossais qui occupent une partie du monastère et leur tricotent des bas en remerciement pour des travaux que ces derniers exécutent pour elles : leur apporter du bois de chauffage ou enlever la neige devant leur monastère.

Pendant ce temps...

Il n'y a que Québec et la région avoisinante qui soient sous le contrôle de l'armée anglaise. Le reste de la colonie continue à vivre sous domination française. Le gouverneur Vaudreuil, l'intendant Bigot et l'évêque de Québec demeurent à Montréal. Les soldats sont soit au fort de l'île-aux-Noix, soit au fort Lévis situé sur l'île aux Galops, non loin de l'actuelle ville de Prescott, ou chez l'habitant. Peu après la bataille des Plaines d'Abraham, une partie de l'armée française s'est retirée sur les bords de la rivière Jacques-Cartier où elle édifie un fort. La place forte, défendue par une clôture de pieux, est de forme irrégulière et possède un fossé profond du côté opposé au fleuve. L'endroit est trop petit pour héberger toute l'armée.

> Une partie se cantonna dans les environs, écrit l'abbé Félix Gatien dans son *Histoire du Cap-Santé.* Les soldats se firent des cabanes avec tout ce qu'ils purent trouver. Tout ce que les habitants des environs avaient soit en provisions, soit en animaux, fut enlevé pour fournir à l'armée ce dont elle avait besoin pendant son séjour en ce lieu. À peine dans chaque famille put-on conserver ce qui était absolument nécessaire pour la subsistance. Heureuse celle où on laissait une seule vache. Ceux des habitants qui purent conserver un mouton ou

> deux, n'y réussirent qu'en cachant soigneusement ces animaux jusque dans leurs caves, pour les soustraire aux recherches continuelles que l'on faisait pour se procurer des aliments.

À Montréal, on a plus peur de la faim que de l'Anglais. Le 7 novembre 1759, Vaudreuil écrit au ministre Berryer : « Dans les circonstances où nous sommes, nous avons à craindre l'ennemi ; mais nous sommes encore plus menacés d'une famine dont les suites seraient certainement funestes, quel que pût être le sort de cette colonie. L'unique remède à nos maux serait la paix ; mais quand même la guerre continuerait, nous n'aurions pas moins besoin, monseigneur, de recevoir des comestibles en prime. »

Un projet de reconquête

Dès le début du mois de décembre, Lévis a son plan de reconquête de Québec : il veut attaquer la ville en hiver avant l'arrivée de secours soit par mer soit par voie de terre. On s'affaire à construire des échelles pour faciliter l'escalade des murs. On essaie d'accumuler des vivres. Mais les froids excessifs empêchent les moulins de moudre la farine nécessaire. L'opération est donc retardée.

Pendant que, dans la colonie, on espère du secours de la France, à Versailles, François Le Mercier demande au ministre de la Guerre, au nom de Vaudreuil et de Lévis, des vivres, des munitions et 4 000 hommes. « Si la Cour n'envoie pas un secours suffisant pour faire le siège de Québec, il est inutile d'y envoyer et la colonie sera certainement perdue. » Le Mercier insiste sur le fait que Québec doit être reprise au plus tard au mois de mai, c'est-à-dire avant l'arrivée de renforts anglais. Le maréchal de Belle-Isle écrit à Lévis le 9 février 1760 :

> Sa Majesté est bien persuadée que le commandement ne pouvait passer, après lui, [Montcalm], en de meilleures mains que les vôtres et que vous soutiendrez jusqu'au bout l'honneur de ses armes, à quelque extrémité que les affaires puissent être réduites. Au reste, M. Bernier vous fait passer des secours de toute espèce, en vivres, en munitions de guerre et en recrues ; au moyen de quoi, malgré l'avantage que les Anglais ont d'occuper la ville de Québec, qui leur a été rendue trop légèrement, vous serez en état de leur disputer le terrain pied à pied et de prendre, peut-être, des avantages sur eux, capables d'arrêter leurs progrès.

Berryer, le ministre français de la Marine, ne saisit pas l'enjeu du combat qui se déroule en Amérique. La Nouvelle-France n'a droit qu'à 400 soldats de renfort, au lieu des 4 000 demandés. Pour défendre la colonie contre une flotte anglaise, il faudra compter sur le *Machault*, une frégate de 28 canons. Les vivres expédiés comprennent surtout du bœuf et du cheval « pourris ». Le convoi, qui comprend en tout six navires, quitte le port de Bordeaux le 10 avril. Il est beaucoup trop tard.

La marche vers la victoire

Avril 1760 marque le moment choisi par les Français pour attaquer Québec. Au début du mois, Lévis « rappelle l'armée sous les drapeaux ». Il compte sur la bonne volonté des miliciens canadiens, soit environ 3 000 hommes qui viendront se joindre aux 4 200 soldats réguliers. Le commandant en chef exhorte ses officiers à traiter moins durement les miliciens. « Vous savez, leur écrit-il, qu'on nous accuse d'agir avec trop de sévérité envers eux; il est essentiel de les bien traiter et qu'ils vivent en bonne intelligence avec les troupes. »

Dès les 14 et 15 avril, un corps de cavalerie composé d'environ 200 hommes se met en route pour le fort Jacques-Cartier, situé à l'embouchure de la rivière du même nom. En terme de défense de la colonie, ce fort est l'équivalent du fort Lévis, à l'ouest de Montréal, près d'Oswegatchie et du fort de l'Ile-aux-Noix sur la rivière Richelieu. L'évêque de Québec émet un mandement demandant des prières publiques pour le succès de la campagne qui commence. «Déjà, écrit-il, les troupes et les milices animées d'un nouveau courage partent avec joie, sous la conduite d'un général dont la famille a donné à l'État tant d'illustres défenseurs, et qui sait conserver dans l'action la plus vive cette tranquillité d'âme qui fait les grands hommes. Continuons, nos très chers frères, de recourir au Seigneur encore avec plus de ferveur, s'il est possible, et espérons tout de son bras tout-puissant.»

Enfin, le gouverneur Vaudreuil prête main-forte au Seigneur en obligeant, sous peine de mort, les miliciens à prendre les armes…

Le 20 avril, l'armée s'embarque sur des bateaux que Bigot a fait construire au cours de l'hiver. Lévis y va de ses dernières recommandations.

> Je vous prie, demande-t-il aux officiers, de tenir la main à ce que les habitants emportent des fusils en état, les munitions qu'ils auront, des marmites et des ustensiles, ainsi qu'il leur est ordonné et des vêtements, ne devant rien espérer des magasins qui sont dépourvus de tout. Il put avoir attention qu'on mette quelques planches ou écorces sous les vivres pour empêcher que les bateaux qui feraient eau ne les gâtent et ordonner aussi qu'ils soient couverts avec les tentes; car il n'est point de cas qui puissent leur procurer d'autres vivres avant l'expiration des huit jours.

Car les miliciens n'ont de la nourriture que pour huit jours. Malgré les glaces, l'armée réussit à se regrouper à

Pointe-aux-Trembles les 24 et 25 avril. Il est alors résolu, note le chevalier de Lapause, «qu'on se rapprocherait jusqu'à Saint-Augustin par eau, où l'on débarquerait et, après avoir tiré les bateaux à terre, on se mettrait en marche pour aller jeter des ponts vers le haut de la rivière de Cap-Rouge, d'où l'on entrerait dans la paroisse de la vieille Lorette et, après, passant un marais appelé la Suette, on irait attaquer le poste qu'ils [les Anglais] avaient à l'église de Sainte-Foy qu'ils avaient retranchée avec du canon et les troupes qui gardaient cette hauteur».

En effet, depuis le 11 novembre 1759, des soldats anglais campent dans les églises de Sainte-Foy et de Lorette pour mieux contrôler «les avenues vers Québec», maintenir la population en paix et empêcher une attaque-surprise contre la ville.

Murray ignore encore que Lévis marche sur Québec. Quatre déserteurs français lui ont bien révélé qu'une attaque est imminente, mais on ignore quand précisément. Par mesure de prudence, le gouverneur anglais fait afficher sur toutes les places publiques de la ville, le 21 avril à dix heures du matin, une proclamation avertissant les habitants «que l'ennemi se prépare à nous attaquer». En conséquence, «tous doivent quitter la ville avec leurs familles et leurs effets et attendre d'autres ordres avant de revenir». On accorde aux Canadiens «trois fois vingt-quatre heures pour déménager».

À deux heures du matin, le dimanche 27 avril, les autorités anglaises apprennent de façon certaine que Lévis est en route vers Sainte-Foy. La pluie tombe sans arrêt, retardant la marche des Français et des Canadiens. Vers dix heures, ces derniers traversent le marais de la Suette. À cinq heures du soir, on apprend que les Anglais se retirent de l'église de Sainte-Foy, après y avoir mis le feu.

« On marcha sur-le-champ pour pouvoir les joindre, excepté les volontaires, raconte Lapause, mais, ayant laissé avant d'entrer dans Québec un poste à une maison qui était fortifiée et à une demi-lieue de la place et un autre à une redoute qui était à même hauteur ; comme il était nuit, l'armée cantonna dans les maisons depuis les postes des ennemis jusqu'à l'église de Sainte-Foy. »

Au petit matin, le 28 avril, alors que la journée s'annonce splendide, Lévis et Murray, chacun de leur côté, font une tournée de reconnaissance. Vers les sept heures, l'armée anglaise, forte de 3900 hommes, commence à marcher vers les Plaines d'Abraham, « avec une artillerie respectable » d'une vingtaine de pièces. Lévis peut compter, quant à lui, sur 7000 soldats ou miliciens.

> Nos grenadiers, raconte le témoin Joseph Fournerie de Vézon, prirent poste à la maison de Dumont, proche d'un moulin à vent. Cependant, monsieur Murray sortit de la place avec toute sa garnison et se mit en bataille : sa droite en face de nos grenadiers et sa gauche à l'anse des Mères. Nos grenadiers se dispersèrent sur le front, tandis que monsieur le chevalier de Lévis donna ordre à toute l'armée de s'avancer. Elle déboucha par le grand chemin de Sainte-Foy, à environ neuf heures du matin et vint se mettre en bataille en face des ennemis. On n'a jamais su par quelle manœuvre la brigade de La Reine, qui devait occuper la droite, se trouva par derrière et ne donna point. La brigade du Royal Roussillon occupa cette droite ; celle de La Sarre, la gauche ; celle de Berry, celle de la Marine et celle des milices de la ville de Montréal occupaient le centre. La précipitation de cette manœuvre fut cause que le centre de notre armée se trouva tellement engorgé qu'il n'était pas possible de faire aucun mouvement. M. de Lévis, pour remédier à cet inconvénient, fit faire à toute l'armée un demi-tour à droite pour gagner la tête d'un petit bois, qui facilitait

> à nous former et nous éloignait un peu de l'artillerie des ennemis dont nous étions accablés. Dans cet instant, monsieur Murray crut que nous prenions la fuite et fit un mouvement en avant; mais, tout à coup, les pelotons des milices, de la brigade de la Marine firent face et commencèrent un feu qui leur en imposa, tandis que cette brigade marchait la baïonnette au bout du fusil et que celle de Royal Roussillon se longeant sur sa droite, chargeait la gauche des ennemis avec quelque succès.

Le feu fait rage depuis plus d'une heure. Les Anglais, craignant « d'être enfoncés », prennent la fuite. « Ils furent poursuivis avec beaucoup plus d'ardeur que les fatigues que l'on venait d'essuyer ne devaient le faire espérer, poursuit Vézon. La brigade de la Marine et les milices qui y étaient attachées dépassèrent de beaucoup le centre des ennemis. M. de Charly, aide-major d'un bataillon de cette brigade, fut sur le point de se saisir d'un drapeau; mais nos ennemis, moins fatigués que nous, nous gagnèrent en vitesse et entrèrent dans la ville, sans avoir pu cependant sauver une seule pièce d'artillerie. »

Dans l'engagement, l'armée anglaise avait perdu 259 hommes et 829 étaient blessés. Quant aux troupes de Lévis, leurs pertes sont légèrement moins élevées: 193 tués ou morts de leurs blessures et 640 blessés. Immédiatement après la bataille, le général français ordonne à une garde d'aller prendre possession de l'Hôpital Général. Les blessés des deux camps y sont transportés.

Québec assiégée

Après le combat de ce jour, note Murray dans son journal, rien de plus ne peut être fait; il est nécessaire de donner aux hommes un peu de repos. » Le soir du

28 avril, le général anglais émet un ordre pour faire le point sur la situation.

> Le 28 avril, déclare-t-il, a été malheureux pour les armes britanniques, la situation n'est pas aussi désespérée ni irrémédiablement compromise. Le général a souvent expérimenté la bravoure des troupes qu'il commande maintenant et il est convaincu qu'elles s'efforceront de regagner celles qu'elles ont perdu. La flotte peut arriver d'une heure à l'autre. Les renforts sont là, tout près; et perdrions-nous en un instant le fruit de tant de sang. Tant les officiers que les soldats doivent supporter patiemment leur fatigue et être prêts à s'exposer chèrement à quelques dangers; tel est le devoir qu'ils doivent à leur roi, à leur pays et à eux-mêmes.

L'armée de Lévis commence, dès le 29, à creuser des tranchées en vue du siège de la ville. En ce dernier endroit, la situation est explosive.

Lévis et Murray n'attendent qu'une chose : l'arrivée du premier navire. S'il bat pavillon français, Québec devra se rendre. S'il est de nationalité anglaise, le général français saura que tout est fini ! Des centaines de personnes scrutent l'horizon du côté de l'est tous les jours. Le 9 mai, vers les onze heures du matin, une frégate paraît au-delà de la Pointe-Lévis. « La ville arbore par trois fois pavillon anglais sur la citadelle ; la frégate met le même pavillon et vient mouiller entre les deux églises. » Le *Lowestoff*, commandé par le capitaine Joseph Deane, annonce l'arrivée prochaine d'une flotte anglaise.

« La joie des troupes est impossible à exprimer, raconte Knox ; officiers et soldats montèrent sur les remparts en face de l'ennemi et remplirent l'air de hourras en agitant leurs chapeaux pendant près d'une heure. La garnison, le camp des ennemis, le bassin, et tous les environs à plusieurs milles de distance retentirent de nos acclamations et du tonnerre de notre artillerie. Les canonniers étaient si transportés qu'ils ne firent que tirer et charger pendant un temps considérable.» Du côté français, on répond par les cris de «Vive le roi».

Le 10 mai, Murray écrit à Lévis pour lui demander de lui rendre les prisonniers anglais hospitalisés à l'Hôpital Général et il lui prête quelques journaux qu'il vient de recevoir d'Angleterre. Il le remercie aussi pour la pruche qu'il lui a fait parvenir, comme remède contre le scorbut. «Ayez la bonté de lui présenter un fromage de Chester de ma part; c'est tout ce que j'ai de mieux à lui offrir dans les circonstances présentes», écrit Murray. Le lendemain matin, vers les dix heures, les canons français commencent à bombarder Québec. Mais les munitions diminuent rapidement. Le chevalier de Lapause note, le 13 mai: «Voyant le peu d'effet de nos batteries tant par l'éloignement que par la faiblesse de la poudre et vu le peu qu'il nous en restait, on prit le parti de ne tirer que peu pour rester dans cette position jusqu'à ce qu'il nous arriva des munitions, désespérant alors de pouvoir prendre Québec sans cela, ni de sauver la colonie.»

Vézon, moins optimiste, avait écrit la veille: «Il eût été à souhaiter que l'on eût pris dès lors le parti de la retraite; mais toujours flattés de l'espoir que nos secours nous parviendraient en prime, on se contenta d'en parler sans s'occuper d'aucuns des moyens qui pouvaient nous la procurer.»

Les dés sont jetés, le 15 mai à huit heures et demie du soir. Deux navires de guerre anglais jettent l'ancre devant Québec: le *Vanguard*, du port de 74 canons, et la frégate *Diane*. Lévis apprend la nouvelle «à rentrée de la nuit». «Il jugea, ajoute Lapause, qu'ils étaient anglais et, en conséquence, il envoya des ordres pour faire retirer les bâtiments où étaient les vivres et le dépôt d'artillerie, et de faire rembarquer tout ce qui était à terre, de faire retirer l'artillerie des tranchées et, au sieur Vauquelin, de se tenir sur ses gardes avec l'autre frégate.»

Le 16 mai, vers les quatre heures du matin, alors que «le temps est brun et couvert», Jean Vauquelin, commandant de l'*Atalante*, aperçoit «dans le bassin entre Québec et la pointe d'Orléans un vaisseau et une frégate arrivés pendant la nuit». Immédiatement après, arrive un officier envoyé par Lévis pour prévenir le capitaine de la présence des navires anglais. Trois quarts d'heure plus tard, le *Vanguard* et la *Diane* se lancent à la poursuite de la petite flotte française. L'ordre est alors donné de faire couper les câbles.

«La *Pomone*, raconte Vauquelin, ayant par malheur abattu du mauvais côté, n'a pu doubler la pointe de l'anse au Foulon et s'est trouvée échouée dedans.» «Les navires chargés de vivres et d'artillerie, qui avaient appareillé au premier signal, ajoute Lapause, se sentant gagnés par les frégates anglaises, retardaient la marche de l'*Atalante* qui voulait les couvrir; le commandant leur ordonna de s'échouer dans l'entrée de la rivière de Cap-Rouge, ce qu'ils firent.»

Les deux vaisseaux anglais ne cessent de canonner l'*Atalante*. Vauquelin cherche alors un endroit où échouer son navire afin de «pouvoir sauver les équipages du roi, qui peuvent être très nécessaires à la colonie, où l'espèce manque». Il choisit la rive devant la Pointe-aux-Trembles, près de Neuville.

De l'aveu des deux capitaines anglais, ils auraient tiré contre l'*Atalante* plus de 850 boulets de canon. L'eau s'engouffre de plus en plus dans la frégate française qui penche dangereusement. L'équipage a commencé à gagner la rive à bord d'un bateau que des habitants ont fini, après bien des demandes, par leur envoyer. «La nécessité d'avoir quelque chose pour descendre nos équipages à terre et nos blessés, nous a fait travailler à faire un mauvais radeau, ce à quoi l'on est parvenu.» Les Anglais cessent de tirer et vont cueillir Vauquelin, cinq officiers et six hommes d'équipage à bord de l'*Atalante.*

Plusieurs miliciens canadiens et quelques soldats désertent l'armée française dont la majeure partie se replie sur Montréal. Lévis arrive à ce dernier endroit le 29 mai et rend compte immédiatement au gouverneur Vaudreuil de l'évolution de la situation. «En conséquence, note Lapause, on donna des ordres pour avoir des vivres, faire réparer les armes, fournir des secours aux postes de l'île-aux-Noix et au fort Lévis, disposer tous les habitants en état de porter les armes pour marcher, tenter de ranimer les Sauvages qui paraissaient disposés à s'en aller dans la profondeur des bois, faire construire quelques bateaux et autres petits bâtiments pour défendre la rivière [Saint-Laurent], soutenus par la flûte *La Mane* que nous avions sauvée.»

Que de mauvaises nouvelles!

Au cours de la journée du 13 juin, les autorités civiles et militaires de la colonie cachent mal leur déception et leur colère. Pendant la nuit précédente, un courrier a apporté les dépêches de Versailles ainsi que la triste nouvelle de l'arrêt forcé de la flottille de secours française obligée de jeter l'ancre dans la baie des Chaleurs pour ne pas être capturée par des navires anglais qui patrouillaient l'entrée du fleuve Saint-Laurent. C'en est fait des secours que l'on attendait impatiemment. Une autre nouvelle jette la consternation: le roi cesse de rembourser le papier monnaie et il ne paiera les troupes que pour huit mois seulement. Comment espérer encore, sans ressources et sans appuis?

Le 15 juin, Vaudreuil et Bigot font parvenir à tous les capitaines de milice des paroisses de la colonie la lettre suivante :

> Nous venons de recevoir, monsieur, une lettre du ministre qui nous ordonne d'annoncer de la part du roi aux colons et habitants du Canada, la suspension que Sa Majesté a été forcée de faire au paiement des lettres de change du trésor ; elle nous enjoint de leur expliquer que les lettres de change tirées en 1757 et 1758 seront exactement payées trois mois après la paix, avec les intérêts à compter de l'échéance jusqu'au paiement ; que celles tirées en 1759 le seront dans 18 mois et que les billets de caisse ou ordonnances seront retirés et bien payés dès que les circonstances le permettront. Sa Majesté ordonne en même temps d'assurer tous ses sujets qu'il ne fallait pas moins qu'un épuisement total de ses finances pour se résoudre à prendre un tel parti, mais qu'elle compte assez sur leur fidélité et attachement, dont ils ont donné tant de preuves, pour qu'ils attendent patiemment et avec confiance le paiement de tous ces capitaux. Vous lirez cette lettre à la porte de l'église un jour de fête, à l'issue de la messe et vous la ferez bien comprendre aux habitants.

Murray, dès le 27 juin, fait parvenir à son tour une lettre aux capitaines de milice où il ironise sur l'attitude du roi de France. « Comme ceci embrasse le papier de toutes les autres colonies, aussi bien que celui du Canada, il ne faut pas être grand arithméticien pour supputer dans combien d'années on payera cent ou cent vingt millions, à raison de six millions par an. »

Lévis écrit au ministre Berryer le 28 : « Les habitants sont désespérés, s'étant sacrifiés pour la conservation du pays, et se trouvent ruinés sans ressources. »

On apprendra plus tard une autre mauvaise nouvelle. Inutile de compter sur la petite flotte de renforts commandée par François Chenard de La Giraudais ! Le

8 juillet, le commodore John Byron se lance à l'attaque du *Machault*. Le combat s'engage vers les cinq ou six heures du matin et ne se termine vraiment que dix-sept heures plus tard. Le *Machault* est alors coulé au fond de la baie de Ristigouche.

La dernière offensive

Le temps est venu de réduire complètement le Canada et de le faire passer sous gouverne britannique. Montréal doit maintenant tomber et les villages qui jalonnent le fleuve doivent ployer à leur tour.

« Plus de 18000 hommes vont envahir le Canada, écrit Frégault : l'armée Amherst en compte près de 11000, dont 5600 réguliers ; l'armée Haviland, 3400, dont 1500 réguliers ; l'armée Murray, 3800, tous réguliers – appuyés par une artillerie prodigieuse comportant au moins 105 canons. » La première armée doit descendre le Saint-Laurent vers Montréal ; la seconde empruntera le Richelieu et la troisième remontera le fleuve. L'historien Guy Frégault n'attache pas trop d'importance à la présence, au côté d'Amherst, de William Johnson à la tête de quelques centaines d'Iroquois. Depuis plusieurs mois, voire des années, ce dernier s'est employé à fragiliser les alliances franco-indiennes. Le moment de vérité approche.

Murray quitte Québec le 14 juillet 1760, y laissant 2759 hommes, dont quelques invalides. Dans la région de Neuville, la flotte qui comprend 79 bateaux de différents tonnages essuie quelques coups de canons et de fusils sans subir de dommage. La même cérémonie d'accueil se répète, le 17 juillet, à la hauteur de Deschambault.

À cause des vents contraires, la remontée du fleuve s'effectue tranquillement. Les Anglais descendent régulièrement à terre. Plusieurs habitants déposent les armes. Certains, surpris de l'attitude bienveillante des envahisseurs, échangent avec des soldats du beurre, des œufs et du lait contre du porc salé. Le 19, Murray descend à Sainte-Croix de Lotbinière recevoir le serment de neutralité de 55 habitants ; à Lotbinière même, 69 hommes prêtent le même serment. Le gouverneur anglais en profite pour haranguer les Canadiens. « Considérez votre intérêt et ne nous provoquez plus », leur déclare-t-il. Le 23 juillet, les habitants de Saint-Antoine-de-Tilly, debout, en cercle, lèvent la main droite et prêtent le serment. Murray est courroucé. Il vient d'apprendre qu'un groupe d'Amérindiens s'apprête à attaquer les soldats anglais. Il envoie un émissaire à Dumas, le commandant de Deschambault, pour l'avertir « que, si ces Sauvages ne sont pas immédiatement rappelés ou si quelque cruauté est exercée contre nos troupes, l'ordre sera immédiatement donné de ne donner aucun quartier ni aux réguliers ni à qui que ce soit qui tombera entre nos mains et tout le pays où nous débarquerons subira les foudres militaires ».

Le même jour, Murray émet une proclamation où transpire sa colère. « Vous êtes encore, pour l'instant, maîtres de votre sort. Cet instant passé, une vengeance sanglante punira ceux qui oseront avoir recours aux armes. Le ravage de leurs terres, l'incendie de leurs maisons, seront les moindres de leurs malheurs. » Les menaces n'empêchent pas quelques habitants de Batiscan de tirer sur les navires qui vont les canonner pendant une demi-heure.

Trois-Rivières et Sorel

La flotte anglaise passe devant Trois-Rivières, sans attaquer les quelques 2 000 soldats français qui y campent. «Il eût été absurde de s'y attarder, note Knox; car ce misérable poste devait suivre le sort de Montréal, lors de la jonction de notre armée avec celles qui descendent par les lacs.»

Le 21 août, Murray arrive en face de Sorel. Il a mal digéré l'attaque menée contre ses hommes par un prêtre, quatre jours auparavant. Il envoie le message suivant à la population: «Votre entêtement continue, vous me forcez, malgré mon humanité, à mettre à exécution les menaces que je vous ai faites. Il est temps de commencer. Je vous avertis que dorénavant je traiterai à la rigueur les Canadiens que je prendrai les armes à la main, et que je brûlerai tous les villages que je trouverai abandonnés.»

Il met sa menace à exécution et, au cours de la nuit suivante, il fait incendier le village de Sorel. Le 24, il écrit au premier ministre Pitt: «J'ai été dans la cruelle obligation de brûler la plus grande partie des maisons de ces malheureux habitants. Je prie Dieu que cet exemple suffise, car ma nature se révolte quand cela devient une partie de ma tâche.»

Les Canadiens ne savent plus trop quelle attitude adopter, car ceux qui refusent de prendre les armes pour les Français et pour défendre en somme leur patrie sont menacés de mort et ceux qui prêteront le serment de neutralité et remettront leurs armes aux Anglais verront leurs maisons brûlées.

Le trident

Murray ne se presse pas trop pour arriver à Montréal. Il attend la venue des deux autres armées. William Haviland met pied à terre non loin du fort de l'île-aux-Noix, le 16 août. Une semaine plus tard, le fort commence à essuyer le feu de l'artillerie anglaise. Le

27, la garnison française commandée par Bougainville se replie sur le fort Saint-Jean, lequel est incendié avant d'être abandonné quelques jours plus tard.

Presque au même moment, Amherst réussit, après treize jours de siège, à s'emparer du fort Lévis. Les Iroquois de Johnson se sont contentés d'observer les manœuvres des troupes mais ils veulent tout de même leur part de butin. Amherst, qui déteste les Indiens, s'y oppose catégoriquement. La plupart des Iroquois désertent. Amherst l'apprend trop tard pour intervenir. Johnson pour sa part prépare plutôt la suite. Le 31 août à Oswegatchie, il délibère avec des émissaires indiens venus de Montréal. Son message: «Ne vous mêlez pas de ce conflit, restez à l'écart et nous vous protègerons quand tout sera fini.» Il leur donne rendez-vous au lendemain de la capitulation de Montréal. Ce sera le traité de Caughnawaga de septembre 1760.

Le 4 septembre, l'armée d'Amherst campe sur l'île Perrot, alors que celle de Murray s'établit à Longueuil. Haviland, le même jour, «se mit en mouvement pour s'approcher de Laprairie». Le 6, Murray reçoit le chef des Hurons de Lorette venu lui présenter, à Longueuil, la soumission des membres de sa tribu. Ce même jour, vers les onze heures du matin, Amherst arrive à Lachine.

> Nos volontaires firent leur retraite pied à pied, écrit Lapause. [Les soldats anglais] vinrent s'établir à environ demi-lieue du faubourg des Récollets. On prit alors la résolution, vu le petit nombre d'hommes qui nous restait, par la désertion qui avait réduit nos bataillons et les troupes de la marine à peu de chose, et n'ayant pas un milicien ni Sauvage; on plaça chacun dans l'endroit qu'il devait défendre. On laissa seulement quelques détachements dans les faubourgs. Les habitants de Montréal refusèrent de prendre les armes; tout le monde

semblait vouloir se révolter sur ce qu'on voulait encore se défendre et nous accusait de vouloir les sacrifier.

Les autorités de la colonie se réunissent et on propose de demander une suspension d'armes jusqu'au 1er octobre. Civils et militaires se résolvent à capituler. « L'intérêt général de la colonie, note Vaudreuil dans son journal, exigeait que les choses ne fussent pas poussées à la dernière extrémité et qu'il convenait de préférer une capitulation avantageuse au peuple et honorable aux troupes qu'elle conserverait au roi, à une défense opiniâtre qui ne différerait que de deux jours la perte du pays. »

Bougainville est chargé d'aller présenter à Amherst les articles de la capitulation de la Nouvelle-France. La journée du 7 septembre est occupée à des négociations, car l'article premier demande pour l'armée de Lévis les honneurs de la guerre, ce que refuse le général anglais. « Toute la garnison de Montréal doit mettre bas les armes et ne servira pas pendant la présente guerre », écrit-il en marge du texte. Le 8 septembre, au petit matin, Lévis, au nom des officiers et des soldats, proteste contre la décision d'Amherst dans une lettre au gouverneur Vaudreuil.

Nous occupons la ville de Montréal qui, quoique très mauvaise et hors d'état de soutenir un siège, est à l'abri d'un coup de main et ne peut être prise sans canon. Il serait inouï de se soumettre à des conditions si dures et humiliantes pour les troupes sans être canonnés. D'ailleurs, il reste encore assez de munitions pour soutenir un combat, si l'ennemi voulait nous attaquer l'épée à la main, et pour en livrer un, si M. de Vaudreuil veut tenter la fortune, quoique avec des forces extrêmement disproportionnées et peu d'espoir de réussir. Si M. le marquis de Vaudreuil, par des vues politiques, se croit obligé de rendre présentement la

> colonie aux Anglais, nous lui demandons la liberté de nous retirer avec les troupes dans l'île Sainte-Hélène, pour y soutenir en notre nom l'honneur des armes du roi, résolus de nous exposer à toutes sortes d'extrémités plutôt que de subir des conditions qui nous y paraissent si contraires.

Vaudreuil répond au bas de la lettre: «Attendu que l'intérêt de la colonie ne nous permet pas de refuser les conditions proposées par le général anglais, lesquelles sont avantageuses au pays dont le sort m'est confié, j'ordonne à M. le chevalier de Lévis de se conformer à la présente capitulation et faire mettre bas les armes aux troupes.»

Le 8 septembre 1760, à huit heures du matin, la Nouvelle-France capitule. Tout n'est peut-être pas perdu, croient certains. Bien menées, les négociations de paix redonneront peut-être le pays à la France... La mort dans l'âme, Lévis ordonne à ses troupes «de brûler leurs drapeaux pour se soustraire à la dure condition de les remettre aux ennemis».

Le régime militaire, 1760-1763

Le 8 septembre 1760, en fin de journée, le général Jeffery Amherst s'empresse d'écrire à William Pitt, premier ministre anglais : « J'envoyai le major Abercrombie à la ville [Montréal] pour me rapporter les articles de la capitulation signés par le marquis de Vaudreuil. Je fis parvenir à celui-ci un duplicata portant ma signature, puis le colonel Haldimand avec les grenadiers et l'infanterie légère prit possession d'une porte et, demain, il mettra à exécution les articles de la capitulation. »

L'accord de reddition du Canada comprend 55 articles. La Louisiane n'est pas cédée, en fait on ne connaît pas non plus les frontières exactes de ce que cède le roi de France.

En marge de l'article 11, il est stipulé que « Le marquis de Vaudreuil et tous ces messieurs [Lévis, Bigot, les officiers principaux et majors, les ingénieurs et le commissaire des Guerres] seront maîtres de leurs maisons et s'embarqueront dès que les vaisseaux du roi seront prêts à faire voile pour l'Europe ; et on leur accordera toutes les commodités qu'on pourra. »

L'article 13 est particulièrement important : « Si avant ou après l'embarquement du Marquis de Vaudreuil, la nouvelle de la paix arrivait et que par le traité le Canada restât à Sa Majesté très chrétienne, le Marquis de Vaudreuil reviendrait à Québec ou à Montréal ;

toutes les choses resteraient dans leur premier état, sous la domination de Sa Majesté très chrétienne, et la présente capitulation deviendrait nulle et sans effets quelconques.» Et Amherst répond: «Ce que le roi pourrait avoir fait à ce sujet sera obéi.» Vaudreuil avait d'ailleurs proposé un moratoire dans l'attente de nouvelles fraîches en provenance d'Europe. Amherst avait carrément refusé mais pouvait difficilement écarter l'hypothèse formulée dans l'article 13 qui donnait tout de même un caractère provisoire à l'ensemble de la capitulation. Cela dit, le reste de la capitulation prévoyait l'abandon de la France. En conséquence, la garnison de Montréal et les troupes postées dans les autres forts ou établissements devaient mettre bas les armes et ne point servir «pendant la présente guerre». Quant aux milices, «elles retourneront chez elles sans pouvoir être inquiétées sous quelque prétexte que ce soit, pour avoir porté les armes.»

En vertu de l'article 17, «les officiers de troupes et marins, qui seront mariés, pourront emmener avec eux leurs familles; et tous auront la liberté d'embarquer leurs domestiques et bagages. Quant aux soldats et matelots, ceux qui seront mariés pourront emmener avec eux leurs femmes et enfants et tous embarqueront, leurs havresacs et bagages. Il sera embarqué dans ces vaisseaux les subsistances convenables et suffisantes aux dépens de Sa Majesté Britannique.»

Amherst accorde la permission à «tous ceux dont les affaires particulières» exigent qu'ils «restent dans le pays» et qui ont obtenu l'autorisation du gouverneur Vaudreuil, de demeurer dans la colonie «jusqu'à ce que leurs affaires soient terminées».

Le second point important touché par la capitulation concerne la religion; les articles 27 à 35 y sont consacrés. Dans le texte soumis par les autorités françaises, on demandait que subsiste, en son entier, «le libre exercice de la religion catholique, apostolique et romaine [...] en sorte que tous les états et peuples des villes et des campagnes, lieux et postes éloignés pourront continuer de s'assembler dans les églises et de fréquenter les sacrements, comme ci-devant, sans être inquiétés en aucune manière, directement ni indirectement. Ces peuples seront obligés par le gouvernement anglais à payer aux prêtres qui en prendront soin les dîmes et tous les droits qu'ils avaient coutume de payer sous le gouvernement de Sa Majesté très chrétienne.» Ce à quoi Amherst répond en marge: «Accordé pour le libre exercice de leur religion. L'obligation de payer la dîme aux prêtres dépendra de la volonté du roi.» Permission est aussi accordée aux prêtres, curés et missionnaires ainsi qu'aux membres du Chapitre de continuer à exercer leur ministère et fonctions curiales dans les paroisses des villes et des campagnes.

Monsieur de Pontbriand étant décédé en juin 1760, les grands vicaires obtiennent le droit «d'administrer le diocèse pendant la vacance épiscopale». Les autorités françaises demandent aussi, dans le cas où le Canada demeure possession anglaise, que le roi de France continue à nommer l'évêque de la colonie, ce qui, évidemment, est refusé.

En vertu de l'article 32, «les communautés de filles seront conservées dans leurs constitutions et privilèges. Elles continueront à observer leurs règles. Elles seront exemptes du logement de gens de guerre et il sera fait défense de les troubler dans les exercices de piété qu'elles pratiquent ni d'entrer chez elles; on leur donnera des sauvegardes si elles en demandent.» Les communautés religieuses d'hommes ont moins de chance, car le général refuse «jusqu'à ce que le plaisir du roi soit connu», d'accorder le même privilège aux jésuites, aux récollets et aux sulpiciens.

L'article 36 accorde la permission de rentrer en France. « Si par le traité de paix, y lit-on, le Canada reste à Sa Majesté britannique, tous les Français, Canadiens, Acadiens, commerçants et autres personnes qui voudront se retirer en France, en auront la permission du général anglais qui leur procurera le passage. Et, néanmoins si, d'ici à cette décision, il se trouvait des commerçants français ou canadiens ou autres personnes qui voulussent passer en France, le général anglais leur en donnerait également la permission. Les uns et les autres emmèneront avec eux leurs familles, domestiques et bagages. » La propriété des biens meubles et immeubles des habitants et seigneurs est assurée par l'article 37.

Même dans le texte de la capitulation de Montréal, l'acharnement anglais contre les Acadiens se poursuit. Pour Amherst, ils ont trahi l'Angleterre. L'article 38 demandait : « Tous les peuples sortis de l'Acadie qui se trouveront en Canada, y compris les frontières du Canada du côté de l'Acadie, auront le même traitement que les Canadiens et jouiront des mêmes privilèges qu'eux. » Amherst n'accepte pas cette exigence et répond : « C'est au roi à disposer de ces anciens sujets ; en attendant ils jouiront des mêmes privilèges que les Canadiens. » Par l'article 39, les Anglais s'engagent à ne déporter, soit en Angleterre soit en Nouvelle-Angleterre, aucun Canadien ou Français habitant la colonie, ou de les rechercher pour avoir pris les armes. La demande est refusée pour les Acadiens.

Le poids de la Conquête commence déjà à se faire sentir avec la réponse d'Amherst à la demande formulée dans l'article 41 : « Les Français, Canadiens et Acadiens qui resteront dans la colonie, de quelque état et condition qu'ils soient, ne seront ni ne pourront être forcés à prendre les armes contre Sa Majesté très chrétienne, ni ses alliés, directement, dans quelque occasion que ce soit. Le gouvernement britannique ne pourra exiger d'eux qu'une exacte neutralité.» La réponse de l'officier anglais est brève et claire: «Ils deviennent sujets du roi.» L'article 42, ainsi formulé, reçoit la même réponse: «Les Français et Canadiens continueront d'être gouvernés suivant la coutume de Paris et les lois et usages établis pour ce pays et ils ne pourront être assujettis à d'autres impôts qu'à ceux qui étaient établis sous la domination française.»

La capitulation maintient l'esclavage au Canada. L'article 47 précise: «Les nègres et panis des deux sexes resteront en leur qualité d'esclaves en la possession des Français et Canadiens à qui ils appartiennent; il leur sera libre de les garder à leur service dans la colonie ou de les vendre, et ils pourront aussi continuer à les faire élever dans la religion romaine.» Cette demande est accordée «excepté ceux qui ont été faits prisonniers».

Alors que, sous le régime français, la liberté commerciale était très restreinte, les vainqueurs accordent aux habitants et négociants «tous les privilèges du commerce aux mêmes faveurs et conditions accordées aux sujets de Sa Majesté Britannique tant dans les pays d'en-haut que dans l'intérieur de la colonie». Des réglementations ultérieures viendront quand même restreindre cette liberté.

Un seul article, le quarantième, est consacré aux Amérindiens. La demande française est ainsi formulée: «Les Sauvages ou Indiens alliés de Sa Majesté très chrétienne seront maintenus dans les terres qu'ils habitent, s'ils veulent y rester; ils ne pourront être inquiétés sous quelque prétexte que ce puisse être pour avoir pris les armes et servi Sa Majesté très chrétienne. Ils auront comme les Français, la liberté de religion et conserveront leurs missionnaires. Il sera permis aux vicaires généraux actuels et à l'évêque, lorsque le siège épiscopal sera rempli, de leur envoyer de nouveaux missionnaires, lorsqu'ils le jugeront nécessaire.» Réponse: «Accordé à la réserve du dernier article qui a déjà été refusé.» Les promesses maintes fois réitérées par William Johnson sont fortement menacées. Vaudreuil n'a pas oublié ses alliés indiens; mais Amherst accepte à contrecœur l'article 40. Pour plusieurs, les Indiens sont les grands perdants d'une guerre qu'ils n'ont pas même livrée.

On veut éviter le pillage

Dès le 9 septembre 1760, les soldats anglais s'installent à Montréal et ce que l'on a appelé le régime militaire commence. Amherst envoie un détachement à Pointe-aux-Trembles et à Longue-Pointe, sur l'île de Montréal, pour empêcher les marins anglais de débarquer et de piller les habitants. Quelques Amérindiens qui avaient combattu aux côtés des Anglais se livrent au pillage et Amherst doit sévir avec dureté.

Dès le 17 septembre, des ingénieurs de l'armée anglaise, commandés par John Montresor, commencent à visiter les paroisses situées entre Montréal et Sorel pour en faire une description précise. Dans toutes ces paroisses, les capitaines de milice deviendront des personnages importants. Ils représentent les autorités anglaises, transmettent leurs ordres et voient à leur exécution. Ainsi, le 19 septembre, Ralph Burton, qui commande dans le gouvernement de Trois-Rivières, fait appel à eux pour empêcher qu'il ne soit vendu aux passants aucune sorte de denrée. L'ordre est ainsi formulé:

> La molle complaisance des habitants de ce gouvernement, qui se laissent persuader à se défaire de leurs moutons,

volailles et autres choses nécessaires à la vie en faveur des passants qui traversent le gouvernement, pourrait tirer à conséquence et épuiser le pays de ces rafraîchissements; il est donc expressément défendu par ces présentes aux habitants du gouvernement des Trois-Rivières de se défaire de leurs volailles, moutons et autres choses nécessaires à la vie en faveur des passants, de telle qualité ou sous quelque prétexte que ce soit, sans un ordre signé de Son Excellence, jusqu'à ce qu'il lui plaise d'en ordonner autrement. S'il arrivait que l'on use de force pour les obliger à désobéir à la présente ordonnance, il leur est enjoint de faire connaître les contrevenants en les dénonçant au capitaine de milice, qui aura soin d'en faire son rapport pour qu'ils soient punis avec rigueur.

Jusqu'au rétablissement du gouvernement civil, en 1764, de multiples ordonnances en régleront ainsi les principaux aspects de la vie quotidienne.

Une colonie à réorganiser

Amherst, à titre de commandant en chef des troupes et forces de Sa Majesté le roi de la Grande-Bretagne dans l'Amérique septentrionale, jette les bases de l'organisation de la colonie. Le 15 septembre, il envoie des officiers dans plusieurs villages pour y ramasser les armes et faire prêter le serment d'allégeance aux habitants. Le 16, il nomme Burton gouverneur de Trois-Rivières et le 22, Thomas Gage, gouverneur de Montréal. Le 22 encore, Amherst signe un placard précisant certains points administratifs.

Savoir faisons, [...] que tous les habitants du gouvernement des Trois-Rivières qui n'ont pas encore rendu les armes aient à les rendre aux endroits nommés par monsieur Burton. Que, pour d'autant mieux maintenir le bon ordre et la police dans chaque paroisse ou district, il sera rendu aux officiers de milice leurs armes;

> et si par la suite il y avait quelques-uns des habitants qui désireraient en avoir, ils devront en demander la permission au gouverneur, signée par ledit gouverneur ou ses subdélégués, afin que l'officier des troupes, commandant au district où ces habitants seront résidents, puisse savoir qu'ils ont droit de porter les armes. Que par nos instructions les gouverneurs sont autorisés de nommer à tous emplois vacants dans la milice et de débuter par signer des commissions en faveur de ceux qui en ont dernièrement joui sous Sa Majesté très chrétienne. [...] Que les troupes, tant dans les villes que dans leurs cantonnements, sont nourries par le roi en nature et qu'il leur est ordonné expressément de payer tout ce qu'elles achètent de l'habitant en argent comptant et espèces sonnantes. [...] Que le peu de secours que le Canada a reçu de la France depuis deux années l'ayant épuisé de bien de rafraîchissement et de nécessaire, nous ayons pour le bien commun des troupes et de l'habitant recommandé par nos lettres aux différents gouverneurs des colonies anglaises les plus proximes du Canada d'afficher et publier des avis à leurs colons pour se transporter ici avec toutes sortes de denrées et de rafraîchissements et nous nous flattons qu'on ne tardera pas de voir remplir ce projet; et, lorsqu'il le sera, un chacun en sera instruit pour qu'il puisse y participer aux prix courants et sans impôts. Le commerce sera libre et sans impôts à un chacun, mais les commerçants seront tenus de prendre des passeports des gouverneurs qui leur seront expédiés gratis.

Dans son placard, Amherst fait appel à la bonne volonté de tous. «Comme il est expressément enjoint aux troupes de vivre avec l'habitant en bonne harmonie et intelligence, nous recommandons pareillement à l'habitant de recevoir et de traiter les troupes en frères et concitoyens. Il leur est encore enjoint d'écouter et d'obéir tout ce qui leur sera ordonné tant par nous que par leurs gouverneurs et ceux ayant droit de nous et de lui; et tant que lesdits habitants obéiront et se conformeront auxdits ordres, ils jouiront des mêmes privilèges que les anciens sujets du roi et ils peuvent compter sur notre protection.»

La remise des armes

Les habitants sont tenus de remettre leurs armes à feu entre les mains des officiers de milice. Le 23 septembre, «les gentilshommes et autres personnes habitant cette ville des Trois-Rivières» se rendent au parloir du couvent des récollets à neuf heures du matin, avec les armes qu'ils doivent remettre. On leur fait, par la même occasion, prêter le serment de fidélité et de soumission à Sa Majesté Britannique, George II.

> Je jure que je serai fidèle et que je me comporterai honnêtement envers Sa Sacrée Majesté George Second, par la grâce de Dieu, roi de la Grande-Bretagne, de France et d'Irlande, défenseur de la Foi, et que je défendrai lui et les siens, dans ce pays, de tout mon pouvoir, contre tous ses ennemis ou les leurs; et ferai connaître à Sa Majesté, son général, ou ceux agissant sous lui, autant qu'il dépendra de moi, tous traîtres ou toutes conspirations qui pourraient être formées contre Sa Sacrée Personne, ce pays ou son gouvernement.

À Montréal, les armes saisies sont entreposées à l'arsenal. Amherst écrit en français au mercenaire d'origine suisse, Haldimand, le 19 septembre: «Les armes vous ferez loger dans l'arsenal où il se trouvera des officiers de l'Artillerie pour les recevoir. Et, comme il se pourra que par la suite il sera convenable de leur rendre ces armes, il serait bon que chacun attache à son sien propre un billet portant son nom et la compagnie à laquelle il appartient pour que, dans l'occurrence susdite, on puisse livrer à chacun ses propres armes.»

Dans le gouvernement de Trois-Rivières, les officiers de milice envoient les armes «par gens sûrs». Afin de permettre à certains d'aller chasser pour subvenir à leur subsistance et à celle de leurs dépendants, les gouverneurs autorisent la remise de quelques armes. Comme l'avait précisé Amherst dans son placard, les capitaines de milice peuvent garder leurs armes. La même permission est également accordée à quelques seigneurs et à quelques curés.

Mais le 20 juin 1761, pour le gouvernement de Trois-Rivières, Burton émet un ordre à tous les capitaines de milice enjoignant «de faire rendre les armes à ceux de votre paroisse à qui elle [Son Excellence] avait permis de s'en servir et de reprendre aussi les permissions». Le 4 juillet de la même année, Burton se ravise et élargit la possibilité de disposer d'armes de chasse.

On accorde finalement un nombre fixe de fusils par paroisse. Les armes seront prêtées tour à tour aux habitants pour leur usage personnel. Il circule dans le gouvernement de Trois-Rivières un fusil pour 43 habitants. Les Canadiens seront sensibles à la perte de leurs armes de chasse. Haldimand écrira à Murray, le 30 mars 1764: «En privant les Canadiens des armes qu'on leur avait confiées, c'est les punir par un endroit bien sensible.»

Les corvées

Au cours des jours qui suivent la capitulation de la colonie, la majeure partie des troupes anglaises quitte la vallée du Saint-Laurent. Dès le début de l'année suivante, les troupes d'occupation sont réduites au minimum. En 1762, seulement 3500 soldats et officiers anglais résident dans la colonie.

Tout comme durant le régime français, bon nombre de ces militaires demeurent chez l'habitant. Mais il y a une différence importante : ce dernier est obligé d'héberger un occupant !

À Trois-Rivières, le 30 juin 1761, Burton décide d'installer la plus grande partie des troupes de ce gouvernement sur le terrain de la commune « pour le soulagement des habitants ». Dans certaines paroisses, les officiers logent au presbytère. L'historien Marcel Trudel cite le cas du curé Charles Duchouquet, de Saint-Thomas-de-Montmagny, qui cède à trois capitaines et à un chirurgien la moitié de son presbytère. Au début, les relations sont telles que le prêtre donne des leçons de français aux officiers. Après neuf mois d'occupation, la situation se détériore. Le curé se plaint des envahisseurs dans une lettre au vicaire général Jean-Olivier Briand. « Je n'ai pu m'appliquer à mes devoirs, écrit-il, tant par la concurrence du monde qui était tous les jours chez moi que par la règle de vie de ces messieurs qui ne se mettent à table le soir qu'à neuf heures pour y souper et qui y demeurent jusqu'à onze heures en chantant et se divertissant et, bien souvent, ne se couchaient qu'à deux heures, à trois et quatre heures du matin. »

À Québec, les Anglais occupent l'Hôtel-Dieu, une partie du couvent des récollets et du collège des jésuites.

Tous les soldats anglais ne semblent pas priser la vie dans la colonie. Les désertions sont assez nombreuses. Le 28 octobre 1760, le gouverneur Gage fait savoir aux habitants du gouvernement de Montréal « qu'il est défendu à tous habitants ou autres de garder chez eux aucuns déserteurs ou favoriser leur fuite, sous peine de vingt écus d'amende. Il leur est enjoint de dénoncer tous ceux qu'ils soupçonneront pour tels devant le capitaine de milice, à qui il est ordonné, par ces présentes, de les faire conduire, sous main-forte, devant l'officier commandant le bataillon de la ville. » Le 11 octobre précédent, le gouverneur Burton avait émis un ordre identique pour son gouvernement.

Il est aussi « défendu à toutes personnes d'acheter ou troquer avec les soldats, leurs armes, habits, souliers, guêtres, fournitures, chapeaux ou autres choses fournies par le roi, sous peine aux contrevenants de 20 écus d'amende et de punition corporelle, en cas de récidive ». Le 4 juin 1762, Haldimand, qui remplace momentanément Burton, fait savoir « à tous bourgeois et habitants de cette ville [Trois-Rivières] et gouvernement qu'il leur est défendu, sous peine de vingt piastres d'amende, d'acheter à l'avenir, soit à prix d'argent ou autrement, de soldats ou autres personnes aucune pelle, pioche ou autre outil appartenant à Sa Majesté ».

Plusieurs paroisses sont soumises à la corvée du bois de chauffage, dont le nombre de cordes est déterminé par ordonnance. Le bois doit être transporté aux endroits où les troupes sont cantonnées. Occasionnellement, les habitants doivent aussi fournir de la paille tant pour les chevaux que pour les lits des soldats.

L'administration de la justice

Le placard d'Amherst demande de rendre la justice, autant que possible, à l'amiable. Pour le gouvernement de Québec, Murray, dans une ordonnance du 31 octobre 1760, demande que les jugements rendus dans les causes civiles soient sans appel et « les parties contraintes d'y satisfaire suivant ce qui sera prononcé, à l'exception des affaires que nous jugerons de renvoyer au Conseil militaire pour être jugées ». Les audiences, au civil, ont lieu le mardi de chaque semaine depuis dix heures jusqu'à midi ; quant au Conseil de guerre, il s'assemble les mercredi et samedi de chaque semaine dans la maison de monsieur de Beaujeu, sur la rue

Saint-Louis. Le 2 novembre suivant, Murray établit une cour et un Conseil supérieur « pour rendre une prompte et bonne justice aux habitants de notre gouvernement ». Jean-Claude Panet est nommé greffier de cette cour et François-Joseph Cugnet, procureur général de la côte nord du district de Québec.

Le district de Montréal connaît une réforme importante le 13 octobre 1761. Le gouverneur Gage décide alors de diviser la partie rurale de son gouvernement en cinq districts où la justice sera rendue séparément. La chambre d'audience du premier district siège à Pointe-Claire. Elle dessert les habitants des Cèdres, Vaudreuil, Île-Perrot, Sainte-Anne-de-Bellevue, Sainte-Geneviève, Sault-au-Récollet, Lachine et Saint-Laurent. Le second district, qui regroupe les paroisses de Chambly, Châteauguay, Laprairie, Boucherville et Varennes, siège à Longueuil. Le troisième district comprend les paroisses de Sorel, Saint-Ours, Saint-Denis, Contrecœur, Saint-Charles et Verchères et rend justice à Saint-Antoine. Quant au quatrième, il se réunit à Pointe-aux-Trembles pour les habitants de Longue-Pointe, Rivière-des-Prairies, Sainte-Rose, Saint-François-de-Sales, Saint-Vincent-de-Paul, Terrebonne, Mascouche et Lachenaye. Les paroisses de l'Assomption, Lanoraie, Repentigny, Saint-Sulpice, Berthier, île Dupas, et les autres îles adjacentes, dépendent du tribunal de Lavaltrie.

La justice est rendue par au moins cinq officiers de milice et pas plus de sept, qui siègent les premier et quinze de chaque mois. Les jugements sont consignés dans un registre spécial. Les témoins assignés sont obligés de comparaître sous peine d'amende, mais ils reçoivent une compensation monétaire payée « par la partie qui succombera ». Les plaideurs insatisfaits du jugement rendu ont droit d'appel à un tribunal supérieur, sauf pour les procès n'excédant pas vingt livres. Dans ce cas, la Chambre de district siège en dernier ressort. S'il se produit «quelque crime atroce, comme assassinat, viol ou autres capitaux, chaque officier de milice est autorisé à arrêter les criminels et leurs complices et à les faire conduire sous bonne et sûre garde à Montréal, avec l'état du crime et la liste des témoins». En pareil cas, le droit criminel anglais est appliqué.

Les capitaines de milice acceptent volontiers de rendre justice, mais ils posent certaines exigences qu'accepte le gouverneur Gage, le 17 octobre 1761. Les règlements stipulent que:

> 1. Nous administrerons la justice gratuitement ainsi que nous l'avons fait par le passé, demandant seulement, comme une faveur à Son Excellence, qu'il lui plaise nous exempter du logement de gens de guerre, ainsi que de tous temps nous avons été exempts; [...] 3. Comme il faudra que cette Chambre soit échauffée pendant l'hiver, il sera pris sur les amendes la somme nécessaire pour acheter six cordes de bois; [...] 5. Comme nos sergents de milice ne savent point écrire ou ne le font qu'imparfaitement, et par cette raison ne peuvent point mettre nos jugements à exécution, nous choisirons deux sergents capables auxquels nous ferons un tarif de leurs ouvrages capable de les faire vivre sans molester le public. Nous aurons chaque jour de nos audiences un de nos sergents de milice qui appellera les causes et il lui sera alloué deux sols par chaque appel de cause suivant le passage.

Pierre Panet agit alors comme greffier de la cour de Montréal.

Le gouvernement de Trois-Rivières connaît lui aussi une réforme judiciaire, le 5 juin 1762. Haldimand le divise en quatre districts; une paroisse de chacun de ces districts devient le siège d'un tribunal : Champlain, Rivière-du-Loup (Louiseville), Saint-François et Gentilly. Le gouverneur intérimaire établit à peu près les mêmes structures que Gage pour le gouvernement de Montréal, mais le corps d'officiers est ramené à un minimum de trois et à un maximum de cinq. Les registres seront tenus par un écrivain. Quant au droit d'appel au Conseil des officiers des troupes de Sa Majesté, il existe dans tous les cas.

Haldimand tient à surveiller de près la façon dont les capitaines de milice rendent justice. À cet effet, l'article 25 de la réglementation précise « que les registres des causes qui paraîtront et seront décidées dans les différentes chambres susnommées soient envoyés tous les trois mois à commencer de la date du présent règlement à notre secrétariat pour y être par nous examinés et approuvés ainsi que de raison ».

Les procès semblent nombreux à cette époque. Haldimand écrit à Amherst, le 22 juin 1762, que les habitants sont « aussi litigieux que ceux de Montréal et les officiers de milice tourmentés par les mauvais plaideurs ».

La vie commerciale

Même si, selon le placard d'Amherst, le commerce est libre, il est quand même soumis à plusieurs réglementations. Dans le gouvernement de Trois-Rivières, par exemple, un permis est nécessaire pour faire du commerce. Ce document est signé par le gouverneur et la durée du permis est laissée au bon vouloir des autorités. La formule est la suivante :

> Il est permis au Sr..., sous notre bon plaisir, de s'aller établir dans la paroisse de..., dans notre gouvernement des Trois-Rivières, pour y faire un commerce fixe. Si le

peu d'encouragement, ou autres raisons, l'engageaient à changer le lieu de sa résidence, il sera tenu de vous en faire part [aux capitaines de milice] et d'obtenir notre permission à cet effet; et il est défendu à qui que ce soit de l'interrompre ou molester dans le présent établissement, en tant qu'il se comportera comme il se doit et se conformera aux ordres qui peuvent être par nous donnés, suivant notre volonté, pour le bon ordre et la police de notre gouvernement.

En 1760 et 1762, on évalue à 38 le nombre de permis de commerce émis pour le gouvernement de Trois-Rivières. De ce nombre, six le sont à des anglophones.

Plusieurs «vagabonds» s'improvisent acheteurs de denrées le long des côtes. Burton, dans un placard daté du 24 août 1761, défend de vendre denrées et marchandises aux «coureurs de côtes». Le 27 novembre 1761, Gage sévit contre les vendeurs itinérants. «Nous ordonnons, déclare-t-il, à tous les officiers de milice de faire arrêter tous les pacotilleurs qui se présenteront en pacotille dans leurs environs, sans une permission signée de nous, et les faire arrêter et conduire avec leurs marchandises confisquées à Montréal.»

Une nouvelle classe marchande

Le commerce d'importation, cela va sans dire, est entre les mains de marchands anglais. Les unités de mesure de longueur ne sont pas les mêmes que sous le régime français, ce qui occasionne des difficultés «aux négociants anglais résidant en cette ville [Montréal] pour la reddition de leurs comptes avec leur commettant en Angleterre». En conséquence, Gage, gouverneur de la ville, ordonne, le 3 août 1762, «que l'on fasse usage en cette ville de Montréal de la verge d'Angleterre, conformément à un étalon qui sera déposé chez le major de la Place, auquel étalon tous les négociants et marchands seront obligés de faire étalonner leur verge ou mesure et, pour ce, donnons vingt jours pour toute préfixion et délais à compter du jour de la publication de notre présente ordonnance». À l'avenir, toute autre unité de mesure de longueur est interdite sous peine d'une piastre d'amende.

La traite avec les Amérindiens est libre, mais il faut un passeport pour passer d'un gouvernement à l'autre. Burton interdit aux habitants du gouvernement de Trois-Rivières d'aller au devant des Amérindiens Têtes-de-Boule. Le 11 octobre 1761, on affiche dans les lieux publics le placard suivant dénonçant la conduite de ceux qui sont allés troquer avec les Amérindiens avant leur arrivée à Trois-Rivières. «Une pareille conduite est contraire à l'intention du gouvernement anglais qui veut que le commerce soit libre et ouvert à toutes personnes. Nous sommes de plus persuadés que ceux dont l'avarice les a portés à faire ce commerce avaient en vue de tirer avantage de l'ignorance de ces peuples et que, pour y parvenir et retenir cette nation crédule et craintive, ils lui ont tenu des discours injurieux à l'honneur de la nation anglaise, crime qui mériterait une punition exemplaire et qui serait sûrement puni, si les coupables étaient connus avec certitude.»

En conséquence, il est expressément défendu sous peine de confiscation de marchandises et autres punitions «de remonter les rivières par lesquelles les Têtes de Boule ont coutume de descendre pour faire la traite de leurs pelleteries».

L'expédition des fourrures se fait, elle aussi, par l'intermédiaire de négociants anglais, dont les premiers avaient suivi de près la marche des conquérants. «En arrivant, écrit l'historien Michel Brunet, les négociants anglais se rendirent maîtres du commerce extérieur.

L'opération s'accomplit sans difficulté puisqu'ils étaient les seuls importateurs et exportateurs de la colonie [...] Ceux-ci eurent le champ libre. Le commerce extérieur, dont les profits étaient considérables, fut la base même de la domination économique de la bourgeoisie anglaise du Canada. »

Le commerce d'importation et d'exportation est soumis à des droits douaniers. Un bureau de douanes est établi au port de Québec, le 5 avril 1762. Thomas Knox est nommé percepteur des droits et Thomas Ainslie, contrôleur des douanes. Le 15 novembre suivant, une ordonnance de Gage établit un poste de douanes à Montréal. Thomas Lambs en devient le directeur et Richard Oakes, le visiteur. Cette décision favorisera le développement du port de Montréal.

> Tous armateurs et autres intéressés dans le commerce, précisait l'ordonnance, sont avertis que tous les bâtiments venant d'Europe ou des colonies, chargés pour le compte des négociants de Montréal et autres qui voudront y venir en commerce, pourront suivre leurs destinations jusqu'à Montréal, sans être obligés de décharger et recharger leurs marchandises à Québec, sous quelque prétexte que ce puisse être, à moins qu'ils ne soient soupçonnés de porter des marchandises de contrebande, dans le dessein d'y faire un commerce prohibé.

Un problème monétaire

Au cours des dernières décennies du régime français, les paiements et les transactions s'effectuaient surtout avec de la monnaie fictive : lettres d'ordonnance et lettres de change, la première s'apparentant à la monnaie de carte. En 1760, les Canadiens possèdent des lettres de change pour une valeur de sept millions de livres et des lettres d'ordonnance pour trente-quatre millions.

Au mois de juin de la même année, Vaudreuil et Bigot avaient averti la population que le remboursement en espèces était différé de quelques années. Au mois de novembre suivant, Murray avait interdit la circulation de la monnaie de papier dans le gouvernement de Québec.

Burton envoie la lettre suivante à tous les capitaines de milice de son gouvernement, le 22 septembre 1760 :

> Je suis extrêmement surpris d'apprendre que, malgré les déclarations publiques et publiées de monsieur le général Murray, et toutes les précautions prises pour faire connaître aux Canadiens la non-valeur de leur monnaie de papier, depuis l'édit du roi de France daté du 15 octobre dernier, qu'il se trouve encore des habitants assez aveugles sur leurs intérêts particuliers pour recevoir cette monnaie imaginaire en échange pour des marchandises réelles et utiles. Ce ne peut être que par mauvaise foi et ignorance de part et d'autre que cet argent est employé par les vendeurs et les acheteurs, et comme j'ai résolu très fermement de ne pas souffrir le premier vice de mon gouvernement et que je regarde comme partie de mon devoir d'éclairer ceux à qui l'ignorance ferait commettre des erreurs. Je vous donne ordre de faire assembler votre compagnie et les habitants de la paroisse pour leur lire la présente et leur faire savoir, de ma part, que je leur défends de recevoir ou de donner, en paiement pour leurs effets et marchandises, les cartes ou monnaie de papier connues sous le nom de billets d'ordonnance et que je ferai punir, dans l'étendue de mon gouvernement, ceux qui en imposeront à la crédulité des habitants et les forceront de se contenter de ce paiement frauduleux.

Malgré les interdictions gouvernementales, la monnaie de papier continue à circuler, mais de façon marginale. Des négociants l'acceptent à vil prix, lorsque l'acheteur n'a rien d'autre pour payer. Ainsi, les négociants anglais finissent par amasser une quantité assez importante de ce papier pour demander l'intervention du gouvernement anglais auprès de son homologue français pour le remboursement en espèces des billets d'ordonnance.

En 1762, des marchands anglais « faisant le commerce avec le Canada et intéressés dans la prospérité du pays », font parvenir à sir Charles Wyndham, comte d'Egremont, l'un des principaux secrétaires d'État du roi d'Angleterre, un mémoire où ils expriment leur inquiétude sur le remboursement des billets, advenant une cession définitive du Canada à l'Angleterre, si le mode de paiement n'est pas prévu dans les négociations de paix alors en cours.

> Les signataires, écrivent-ils, craignent que la perte complète d'une si considérable somme d'argent et d'une si grande partie des biens de plusieurs milliers d'individus, habitants du Canada, ne soit suivie de plusieurs conséquences fatales au commerce et à la prospérité de cette importante colonie qui est dans son enfance comme colonie britannique, attendu que la ruine immédiate de nombreux sujets industrieux résultera de l'anéantissement de la présente confiance qu'ils ont dans la validité de ces effets de commerce, et attendu que le commerce de la Grande-Bretagne en général et celui de plusieurs pionniers anglais en ces territoires se ressentiront immédiatement des suites d'une telle diminution de la richesse de la colonie. Les signataires craignent que plusieurs marchands anglais au Canada n'aient donné de bonnes valeurs contre des sommes considérables de ces effets de commerce et que l'invalidité desdites sommes ne cause une perte considérable à ces pionniers.

Le traité de Paris ignorait ce réel problème. Le jour même de sa signature, Choiseul duc de Praslin ajouta un addendum par lequel la France s'engageait à ce que le papier du Canada soit «exactement payé». Les conditions posées font que tout le monde sera perdant avec ce qu'on appelle le «papier du Canada».

La présence anglaise au Canada vient encore compliquer le problème monétaire par l'introduction de nouvelles monnaies. De nombreux Canadiens possèdent encore des pièces françaises: louis et écus d'or, louis d'argent, liards, deniers, sols, etc. Les Anglais introduisent la livre sterling, la guinée d'Angleterre, le chelin, le souverain, ainsi que la piastre espagnole, qui est la plus fiable. Une telle multiplicité de monnaie engendre des problèmes. Les gouverneurs émettent des ordonnances fixant le taux de change et la valeur de chacune des pièces. Mais les tables d'équivalence varient: à Québec, on adopte le cours d'Halifax et, dans les deux autres gouvernements, on utilise celui de New York.

Une cohabitation pacifique

L'occupation du territoire canadien par l'armée anglaise se déroule sans problèmes majeurs. Comme le fait remarquer l'historien Michel Brunet, «lorsqu'une collectivité tombe sous la domination d'un conquérant, il est rare que les classes populaires en souffrent immédiatement». «Les premières victimes, ajoute-t-il, sont les membres des classes dirigeantes obligées de céder la place aux vainqueurs qui viennent s'installer aux postes de commande dans le pays conquis. Le reste de la population, soit l'immense majorité, ne subit que plus tard les conséquences de son état de servitude collective.» Quant à l'historien Fernand Ouellet, il partage, en partie, cette opinion.

> Le pays était en partie dévasté, la famine sévissait, les mécanismes de la production étaient désorganisés, l'inflation régnait en maître, une pénurie extrême se

faisait sentir pour tous les produits nécessaires à la reprise du commerce tandis qu'une profonde incertitude existait à l'endroit du papier-monnaie. La guerre avec son cortège de malheurs et de fortunes nauséabondes avait tout détraqué. Il fallait maintenant réparer les désastres et amorcer la reconstruction. Quelle sera l'attitude des dirigeants britanniques face à une situation qu'à l'époque on aurait pu juger désespérée ? Le drame de la conquête avait-il, comme certains l'ont soutenu, tellement entamé les forces vitales des Canadiens qu'on ne puisse désormais miser que sur leur défaitisme ? Rassurons-nous : le choc brutal de la conquête n'affecta pas surtout les contemporains de l'événement fatal mais, rétrospectivement, leurs plus vulnérables descendants et cela de 1800 jusqu'à nos jours.

La présence militaire se fait quand même sentir dans la population. Les allées et venues sont contrôlées. Les lettres sont souvent scrutées par des officiers. Hector Theophilus Cramahé, le secrétaire de Murray, écrit à l'abbé Jean-Olivier Briand, le 20 juin 1762 : « Quoiqu'il y ait un ordre général de viser toutes les lettres, Son Excellence n'a point voulu qu'on ouvrît la vôtre. La manière pleine de droiture et de franchise dont vous en avez usé, depuis qu'il gouverne cette province du Canada, ne lui permet point d'avoir aucun soupçon à votre égard. Il m'a commandé de vous en assurer. » Mais la confiance ne règne pas toujours de cette façon puisque, le 31 octobre suivant, le même secrétaire fait parvenir au même abbé une lettre de l'abbé l'Isle-Dieu… dûment inspectée !

La présence militaire inquiète plusieurs curés : l'ivrognerie ne cesse d'augmenter pendant que les jeux de l'amour captivent les soldats et les Canadiennes. Louis-Michel Guay, curé à Sainte-Anne-de-la-Pérade, dénonce du haut de sa chaire « le scandale de quelques débauchées qui se libertinaient avec des soldats anglais ». Le commandant militaire de la paroisse menace le prêtre canadien d'emprisonnement, mais ne passe pas aux actes. Le grand vicaire de Trois-Rivières, Joseph-François Perrault, écrit à l'abbé Briand, à la fin de mars 1762, à la suite de cette affaire : « Nous aurons de grands arrangements à prendre, bien des croix et des humiliations à essuyer, supposé que le pays reste à l'Angleterre, pour y soutenir et défendre la religion. »

Thomas Blondeau, qui avait été nommé curé de Saint-Vallier, décide de ne plus administrer les sacrements aux membres d'une famille dont la fille vit en concubinage avec un soldat anglais. Le curé est sommé de se rendre auprès du gouverneur pour justifier sa conduite, mais il se contente de lui écrire, malgré l'ordre impératif. Le récollet Félix Berey Des Essarts est moins heureux : desservant de la mission abénaquise de Saint-François-du-Lac qui est « totalement dérangée par la boisson et le voisinage de la garnison anglaise », il fait signer par les habitants une requête qu'il fait parvenir au gouverneur Burton ; ce dernier expulse aussitôt le religieux de son gouvernement.

Aux yeux de l'Église, le cas le plus grave est le mariage entre Canadiens catholiques et Anglais protestants. Les mariages mixtes, dont on doute parfois de la validité s'ils sont célébrés devant un pasteur protestant, sont dénoncés par le clergé. Les principales conséquences de cette nouveauté sont, d'après Marcel Trudel, de briser l'homogénéité de la vie sociale canadienne : « Des militaires ou des civils anglais s'intègrent désormais dans cette société fermée, en épousant des Canadiennes ; les mariages mixtes ont même pour effet de dissocier les Canadiens eux-mêmes en créant des malaises dans les familles. »

La bonne entente

Le 12 décembre 1761, lord Egremont fait parvenir à Amherst quelques recommandations sur la conduite à tenir envers les Canadiens.

> Vous avertirez les gouverneurs ci-dessus nommés [de Montréal, Trois-Rivières et Québec] de donner des ordres précis et très exprès, pour empêcher qu'aucun soldat, matelot ou autre n'insulte les habitants français qui sont maintenant sujets du même prince, défendant à qui que ce soit de les offenser en leur rappelant d'une façon peu généreuse cette infériorité à laquelle le sort des armes les a réduits ou en faisant des remarques insultantes sur leur langage, leurs habillements, leurs modes, leurs coutumes et leur pays, ou des réflexions peu charitables et peu chrétiennes sur la religion qu'ils professent.

Le texte de la lettre ci-haut n'est pas conforme à celui écrit par le secrétaire d'État. Dans sa version originale, il se terminait par cette phrase qu'on ne devait pas se moquer des Canadiens « sur les erreurs de l'aveugle religion qu'ils ont le malheur de suivre ». Burton avait demandé que le texte soit lu au prône, le dimanche, dans toutes les églises de son gouvernement ; le vicaire général Perrault ayant refusé, le gouverneur local avait alors modifié la traduction et le texte fut tout simplement affiché aux portes des églises.

À part ces accrochages quasi inévitables entre anciens ennemis, les gouverneurs sont convaincus que le peuple est satisfait du nouveau gouvernement. Dans son rapport du 6 juin 1762, Murray peut affirmer « avec la plus grande certitude que, depuis la conquête, nos troupes ont constamment vécu avec les habitants dans une harmonie sans exemple, même dans notre pays ». Pour Burton, « les habitants, particulièrement les paysans, paraissent très satisfaits d'avoir changé de maître. Jouissant du libre exercice de leur religion, ils commencent à comprendre qu'ils ne sont plus des esclaves et qu'ils jouissent complètement des bienfaits et des bontés de cet excellent gouvernement qui fait la félicité particulière de tous les sujets de l'empire britannique.» Gage partage le même avis que ses deux confrères. Il écrit dans son rapport du 20 mars 1762: «L'Anglais et le Canadien sont sur le même pied et considérés au même degré sujets d'un même prince; les soldats vivent en paix avec les habitants et de ce contact naissent des sentiments d'affection réciproque.»

Haldimand exagère peut-être un peu lorsqu'il écrit à Amherst, le 25 août 1762, que les Canadiens «seraient au désespoir de voir arriver une flotte et des troupes françaises dans ce pays en quel nombre qu'elles fussent; sentant très bien qu'ayant une communication aussi facile avec nos colonies, ils en seraient les seules victimes et en général les Canadiens commencent trop à goûter le prix de la liberté pour être dupes des Français en pareil cas». L'opinion de cet officier sur les Canadiens changera rapidement après 1764.

Un clergé conciliant

Les communautés religieuses de femmes ont des problèmes de recrutement et d'approvisionnement. La sœur Dagneau Douville, des hospitalières de l'Hôtel-Dieu de Montréal, dans une lettre aux Mères de France, décrit la situation de la communauté montréalaise à la fin du régime militaire:

> Nous sommes à la veille de prendre des habits séculiers, n'y ayant point d'étoffe propre pour nous chez nos négociants. Nous avons chacune une robe et un voile pour les deux saisons qui nous passeront à peine celle-ci et point de nouveau pour les raccommoder, les ayant

> toujours rapiécés depuis sept ans que nous n'avons rien reçu de France. Je vous dirai en confiance que, sans la charitable compassion du respectable ecclésiastique dont je vous parle, il y a plus de trois ans que nous serions mortes d'inanition n'ayant pas de quoi avoir du pain et de la viande; et avec tant de misère il nous faut veiller continuellement dans nos salles qui sont encombrées de malades et également à l'infirmerie où nous avons toujours de nos chères sœurs malades et languissantes.

Chez les ursulines de Québec, on manque aussi de beaucoup de choses, mais partout la vie continue!

Le haut clergé, en particulier le vicaire général de Québec, l'abbé Briand, s'acclimate assez bien du nouveau régime. Au début de l'année 1761, le gouverneur Murray décide de venir en aide aux pauvres de son gouvernement et il ordonne une collecte chez les officiers et les soldats anglais. L'abbé Briand fait parvenir une lettre circulaire aux curés des différentes paroisses.

> L'intention de Son Excellence est que vous lui envoyiez une liste des familles de votre paroisse qui souffrent le plus de la pauvreté, vous marquerez le nombre de personnes dont elles sont composées, vous spécifierez celles qui sont dans la plus grande et presque extrême indigence et encore les personnes pauvres de Québec réfugiées chez vos paroissiens, afin que M. Murray puisse mesurer aux besoins ses aumônes et les différents secours qu'il veut leur procurer; il espère que vous ferez cette liste dans la plus exacte vérité. Voilà, monsieur, ce que Son Excellence attend de vous et ce qu'il m'a chargé de vous marquer; vous n'oublierez pas d'annoncer à vos peuples l'étroite obligation que leur imposent la piété et la reconnaissance de former des vœux pour Son Excellence, monsieur notre Gouverneur, le charitable et généreux bienfaiteur.

Le mariage du roi George III avec la princesse Charlotte de Mecklembourg-Strelitz amène les trois vicaires généraux à émettre des mandements spéciaux. Pour le gouvernement de Montréal, l'abbé Étienne Montgolfier ordonne

> 1° que dimanche prochain [après le 1er février 1762] 7e de ce mois, le *Te Deum* sera chanté solennellement et en la manière ordinaire, dans l'église paroissiale de Montréal immédiatement après les vêpres. 2° que la même chose s'observera dans toutes les autres églises de ce gouvernement, le premier dimanche après la réception du présent mandement. 3° que dans la paroisse de Montréal et dans toutes les autres dudit gouvernement, en la formule du prône, dans l'endroit où il est dit : Nous prierons... pour le roi N., l'on substituera ces paroles : nous prierons pour notre très gracieux souverain Seigneur roi George, notre très gracieuse Reine Charlotte, la princesse douairière de Galles et toute la famille royale.

Le mandement du chanoine Perrault de Trois-Rivières est dans la même veine. Quant à l'abbé Briand, il demande de prier pour le roi George « à la messe, à l'endroit du canon où l'on prie pour le roi », en ajoutant *Georgio*. Selon le futur évêque, la conquête a été voulue par la Providence. Ce thème, qu'il développera plus tard, est contenu dans son mandement du 14 février 1762 : « Le Dieu des armées qui dispose à son gré des couronnes, et qui étend ou restreint selon son bon plaisir les limites des empires, nous ayant fait passer selon ses décrets éternels sous la domination de Sa Majesté Britannique, il est de notre devoir, fondé dans la loi naturelle même, de nous intéresser à tout ce qui peut la regarder. » Selon lui, suivant en cela l'enseignement des Pères de l'Église, il est ordonné « d'être soumis au roi et à tous ceux qui participent à son autorité ».

Quelques membres du clergé protestent contre l'introduction du nom de George au canon de la messe, en particulier l'abbé Henri-François Gravé, d'origine française. Le chanoine Briand avait senti le besoin d'ajouter à son mandement la note suivante à l'intention des différents curés du gouvernement de Québec: «Peut-être blâmerez-vous quelques-uns des articles de mon mandement; s'il avait été possible, j'eusse demandé sur une matière aussi difficile le sentiment de messieurs les curés; je m'en suis rapporté à celui du clergé de la ville, qui pense presque unanimement qu'il n'est point défendu dans les prières publiques de nommer un hérétique non dénoncé. Au reste, je vous prie d'expliquer à vos paroissiens dans quel sens nous pouvons prier pour ceux qui sont hors de l'Église.»

Dans une lettre à l'abbé Montgolfier, le chanoine Briand résume ainsi la principale raison évoquée: «Pour moi, je n'ai pu souffrir qu'on m'apportât pour raison, qu'il est dur de prier pour ses ennemis. Ils sont nos maîtres, et nous leur devons ce que nous devions aux Français quand ils l'étaient. L'Église défend-elle à des sujets de prier pour leur Prince? Les catholiques du royaume de Grande-Bretagne ne prient-ils point pour leur roi?»

Quelques semaines avant la publication de son mandement, Briand avait reçu de Murray en cadeau, la somme de vingt livres anglaises, l'équivalent de 480 livres françaises «pour sa bonne conduite et parce qu'il a peu ou point de revenus», note le gouverneur dans le livre des comptes...

La naissance du prince de Galles va signifier trois nouveaux mandements et l'introduction de son nom dans les prières pour la famille royale. L'abbé Montgolfier déborde d'enthousiasme. «Nous avons déjà fait éclater notre joie en mêlant nos voix aux acclamations publiques qui ont accompagné la naissance de cet auguste enfant. Mais la religion exige encore de nous quelque chose de plus. [...] C'est en remerciant le Seigneur du don précieux qu'il nous a fait et de le prier avec ferveur de vouloir bien lui-même couronner son ouvrage, en conservant cet auguste enfant dans sa grâce, et répandant sur lui ses plus abondantes bénédictions qui en feront le bonheur de sa nation, le digne appui de la couronne de ses pères et l'héritier de leurs vertus.»

L'attitude conciliante du haut clergé, durant le régime militaire, constitue un précédent dangereux pour sa liberté. Mais peut-être est-ce là le prix qu'il lui faut payer pour continuer à exister. «Bien loin de sortir des conditions onéreuses dans lesquelles l'avait plongée l'état d'urgence de 1759, affirme l'historien Marcel Trudel, l'Église canadienne se soumet de plus en plus à la servitude d'un gouverneur, cependant que Briand se félicite sans cesse du comportement aimable de Murray à son égard.»

Le général Amherst, dans une lettre à la supérieure de l'Hôtel-Dieu de Montréal, le 25 septembre 1760, manifeste aux hospitalières sa reconnaissance pour leur dévouement en faveur des soldats anglais blessés. De part et d'autre, on échange des fruits, du sirop et du vin. Jusqu'en 1768, les Anglais utiliseront la chapelle de l'Hôtel-Dieu de Montréal pour leurs offices religieux. Ce qui fit écrire à l'annaliste que les hospitalières «virent des sectaires s'emparer du saint lieu après l'office divin et exercer un culte affreux».

Et la France alors?

Pendant que les Canadiens vivent sous le régime militaire, leur sort se joue en Europe où la guerre continue. La capitulation de Montréal signifie le retour en France des troupes françaises. Leur embarquement débute à Montréal, le 13 septembre, jour du premier anniversaire de la bataille des Plaines d'Abraham!

Selon le chevalier de Lévis, plus de 500 soldats ont déserté au cours des jours qui ont suivi la capitulation. La descente vers Québec dure une vingtaine de jours. Les dirigeants civils et militaires de la Nouvelle-France s'embarquent pour l'Europe à bord de vaisseaux anglais. *The Two Partners* arrive à Saint-Malo le 13 novembre. Peu après arrive à Morlaix « un paquebot anglais venant de Plymouth avec six compagnies de troupes qui étaient à Montréal, composées de 9 officiers, 1 cadet à l'aiguillette, 131 officiers et soldats, indépendamment de 33 femmes et enfants et six domestiques qui étaient sur le même bateau. Ces troupes seront licenciées. » Le marquis de Vaudreuil, qui a fait la traversée à bord de l'*Aventure*, débarque à Brest à la fin du mois de novembre. Le président du Conseil de la Marine lui écrit le 5 décembre 1760 pour lui reprocher d'avoir capitulé trop tôt. « Sa Majesté ne s'attendait pas à apprendre si tôt la reddition de Montréal et de toute la colonie. »

À part les militaires de carrière et les dirigeants de la colonie, très peu de gens retournent en France. Mais on ne possède pas de statistiques précises à ce sujet. On a cru, pendant longtemps, que la Nouvelle-France avait subi « la décapitation sociale », pour reprendre les mots de l'historien Lionel Groulx. Les études les plus récentes nous montrent que tel ne fut pas le cas. Il est vrai qu'un autre groupe quittera la colonie lors de sa cession définitive à la Grande-Bretagne.

Dès le printemps de 1761, la France et l'Angleterre commencent à parler de paix. Les deux pays échangent des plénipotentiaires dont la mission est de déblayer le terrain en vue d'un éventuel traité de paix. Le 15 juillet, la France se dit prête à céder le Canada « tel qu'il a été possédé ou dû l'être par la France, sans restriction ». L'Angleterre exige en plus le droit exclusif de pêche « qui est inséparablement attaché à la possession des susdites côtes et des canaux ou détroits qui y mènent». La France veut conserver l'île de Miquelon pour faire sécher son poisson. Une entente ne pouvant intervenir, les négociations sont rompues le 20 septembre. Le 14 novembre suivant, la ville de La Rochelle proteste, dans un mémoire à Choiseul Stainville, ministre d'État aux départements de la Guerre et de la Marine, contre la cession possible du Canada à la Grande-Bretagne. Le mémoire affirme que l'on veut mettre «devant les yeux du ministre une partie des maux que va causer à la France la perte du Canada et l'état de force où il met l'ennemi pour tenter de nouvelles conquêtes». Les pétitionnaires énumèrent les différentes richesses que l'on peut tirer de la Nouvelle-France et ils demandent un coup de force de la France. «Effrayons du moins l'Angleterre par notre fermeté, concluent-ils, un seul coup hardi peut dans le moment lui arracher toutes les dépouilles dont elle se pare; et s'il ne faut pour l'oser que du génie, de grandes vues, une âme ferme et courageuse, qui dirige, soutienne et anime l'exécution, la France va être vengée.»

Le 22 décembre 1761, les directeurs du Commerce de la province de Guyenne protestent à leur tour contre la cession définitive du Canada à l'Angleterre. Mais Choiseul Stainville semble bien peu tenir à cette colonie, cela malgré les pressions exercées par les provinces reliées au commerce avec le Canada.

Depuis mai 1759, les Anglais occupent aussi la Guadeloupe. Le problème est de savoir laquelle des deux colonies est la plus importante sur le plan commercial. Au cours de 1761, se publie à Londres un pamphlet anonyme intitulé: *Reasons for keeping Guadeloupe at a Peace, preferable to Canada, Explained in five Letters, from a Gentleman in Guadeloupe to his Friend in London.* La conclusion de l'auteur est catégorique, voire quelque peu visionnaire : « La Grande-Bretagne n'a pas de meilleure garantie contre la révolte de l'Amérique du Nord que l'aménagement sur ce continent de positions françaises capables de contenir les Américains. [...] Si nous allions prendre le Canada, nous trouverions bientôt l'Amérique du Nord trop puissante et trop populeuse pour être gouvernée d'aussi loin. » Visionnaire n'est pas un mot trop fort. L'avenir le dira.

Une nouvelle ronde de négociations de paix débute à l'été 1762. Cette fois-ci, le succès couronne les efforts et les préliminaires de la paix sont signés le 3 novembre 1762. Le tout sera ratifié, le 10 février 1763, par la signature du traité de Paris. Le sort du Canada ne s'est réglé ni sur les Plaines d'Abraham le 13 septembre 1760 ni aux portes de Montréal le 8 septembre de l'année suivante, mais bien à Paris. Le duc de Choiseul Stainville qui a été aux commandes pendant la guerre laisse à son cousin Choiseul-Chevigny, duc de Praslin, « l'honneur » de signer cette paix qualifiée de honteuse par plusieurs. Les Canadiens ont eu droit à deux Choiseul pour le prix d'un.

Les Britanniques ajoutent une nouvelle colonie à leur palmarès. Après les Treize Colonies et une quatorzième avec la Nouvelle-Écosse, ils en créent une quinzième : la colonie de Québec appelée aussi Province de Québec. Le nom Canada disparaît des textes officiels. « Il n'y a plus de Canada, écrit l'historien Guy Frégault, il reste des Canadiens. »

Conclusion

Il reste en effet des Canadiens qui deviennent sujets britanniques. Louis XV a cédé à son rival George III « le Canada avec toutes ses dépendances [...] de la manière et dans la forme la plus ample, sans restriction, et sans qu'il soit libre de revenir sous aucun prétexte contre cette cession ». Officiellement, il s'agit d'une cession, mais pour les Canadiens, la France les a bel et bien abandonnés. C'est la fin d'une entreprise de colonisation, d'un projet dont l'aboutissement normal aurait été la naissance d'une nouvelle nation, d'un nouveau pays, d'un Canada français.

À partir de 1763, la France ne sera plus là pour envoyer des colons, des capitaux, des techniques, des institutions, pour assurer une protection militaire. Une économie basée sur des produits bruts et une agriculture assez primitive ne pouvait qu'évoluer, par le commerce et par la concentration de capitaux, vers une société industrielle, vers une émancipation politique. Une colonie est destinée à devenir une nation. C'est l'aboutissement normal, signe d'une évolution réussie au point de vue démographique, politique, culturel et économique.

Dans l'histoire coloniale des Amériques, il y a des métropoles telles l'Angleterre, l'Espagne, le Portugal qui ont réussi à projeter de nouvelles nations, d'autres telles la Hollande et la France qui ont échoué. Le Canada, issu de la métropole française, a été sevré trop tôt. Non seulement il ne recevra plus l'aide de la France, mais sa population survivra à l'intérieur d'une nouvelle entreprise de colonisation. Tout comme les Hollandais d'Albany et de New Amsterdam, les Canadiens auraient-ils pu disparaître? Pour répondre froidement à cette question, il faut examiner les faits, ceux-là mêmes qui sont à la base de toute connaissance historique.

L'historien Maurice Séguin aimait répéter: «Mieux vaut cent Bigot qu'un bon Murray». L'intendant Bigot a parfois porté la responsabilité de la Conquête. Évidemment, Paris avait cherché des coupables. Il ne fait pas de doute que Bigot avait commis malversations, spéculations et abus de toutes sortes. Avec plusieurs autres, il eut droit à un important procès. Il vint tout près d'être condamné à mort et finalement il dut prendre la route de l'exil.

Malgré toutes ses fautes, Bigot restait un fonctionnaire français. Avec lui, le Canada demeurait dans le giron de la France. Pour Séguin, c'était l'essentiel. Son collègue Guy Frégault, qui a consacré à l'intendant une énorme biographie, ajoutait: «Pour son plus grand malheur, Bigot fut le dernier». Autrement dit, il ne fut peut-être pas pire que ses prédécesseurs. Et puis, les folles dépenses n'étaient pas le propre des administrateurs coloniaux. L'exemple venait de haut; les Canadiens aimaient bien pointer la marquise de Pompadour.

Murray de son côté, après s'être courageusement battu sur les Plaines d'Abraham, fut nommé le 21 novembre 1763 par George III «gouverneur en chef de notre province de Québec, en Amérique». Il fut un administrateur conciliant, attentif aux besoins de la population. Il refusait de livrer en pâture aux quelques marchands et aventuriers qui débarquaient dans la colonie les 65 000 Canadiens qui avaient survécu à la guerre. Surtout dans la région de Québec, il leur fallait pleurer leurs morts, reconstruire leur maison, reconstituer leurs troupeaux, rétablir les récoltes, réapprendre à vivre.

Pour ajouter à une situation désastreuse, l'argent mis en circulation par les Français était constitué de billets, de certificats, de lettres de change dont la valeur restait à être confirmée. Ce fut le grand drame des Canadiens. Cet argent appelé « papier du Canada » fut dramatiquement dévalué. La France laissa traîner la question pendant des années. Les Canadiens furent ruinés. Les Anglais eux-mêmes qui s'avisèrent de spéculer sur le « papier du Canada » encaissèrent de lourdes pertes.

Quelques marchands qui pouvaient se procurer du numéraire amené par le grand commerce, l'armée ou l'administration firent main basse sur les plus belles propriétés. Sur les quelque 200 seigneuries existantes, plus du tiers changèrent rapidement de main.

Assez étonnamment, la population trouva les moyens de survivre. Le Canada était un pays rude. Les Français avaient immigré en petit nombre, ce sera la même chose pour les Anglais. La force des premiers fut leur enracinement. Aux yeux des premiers administrateurs britanniques, une survivance indestructible s'annonçait. Murray et son successeur Carleton firent preuve de réalisme. Cette colonie nouvellement conquise ne valait que par la population déjà établie.

Lorsque l'agitation se manifeste dans les Treize Colonies, Carleton recommande des mesures pour satisfaire les Canadiens. Il ne croit pas à la colonisation anglaise dans la Province de Québec.

> Les Canadiens, écrit-il en substance, détiennent une écrasante supériorité numérique. [...] Il n'est pas du tout probable que cette supériorité diminuera à l'avenir. Au contraire, elle s'affirmera chaque jour. Les émigrants

> ne préféreront jamais les longs hivers inhospitaliers du Canada au climat plus doux des colonies du sud. Les quelques Anglais dans la colonie de Québec y ont été pour la plupart laissés par accident. Un certain nombre a déjà quitté la province. Je crains qu'un plus grand nombre ne parte d'ici quelques années. La rigueur du climat et la pauvreté de la contrée découragent tout le monde à l'exception des Canadiens. À moins d'une catastrophe [...], la race canadienne finira par peupler la colonie à un point tel que tout élément nouveau qu'on transplanterait au Canada s'y trouverait entièrement débordé et effacé, sauf dans les villes de Québec et de Montréal.

Dès les années 1660, il s'était constitué un noyau de «Canadiens» parlant un bon français qui avait su s'imposer sur les nouveaux venus, peu importe leur province d'origine et leur patois. Un autre noyau se constitue après 1763 et intègre, pour ne pas dire assimile, bon nombre d'immigrants. Le cas le plus remarquable sera celui des mercenaires allemands venus dans la Province de Québec pour contenir une possible invasion américaine. Pendant ses mandats successifs dans la province de Québec, Carleton aura l'occasion d'observer ce phénomène.

En 1774, il fait adopter des modifications profondes à cette première constitution qui avait été mise en place dès l'automne 1763. Il fait agrandir les frontières de la Province de Québec par l'annexion de la région des Grands Lacs jusqu'au confluent de l'Ohio et du Mississippi, rétablit les lois civiles, impose la tenure seigneuriale et dispense les catholiques des serments qui les excluaient des charges publiques. L'Acte de Québec devenait la deuxième constitution que connaîtront les Canadiens. Elle signifiait pour eux des progrès importants, mais ne changeait pas pour autant le fait qu'ils demeuraient sous l'autorité de la Couronne britannique. Rien ne leur assurait qu'ils demeureraient le peuple majoritaire dans la vallée du Saint-Laurent, que le pouvoir politique était à portée de main et que la vie économique finirait par être sous leur contrôle.

Les Anglais de la Province de Québec étaient frustrés, mais pas autant que les Américains. L'Acte de Québec de 1774 était pure provocation et donna à ces derniers une raison de plus de se révolter. Déjà, ils protestaient contre des taxes imposées par Londres qui cherchait à se rembourser des dettes créées par la guerre. Vingt ans après le traité de Paris de 1763 était conclu encore à Paris un autre traité par lequel Londres reconnaissait cette fois l'indépendance de ses Treize Colonies.

Environ 100 000 Américains prirent la route de l'exil. De ce nombre, 6 000 vinrent s'établir dans la Province de Québec dominée par les Canadiens sur le plan tant de la langue que des lois civiles et de la religion. Les Américains dits loyalistes réclamèrent un district séparé. Ils furent en quelque sorte les premiers séparatistes de la Province de Québec. Haldimand qui remplaçait Carleton jugea plus prudent de les éloigner de la frontière américaine et les installa à l'ouest de Montréal.

Dans le même temps, Londres décida d'octroyer aux Canadiens des institutions parlementaires. L'Acte constitutionnel de 1791 devint la troisième constitution à leur être octroyée en l'espace d'une génération.

La Province de Québec fut scindée en deux et donna naissance au Haut et au Bas-Canada. Celui-ci allait être dominé par une majorité de députés canadiens. Les Anglais ne se disent toujours pas Canadiens même si le jour n'est pas loin où ils commenceront à se dire *Canadians*.

Au fil des ans, on vit apparaître le terme *French Canadians* pour désigner les Canadiens. Il fallut un certain temps pour que ces derniers se résignent à se dire Canadiens français. Après leur pays, on leur avait enlevé leur nom. La Nouvelle-France, c'est de l'histoire ancienne dont de nombreuses traces sont encore visibles aujourd'hui. On n'arrête pas l'histoire.

Un retour aux sources

L'AUTEUR AIME BIEN LAISSER LA PAROLE aux acteurs des principaux événements de l'histoire du Québec ainsi qu'aux témoins de chaque époque. Cette démarche l'a amené à retourner, aussi souvent que possible, aux sources ou aux documents anciens. Que ce soit dans les publications de Biggar sur les récits des voyages de Jacques Cartier, de Jean-François de La Rocque de Roberval ou de Pehr Kalm, de la Champlain Society sur les écrits de Samuel de Champlain, de Marc Lescarbot, de Nicolas Denys, de Dièreville, de Gabriel Sagard, de Gaultier de La Vérendrye, de Hovenden Walker, etc.

Il a aussi puisé dans l'*Histoire véritable et naturelle des mœurs et productions du pays de la Nouvelle-France, vulgairement dite le Canada,* de Pierre Boucher, dans l'*Histoire et description générale de la Nouvelle-France avec le journal historique d'un voyage fait par ordre du roi dans l'Amérique septentrionale* de Pierre-François-Xavier de Charlevoix, dans les lettres de Marie de l'Incarnation, dans les *Relations des Jésuites,* dans les *Jugements et délibérations du Conseil souverain de la Nouvelle-France,* les *Édits et ordonnances royaux…*, etc.

Les *Rapports de l'Archiviste de la province de Québec* suivis de *Rapport des archives du Québec,* les *Rapports* annuels des Archives du Canada, le *Bulletin des recherches historiques,* la *Revue d'histoire de l'Amérique française,* la *Canadian Historical Review,* la revue *Nova*

Francia et autres ont aussi fourni une abondante documentation.

À partir de 1764, les journaux ont aussi été dépouillés de façon systématique, que ce soit la *Gazette de Québec* ou la *Gazette de Montréal/The Montreal Gazette*. À cela s'ajoutent plusieurs thèses déposées dans diverses universités. L'auteur a eu accès aux retranscriptions de centaines de documents originaux effectuées par ou pour l'historien Lionel Groulx.

Enfin, les ouvrages des principaux historiens qui ont écrit sur l'histoire du Québec ont été consultés.

Bibliographie sélective

Boulet, Gilles, Lacoursière, Jacques et Denis Vaugeois, *Le Boréal Express. Journal d'histoire du Canada, 1524-1760,* Québec, Septentrion, réédité en 2009.

Brunet, Michel, *Canadians et Canadiens,* Montréal, Fides. 1979.

Champagne, Antoine, « Étude sur les La Vérendrye et le poste de l'ouest », Québec, *Cahier de l'institut d'histoire,* 1968.

Dechêne, Louise, *Le peuple, l'État et la guerre au Canada sous le Régime français,* Montréal, Boréal, 2008.

Deschênes, Gaston et Denis Vaugeois, *Vivre la Conquête,* Québec, Septentrion, 2013-2014, 2 tomes.

Dictionnaire biographique du Canada, Québec, Presses de l'Université Laval, 1966-2005, 15 vol. [www.biographi.ca].

Eccles, William J., *La société canadienne sous le régime français,* Montréal, Harvest House, 1968.

Fonck, Bertrand et Laurent Veyssière (dir.), *La chute de la Nouvelle-France : de l'affaire Jumonville au traité de Paris,* Québec, Septentrion, 2015.

Frégault, Guy, *La civilisation de la Nouvelle-France (1713-1744),* Montréal, Fides, 2014.

Frégault, Guy, *La guerre de la Conquête, 1754-1760,* Montréal, Fides, 2009.

Frégault, Guy, *Iberville le conquérant,* Montréal, présentation de Roland Lamontagne, Montréal, Guérin, 1997.

Greer, Allan, *La Nouvelle-France et le Monde,* Montréal, Boréal, 2009.

Groulx, Lionel, *Notre grande aventure : l'Empire français d'Amérique du Nord, 1535-1760,* Montréal, Fides, 1958.

Havard, Gilles et Cécile Vidal, *Histoire de l'Amérique française,* Paris, Flammarion, 2003.

Imbeault, Sophie *et al.* (dir.), *1763 : le traité de Paris bouleverse l'Amérique,* Québec, Septentrion, 2013.

Lacoursière, Jacques, Provencher, Jean et Denis Vaugeois, *Canada-Québec, 1534-2015,* nouvelle édition, Québec, Septentrion, 2015.

Lee, David, « Les Français en Gaspésie de 1534 à 1760 », *Cahiers d'archéologie et d'histoire,* n° 3, Parcs Canada, 1972.

Litalien, Raymonde et Denis Vaugeois, *La Mesure d'un continent : explorations et frontières de l'Amérique du Nord, 1492-1814,* Montréal, Bibliothèque québécoise, 2016.

Mathieu, Jacques et Sophie Imbeault, *La guerre des Canadiens, 1756-1763,* Québec, Septentrion, 2013.

Parkman, Francis, *Pioneers of France in the New World: France and England in North America,* Toronto, George N. Morang & Co., 1900.

Steele, Ian K., *Guerillas and Grenadiers,* Toronto, Ryerson, 1971.

Trudel, Marcel, *Histoire de la Nouvelle-France,* Montréal, Fides, 1963-1997, 5 vol.

Trudel, Marcel, *Mythes et réalités et l'histoire du Québec,* Montréal, Bibliothèque québécoise, 2006-2008, 2 vol.

Trudel, Marcel, *La Nouvelle-France par les textes : les cadres de vie,* Montréal, Bibliothèque québécoise, 2011.

Index

K

L

M

Achevé d'imprimer en août 2017
sur les presses de l'imprimerie Gauvin

ÉD. : 01 / IMP. 01

MIXTE
Papier
FSC FSC® C100212